Barentssee
S. 032
EUROPA
ASIEN
S. 031
S. 056
S. 050
S. 070
Metropole
Moskau
Sdrastwuitje
TRANSSIB
S. 031
S. 062
Schwarzerde
Kaspisches Meer
S. 013
Elbrus
Höchster Berg Europas?!
HALT
Grenze
Willkommen im Donautal
S. 014
Schwarzes Meer
Terra Rossa
ACHTUNG
Plattengrenze
S. 124
HIER
hatte Europa seinen Anfang

westermann

Diercke
Praxis

Gymnasium Sachsen
6. Klasse

Moderator:
Dr. Wolfgang Gerber

Autorinnen und Autoren:
Kerstin Bräuer
Sascha Kotztin
Dr. Annett Krüger
Frank Morgeneyer
Steffen Pabst
Katrin Piske
Dr. Florian Ringel

unter Mitwirkung
der Verlagsredaktion

Titelfoto: Moskau City

Mit Beiträgen von:
Matthias Bahr, Dr. Roland Frenzel, Uwe Hofemeister, Wolfgang Latz, Ute Liebmann, Jürgen Wetzel

westermann GRUPPE

© 2020 Bildungshaus Schulbuchverlage
Westermann Schroedel Diesterweg Schöningh Winklers GmbH, Braunschweig
www.westermann.de

Das Werk und seine Teile sind urheberrechtlich geschützt. Jede Nutzung in anderen als den gesetzlich zugelassenen bzw. vertraglich zugestandenen Fällen bedarf der vorherigen schriftlichen Einwilligung des Verlages. Nähere Informationen zur vertraglich gestatteten Anzahl von Kopien finden Sie auf www.schulbuchkopie.de.
Für Verweise (Links) auf Internet-Adressen gilt folgender Haftungshinweis: Trotz sorgfältiger inhaltlicher Kontrolle wird die Haftung für die Inhalte der externen Seiten ausgeschlossen. Für den Inhalt dieser externen Seiten sind ausschließlich deren Betreiber verantwortlich. Sollten Sie daher auf kostenpflichtige, illegale oder anstößige Inhalte treffen, so bedauern wir dies ausdrücklich und bitten Sie, uns umgehend per E-Mail davon in Kenntnis zu setzen, damit beim Nachdruck der Verweis gelöscht wird.

Druck A[1] / Jahr 2020
Alle Drucke der Serie A sind im Unterricht parallel verwendbar.

Redaktion: Kristin Blechschmdt (Lektorat Eck, Berlin)
Druck und Bindung: Westermann Druck GmbH, Braunschweig

ISBN 978-3-14-**115501**-3

Tipps zur Arbeit mit deinem neuen Geographiebuch

Dein neues Geographiebuch verfolgt das Konzept eines Arbeitsbuches, wobei du dir dein Wissen mithilfe der zahlreichen Materialien erarbeiten kannst.

Nachfolgend wird dir der Aufbau des Buches vorgestellt.

7

Auftaktseiten
Jedes Hauptkapitel beginnt mit einer Auftaktseite. Das Großfoto macht neugierig und weckt Interesse für das Thema. Auf der Auftaktseite kannst du dich erstmalig mit dem Thema der Lerneinheit auseinandersetzen.

Arbeitsseiten
Auf den Arbeitsseiten erarbeitest du dir die Inhalte der einzelnen Themen. Die fett gedruckten Wörter sind **Fachbegriffe**. Ihre Bedeutung solltest du dir einprägen. Die Fachbegriffe werden in alphabetischer Reihenfolge auf den Seiten 154 bis 157 in einem Minilexikon erklärt.

M1 So sind die Materialien auf den Seiten gekennzeichnet. Zu ihnen zählen Grafiken, Tabellen, Fotos, Quellen- und Arbeitstexte.

INFO Die Info-Kästen auf den Arbeitsseiten enthalten Zusatzinformationen, die das Verständnis von bestimmten Zusammenhängen erleichtern.

PROBIER'S AUS! Diese Kästen bieten Vorschläge, etwas selbst auszuprobieren bzw. zu erkunden.

1 Mithilfe der Aufgaben kannst du dir die Inhalte der einzelnen Themen erarbeiten.

E Dieses Zeichen vor einer Aufgabe bedeutet, dass es sich um eine Expertenaufgabe handelt. Diese sind zur vertiefenden Behandlung eines Themas gedacht. Sie sind manchmal etwas schwieriger und nicht immer allein mit dem Buch lösbar.

S.143 Der blaue Pfeil hinter einer Aufgabe verweist dich auf die entsprechende Methodenseite im Anhang. Dort ist die Methode Schritt für Schritt erläutert, die du zur Lösung der Aufgabe benötigst.

schueler.diercke.de | 100800-282 Unten auf den Doppelseiten findest du einen Atlas-Link. Durch Eingabe des Karten-Codes unter der Adresse *www.schueler.diercke.de* gelangst du auf die passende Seite im aktuellen DIERCKE Weltatlas. Dort erhältst du Informationen zu den Karten sowie weiterführende Materialien.

Methodenseiten
Auf diesen Seiten erhältst du eine Einführung in wichtige Methoden des Geographieunterrichts. Die blauen Kästen sind die „Gebrauchsanweisungen" für die Anwendung der Methoden.

S.102 **Vorderer Buchinnendeckel**
Die schwarzen Pfeile auf dieser Seite verweisen auf passende Seiten im Buch.

Inhaltsverzeichnis

1. Europa im Überblick 6
Europa – ein Kontinent mit vielen Ländern. 8
Nordmazedonien – einen Staat durch ein Lapbook erkunden. 10
Grenzen des Kontinents Europa 12
Die Donau – ein Fluss durch Europa 14
Wie wir Europäer leben. 16
Die Europäische Union 18

2. Klima und Vegetation in Europa 20
Die Beleuchtungszonen der Erde 22
Vom Wetter zum Klima 24
Die Klimazonen Europas. 26
Die Beeinflussung des Klimas durch den Golfstrom und das Relief . 28
Die Vegetationszonen Europas 30
Die Zone der Tundra 32
Die Zone der Hartlaubgewächse 34

3. Im Norden Europas 36
Wie leben die Menschen in Nordeuropa?. 38
Europa unter Eis – in den Kaltzeiten 40
Nordeuropa heute – eine vom Eis geprägte Landschaft. 42
Den Zeugen der Inlandvereisung auf die Spur kommen. 44
Spuren im Ablagerungsgebiet – die glaziale Serie 46
Nutzung glazial geprägter Landschaften 48
Nordeuropas grünes Gold 50
Nachhaltige Forstwirtschaft – verantwortungsvoll Handeln. 52

4. Europa zwischen Atlantik und Ural 54
Vom Atlantik zum Ural 56
Westwind, Temperatur und Niederschlag. 58
Europa – das Klima verändert sich von Ost nach West. 60
Europa – in der Steppe 62
London 64
Paris 68
Moskau. 70
Industriegebiete entstehen 72
Manchester musste sich wandeln 74
Strukturwandel in Górny Śląsk. 76
Niederlande – ein Land unterm Meer 78
Von der Zuiderzee zum Ijsselmeer. 80
Europa – soll der Fehmarnbelt-Tunnel gebaut werden? 82

Inhaltsverzeichnis 5

5. Im Alpenraum 84
Die Alpen – ein Überblick 86
Höhenstufen der Vegetation in den Alpen 88
Gletscher in den Alpen 90
Veränderungen der Alpen durch Tourismus 94
Ein möglicher Weg – sanfter Tourismus 96
Verkehr in den Alpen 98
Der Sankt-Gotthard-Basistunnel 100

6. Im Süden Europas 102
Der Süden Europas im Überblick 104
Erdbebengefahr in Italien 106
Vulkanismus auf Sizilien 108
Trockenfeldbau in Spanien 110
Bewässerungsfeldbau in Spanien 112
S'Arenal – vom Fischerdorf zur Tourismushochburg 114

7. Wahlthemen 116
Die EU im Weltall 118
Ein Nachbarland Deutschlands – die Republik Polen 120
Polen – Wirtschaft und Verkehr 122
Eine Reise nach Griechenland 124
Verkehr in Europa – der Eurotunnel 126

Methoden 128
Ein Lapbook anfertigen 128
Ein Säulendiagramm erstellen 129
Auswerten von Klimadiagrammen 130
Zeichnen von Klimadiagrammen 132
Die Entfernung zwischen zwei Orten bestimmen 134
Satellitenbilder beschreiben und auswerten 135
Eine Pro- und Kontra-Diskussion führen 136
Eine Karikatur beschreiben und interpretieren 137
Eine Länderanalyse erstellen 138

Anhang 139
Methoden aus dem vergangenen Schuljahr 139
Teste dich 1 – 6 144
Klimadaten 150
Europa – Übungskarte 152
Minilexikon 154
Arbeitsaufträge 158
Hilfreiche Sätze 159
Quellenverzeichnis 160

1. Europa im Überblick

Die Vielfalt Europas spiegelt sich in der Vielzahl der Länder wider

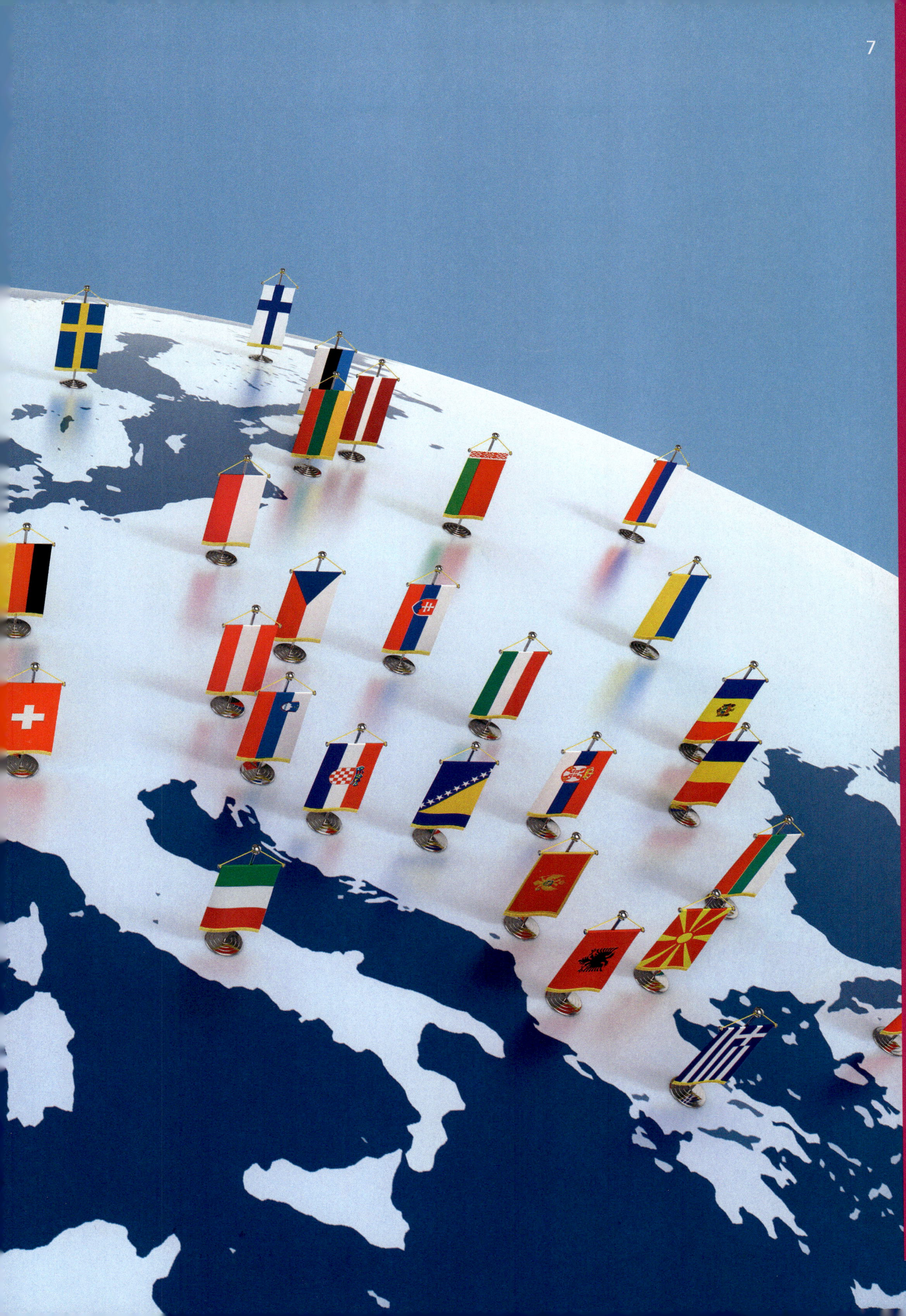

8 Europa – ein Kontinent mit vielen Ländern

An der Raststätte Muldental bei Grimma, direkt an der Autobahn 14, treffen sich oft viele Trucker aus den unterschiedlichsten europäischen Ländern für eine Ruhepause.
Ein rumänischer Lkw-Fahrer berichtet, dass er gerade aus Südeuropa kommt, um nach Vilnius zu fahren – insgesamt fast 2 800 km. Ein anderer Fahrer, angestellt in einer Spedition in Litauen, ist in Westeuropa losgefahren und seit knapp sieben Stunden unterwegs – er muss seine Fracht in Bratislava abliefern. Ein dritter Berufskraftfahrer aus Ungarn ist in Nordeuropa gestartet und hat Bukarest als Ziel – eine reine Fahrtzeit von etwa 37 Stunden. Was haben sie bei ihren Touren auf den Straßen des Kontinentes alles gesehen?

1. Unterwegs mit Berufskraftfahrern:
   a) Ordne die von den Fahrern aufgenommenen Fotos (A–E) den Ländern zu, in denen sie gemacht wurden (M1, Atlas).
   b) Werte Wirtschaftskarten Europas aus, um festzustellen, welche Fracht die Fahrer auf den drei Routen transportieren könnten (M1, Atlas).

2. Vergleiche die Ausdehnung Europas mit der anderer Kontinente (M2, Atlas).

3. Plane eine Schiffsreise von Kiel nach Athen (M1, Atlas):
   a) Beschreibe mithilfe der Himmelsrichtungen deine Route. Nenne dabei die Länder, durch die du fahren könntest.
   b) Nenne Hafenstädte, an denen du unterwegs anlegen könntest.
   c) Schreibe Sehenswürdigkeiten der folgenden Städte auf je ein Post-it. Klebe diese in den Atlas: Amsterdam, Lissabon, Rom, Valetta.

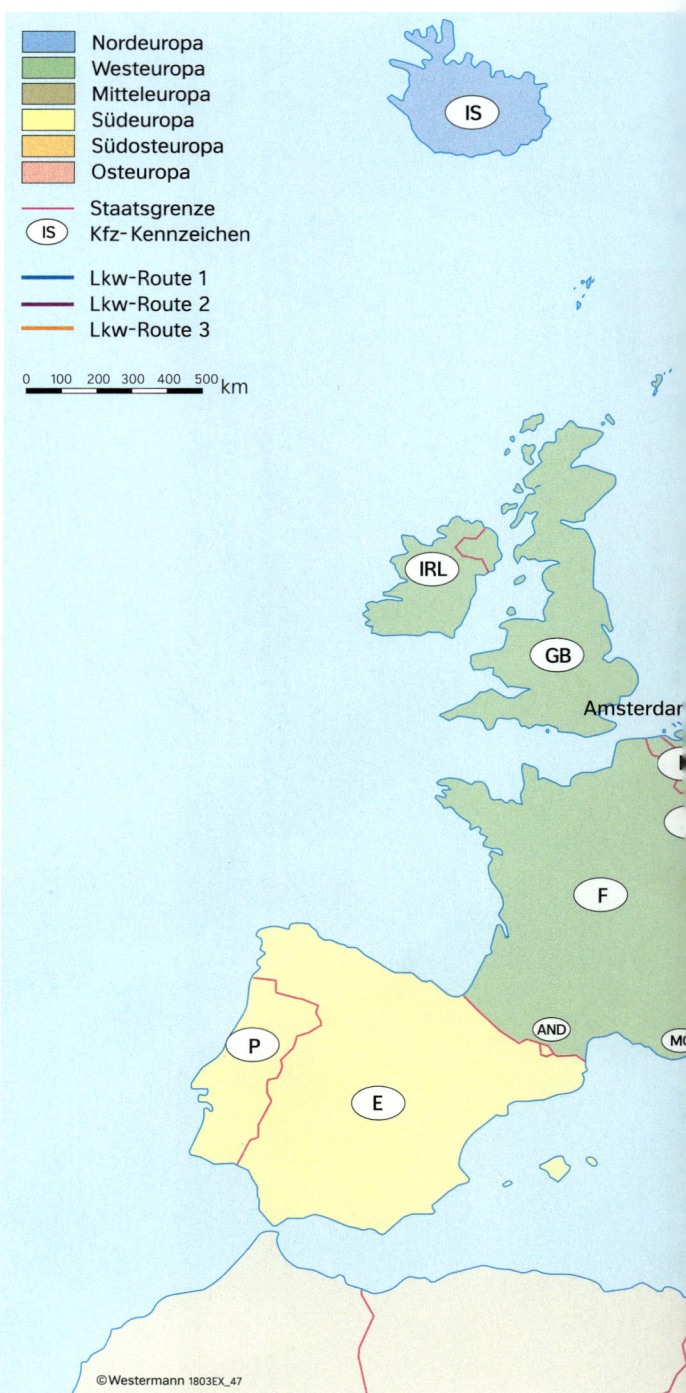

Ⓐ Gewächshaus in Amsterdam

M1 Regionen Europas

- Nordeuropa
- Westeuropa
- Mitteleuropa
- Südeuropa
- Südosteuropa
- Osteuropa
- Staatsgrenze
- IS Kfz-Kennzeichen
- Lkw-Route 1
- Lkw-Route 2
- Lkw-Route 3

0 100 200 300 400 500 km

www.diercke.de | 100800-085, 086, 096, 098, 104

1. Europa im Überblick

B Geiranger Fjord bei Geiranger

C Vesuv bei Neapel

Nordkap
4000 km
Irland — 5000 km — Ural
Malta

M2 Ausdehnung Europas

D Europabrücke bei Innsbruck

E Burg von Bratislava

Nordmazedonien – einen Staat durch ein Lapbook erkunden

Die Staaten Europas haben viele geographische und geschichtliche Besonderheiten. Den Staat Nordmazedonien gibt es zum Beispiel erst seit 2019. Aber ist er wirklich „neu"? Was gibt es noch über diesen Staat zu erfahren?

1. Stelle Nordmazedonien anhand des Lapbooks vor (M1). **S. 128**
2. Erstellt in Gruppenarbeit ein Lapbook zu einem Staat, den ihr aus der Karte auf S. 9 ausgewählt habt.

M2 Ein Lapbook kann man allein oder in einer Gruppe basteln

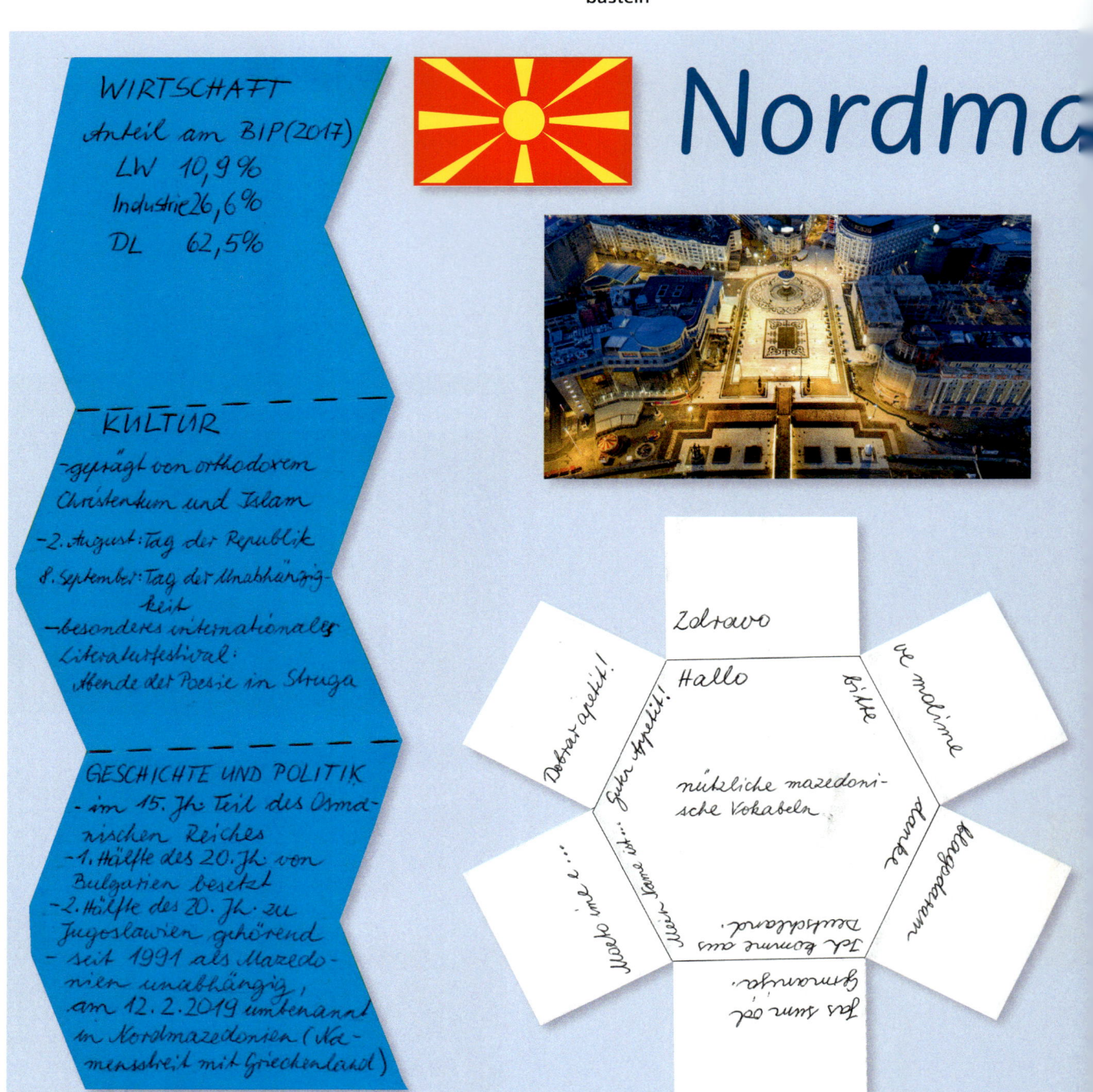

WIRTSCHAFT
Anteil am BIP (2017)
LW 10,9 %
Industrie 26,6 %
DL 62,5 %

KULTUR
- geprägt von orthodoxem Christentum und Islam
- 2. August: Tag der Republik
- 8. September: Tag der Unabhängigkeit
- besonderes internationales Literaturfestival: Abende der Poesie in Struga

GESCHICHTE UND POLITIK
- im 15. Jh. Teil des Osmanischen Reiches
- 1. Hälfte des 20. Jh. von Bulgarien besetzt
- 2. Hälfte des 20. Jh. zu Jugoslawien gehörend
- seit 1991 als Mazedonien unabhängig, am 12.2.2019 umbenannt in Nordmazedonien (Namensstreit mit Griechenland)

nützliche mazedonische Vokabeln
- Zdravo – Hallo
- ve molime – bitte
- Blagodaram – danke
- Dobar apetit! – Guten Appetit!
- Jas sum od Germanija. – Ich komme aus Deutschland.
- Jas sum od Germanija.
- Macko me e... – Mein Name ist...

M1 Lapbook zu Nordmazedonien

1. Europa im Überblick

INFO

Binnenstaat
Nordmazedonien ist ein **Binnenstaat**. Darunter versteht man Staaten/Länder, die keinen direkten Zugang zu einem Meer haben. Diese Länder haben also keinen eigenen Hafen – Güter für den **Import** oder **Export** müssen z. B. über Straßen und Schienen transportiert werden. Die internationale Flughäfen Nordmazedoniens befinden sich sowohl in Skopje als auch in Ohrid.

PROBIER'S AUS!

Virtuelle Reise durch Europa
Mit der kostenlosen App „Expeditionen" von Google kannst du dich mit deinem Smartphone (und mit oder ohne Virtual Reality-Brille) auch an anderen Orten der Welt umsehen und diese erkunden. Ein Beispiel: „Geography of Europe".

...zedonien

KLIMA – Auflockerung Mischklima

BODEN – braune mediterrane Böden

RELIEF – Korabgebirge, Jablanica-Gebirge, Hochgebirge, Tiefland

WASSER – Ohridsee, Großer Prespasee, Korabwasserfall, Flüsse Schwarzer Drin, Vardar

VEGETATION – Mischwälder, Macchie, Hartlaubvegetation

Hauptstadt: Skopje
Fläche: 25.713 km²
Einwohner: 2.118.945 (Juli 2018)
Bevölkerungsdichte: 80,34 Einwohner/km²
Währung: Denar

Grenzen des Kontinents Europa

Grenzen sind immer von Menschen festgelegt. Auf die Frage, wo genau Europa und Asien aneinander grenzen, gibt es unterschiedliche Antworten. Darum ist es beispielsweise nicht so eindeutig, welcher Berg der höchste in Europa ist. Viele behaupten, es sei der Mont Blanc. Es gibt aber auch Experten, die den Elbrus nennen. Wer hat nun Recht?

1. Beschreibe die Grenzen Europas (M1, M7).
2. Ordne Staaten den ausgewählten europäischen Halbinseln zu (M2).
3. Ergänze in deinem Hefter die Tabelle M3 mit den jeweiligen Superlativen der Welt und denen von Sachsen (M3, Internet).
4. Beschreibe die dargestellten Landschaften (M4, M6).
5. Recherchiere die restlichen sechs Gipfel der Seven Summits (M6, Internet).
6. Ⓔ Erläutere, warum manche Leute nicht den Mount Everest, sondern den Mauna Kea für den höchsten Berg der Welt halten (Atlas, Internet).
7. Ⓔ Landesgrenzen sind kein Naturgesetz, sie sind Ergebnisse von Politik. Diskutiert diese Aussage (M5, M7).

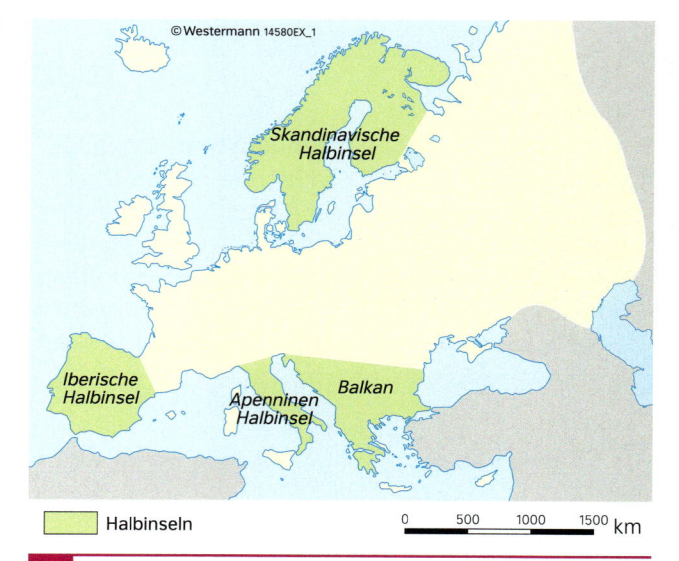

M2 Ausgewählte Halbinseln Europas

	Europa	Deutschland
höchster Berg	Mont Blanc (4810 m) oder Elbrus (5642 m)	Zugspitze (2962 m)
längster Fluss	Wolga (3531 km)	Rhein (865 km nur in Deutschland)
größter See	Ladogasee (17 703 km²)	Bodensee (536 km²)

M3 Superlativen in Europa und Deutschland

M1 Großlandschaften in Europa

1. Europa im Überblick 13

Der Mont Blanc ist 4 810 Meter hoch und befindet sich in den Alpen. Er gehört zu Frankreich und liegt direkt an der Grenze zu Italien. Die Namensgebung „Weißer Berg" ist unter anderem auf die zahlreiche Gletscher, die sich auf ihm befinden, zurückzuführen. Der Schweizer Forscher Horace Bénédict de Saussure bestieg 1775 den Mont Blanc und konnte so die Höhe des Berges mit einem Barometer (Luftdruckmesser) messen: Dabei wurde zuerst der Luftdruck im Tal, dann auf dem Gipfel bestimmt. Da der Luftdruck mit steigender Höhe abnimmt, kann man errechnen, in welcher Höhe der Gipfel liegt.

M4 Wissenswertes über den Mont Blanc

Der Elbrus ist 5 642 Meter hoch und befindet sich im Kaukasus. Er gehört zu Russland und liegt direkt an der Grenze zu Georgien. Der Berg ist ein aktiver Vulkan mit vielen Gletschern. Er hat zwei Gipfel, davon ist der westliche der höhere. Unter Bergsteigern gilt dieser als einer der „Seven Summits" (die jeweils höchsten Berge der sieben Kontinente). Carl Anton von Meyer konnte im 19. Jahrhundert als Erster Angaben über die Höhe des Berges machen: Mithilfe mathematischer Formeln kann vom Tal aus die Höhe des Gipfels, wie bei der Winkeln- und Längenmessung eines rechtwinkligen Dreiecks, bestimmt werden.

M6 Wissenswertes über den Elbrus

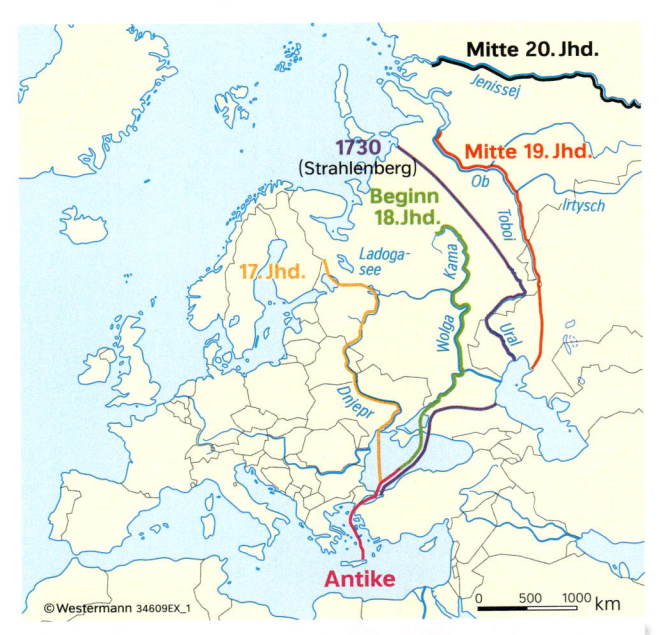

Der Kartograph P. J. von Strahlenberg (1677 – 1747) stellte geographische Forschungen in ganz Russland an. Er legte auch damals eine Grenze zwischen Europa und Asien fest.

M5 Europas Ostgrenze im Laufe der Zeit

Im Westen, Norden und Süden ist Europa durch Gewässer begrenzt. Der Atlantik, das Europäische Nordmeer und das Mittelmeer sind für die Grenzziehung Europas eindeutig.
Jedoch gibt es im Osten und Südosten verschiedene geographische Aspekte, die für eine Begrenzung des Kontinents berücksichtigt werden müssen: Dazu gehören z.B. das **Relief** (**Großlandschaften**, Gebirge), der Verlauf der Flüsse (Wasserscheide), die Geologie und die Geschichte. Dementsprechend hat sich im Laufe der Zeit die Grenze zwischen Europa und Asien immer wieder verändert und ist oft neu definiert worden. Je nachdem, welcher Festlegung der Grenzziehung Experten folgen, gehört das Kaukasusgebirge noch zu Europa. Dadurch liegt der Elbrus entweder in Europa oder in Asien. Häufig wird auch die Manytschniederung als südöstliche Begrenzung von Europa und Asien bezeichnet. Für Konflikte sorgt seit Jahrzehnten auch die Grenzziehung in der Ägäis zwischen Griechenland und der Türkei.

M7 Europas Grenzen

Die Donau – ein Fluss durch Europa

Es führen zahlreiche Wasserstraßen durch Europa. Insgesamt haben diese eine Länge von 23 506 km. Binnenstaaten haben darüber Zugang zum Meer. Aber dieser wirtschaftliche Nutzen ist nur ein Aspekt. Welche Bedeutungen kommen z. B. der Donau, dem zweitlängsten Fluss Europas, noch zu?

1. Erstelle ein Säulendiagramm einer Gewässerkategorie deiner Wahl (M1). S. 129
2. Beschreibe die konkrete wirtschaftliche Nutzung der europäischen Binnenwasserstraßen (M1 – M4, M8, M9).
3. Diskutiert die Vor- und Nachteile unterschiedlicher Verkehrsträger (M1, M3).
4. Mit dem Binnenschiffer unterwegs:
    a) Zeichne den Verlauf eines europäischen Flusses deiner Wahl nach (Atlas).
    b) Benenne Landschaften, die dieser Fluss durchquert (Atlas).
5. Liste die europäischen Hauptstädte auf, die das Donaukreuzfahrtschiff passiert (M5, M8).
6. Begründe, weshalb der Mensch das Donaudelta nicht unbegrenzt nutzen darf (M6, M7).
7. Fertige ein Poster mit Fotos an, die auf dem Donauradweg in verschiedenen Ländern gemacht wurden (M9, Internet).

Wie kann man ein Binnenschiffer werden?

„Es gibt eine Ausbildung für diesen Beruf, diese dauert 3 Jahre. Als Abschluss muss man die sogenannte Matrosenprüfung bestehen."

Wo kann man dann überall eingesetzt werden?

„Sowohl auf Passagierschiffen jeglicher Größe wie Fähren oder Flusskreuzfahrtschiffen als auch auf Frachtschiffen."

Erlebt man oft Abenteuer?

„Ja, auf einem **Binnenschiff** ist immer etwas los. Oft ist man auch lange unterwegs und hat keinen geregelten Tagesablauf, man muss körperlich sehr fit und handwerklich geschickt sein. Denn alles, was auf dem Schiff passieren kann, muss man spontan bewerkstelligen können."

M2 Interview mit einem Binnenschiffer

Flüsse	Länge in Kilometer
Wolga	3534
Donau	2845
Ural	2430
Dnipro	2285
Rhein	1239

Seen	Größe in km²
Ladogasee	17703
Onegasee	9720
Vänersee	5519
Peipussee	3555
Bodensee	536

Kanäle	Länge in Kilometer
Mittellandkanal	325
Main-Donau-Kanal	171
Moskau-Wolga-Kanal	128
Nord-Ostsee-Kanal	98
Amsterdam-Rhein-Kanal	72

M1 Ausgewählte Gewässerkategorien Europas

Verkehrsträger	Jahr 2017
Straße	76,7%
Schiene	17,3%
Gewässer	6%

M3 Der Güterbinnenverkehr in den EU-28 Staaten

M4 Ein Containerschiff auf dem Nord-Ostsee-Kanal

1. Europa im Überblick 15

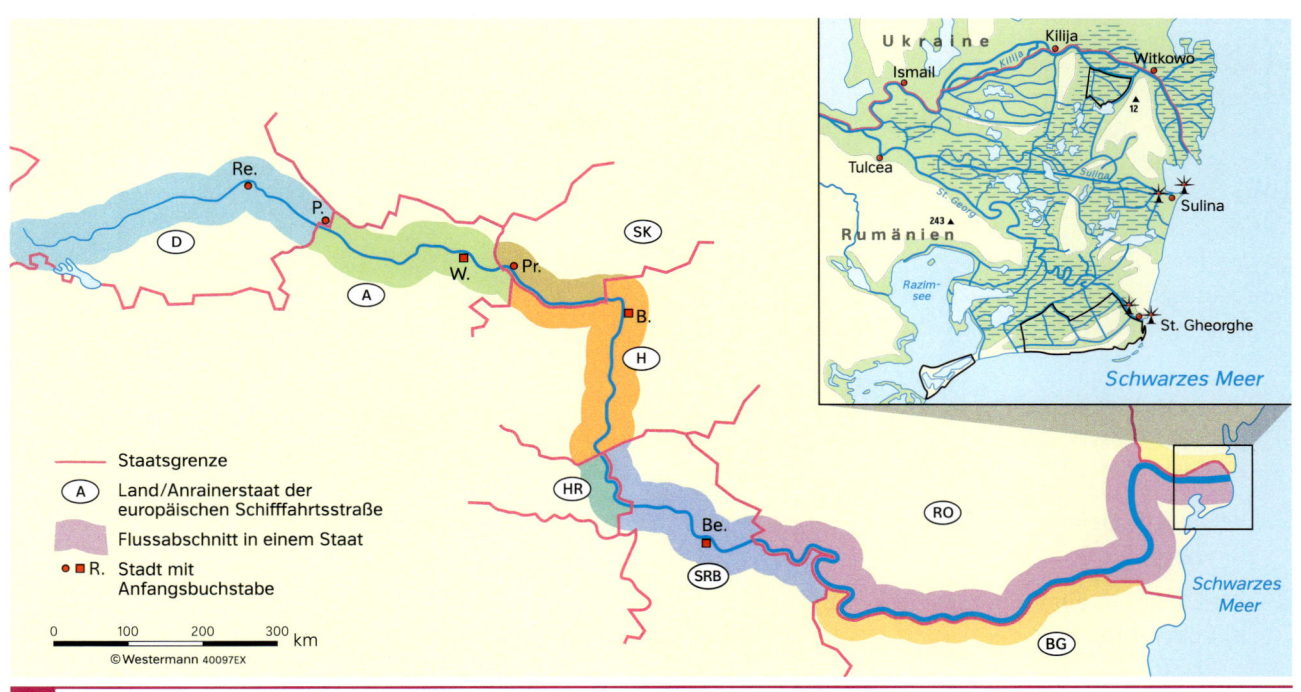

M5 Der Verlauf der Donau

M6 Sicht auf einen Teil des Donaudeltas

Vom Schwarzwald bis ins Donaudelta!
Reisen Sie auf der Donau durch zehn Länder in acht Tagen.
Vorbei an Metropolen wie Wien, Bratislava, Budapest und Belgrad können Sie die tolle Landschaft, z.B. die Karpaten, aus einer ganz neuen Perspektive genießen. Buchen Sie eine Flusskreuzfahrt auf der Königin unter den europäischen Flüssen. An Bord der MS Carl bleiben keine Wünsche offen und an Land können Sie großartige Ausflüge, wie z. B. Stadtrundfahrten, buchen.

M8 Anzeige Donaukreuzschifffahrt

Die Donau verzweigt sich vor der Küste des Schwarzen Meeres in drei große Flussarme und viele kleinere Wasseradern. Dazwischen befinden sich unzählige Seen, Teiche und Wälder aus Schilf. Das **Delta** entsteht und verändert sich ständig, weil im Mündungsbereich des Flusses seit mehreren Tausend Jahren die mitgeführten Sedimente abgelagert werden. So muss sich das fließende Wasser stets einen neuen Weg suchen. Es entsteht so ein verästeltes Flusssystem, das durch die dreieckige Form an den griechischen Buchstaben Delta erinnert.
Das Donaudelta steht unter Naturschutz, denn es ist die Heimat zahlreicher Vogel-, Fisch- und Pflanzenarten. Deswegen muss es von den Menschen besonders verantwortungsbewusst genutzt werden.

M7 Das Donaudelta am Schwarzen Meer

Den Donauradweg gibt es seit 1984. Er verläuft immer am Fluss entlang durch insgesamt acht verschiedene Länder. Der Radweg beginnt in Donaueschingen und endet in Sulina, was einer Strecke von 2850 km entspricht. Vorbei an verschiedenen Gebirgen und Naturschutzgebieten muss man die Donau auch an einigen Stellen, z.B. mit Fähren, überqueren. Der Donauradweg ist eine von 15 Strecken des EuroVelo Radroutennetzes, welches ganz Europa verbindet. Dadurch ist der Fernradweg sehr gut ausgeschildert und man braucht nicht unbedingt eine Landkarte. Viele Unternehmen haben sich auf Touristen eingestellt, so kann man in Gasthäusern z. B. seine Kleidung waschen oder in Hotels Fahrräder in speziellen Räumen verschließen. Auf Wunsch wird auch das Gepäck zum nächsten Ort transportiert.

M9 Der Donauradweg

Wie wir Europäer leben

In einem internationalen Ferienlager treffen sich mehrere Kinder: Ein Mädchen aus Estland berichtet stolz, dass ihre Eltern sehr mit ihr zufrieden sind, weil sie auf ihrem letzten Zeugnis nur Fünfen als Zensuren bekommen hat. Warum reagieren ihre Eltern so seltsam?

1. Murmelgruppe: Welche Wörter aus anderen Sprachfamilien kennst du und dein Banknachbar (M1)?
2. Vergleiche deinen Schulalltag mit dem anderer Kinder in Europa (M2).
3. Die Samen – ein indigenes Volk in Europa:
   a) Beschreibe die Lebensweise der Samen (M3).
   b) Recherchiere, warum die Samen als indigenes Volk bezeichnet werden (M3, Internet).
4. Vergleiche die Gemeinsamkeiten und Unterschiede in Bezug auf die Bevölkerungsdichte zwischen ausgewählten europäischen Staaten und Deutschland (232 Einwohner pro km^2) (M4, Atlas).

Sprache	Anteil	als Muttersprache	als Fremdsprache
Englisch	51 %	13 %	38 %
Deutsch	32 %	18 %	14 %
Französisch	26 %	12 %	14 %
Italienisch	16 %	13 %	3 %
Spanisch	15 %	9 %	6 %

Das Wort „Vater"...

in der romanischen Sprachfamilie
- lateinisch: pater
- spanisch: padre
- portugiesisch: pai
- französisch: père

In der germanischen Sprachfamilie
- englisch: father
- schwedisch: fader

In der slawischen Sprachfamilie
- russisch: otez
- tschechisch: otec
- polnisch: ojciec

M1 Sprachfamilien in Europa

Eine Schülerin aus Estland berichtet

Die beste Zensur, die ich erhalten kann, ist eine 5, die schlechteste ist eine 1. Ich bin eine gute Schülerin, dies können meine Eltern jederzeit im Internet verfolgen, denn unsere Schule ist digital vernetzt. Nicht nur die Noten sind einsehbar, sondern auch Hausaufgaben und Kommentare der Lehrer. Sogar unsere Schulbücher sind online. Nach der neunten Klasse muss ich mich entscheiden, ob ich von der Schule gehen will, einen Abschluss der Sekundarstufe II mache oder das Gymnasium besuchen möchte. Obwohl ich gern zur Schule gehe, freue ich mich immer auf die drei Monate Sommerferien.

Ein Schüler aus Frankreich berichtet

Ich besuche eine Ganztagsschule: Die erste Stunde beginnt um 8:45 Uhr, wir haben eine lange Mittagspause, meistens mit einem 4-Gänge-Menü. Danach geht der Unterricht weiter. Mit einer Hausaufgabenbetreuung und verschiedenen Freizeitangeboten endet mein Schultag immer erst 17:00 Uhr. Ich erhalte drei Zeugnisse pro Jahr, die Lehrer erteilen Noten, die von 0 bis 20 reichen.

Eine Schülerin aus Griechenland berichtet

Ich lerne auf einem staatlichen Gymnasium, das ist hier die übliche Schulform. Jedes Jahr am vorletzten Freitag im Juni beginnen für alle Schüler die Sommerferien und diese gehen bis zum ersten Montag im September. Wir haben zwar lange Ferien, aber auch einen anstrengenden Stundenplan: vormittags durchschnittlich sieben Unterrichtsstunden und nachmittags täglich zwei Stunden Fremdsprachenunterricht. Dazu kommt privat bezahlte Nachhilfe, weil Schulen oft nicht gut ausgestattet sind, aber Prüfungen und Hausaufgaben eine große Rolle spielen.

M2 Unterhaltungen im Ferienlager

1. Europa im Überblick

Die Samen sind die Urbevölkerung Nordskandinaviens. Schon vor über 10 000 Jahren bewohnte das indigene Volk mehrere Regionen in Nordeuropa, vor allem im Norden von Norwegen, Schweden und Finnland. Heute leben noch etwa 70 000 Samen in Nordskandinavien. Die Hälfte der Samen spricht neben der jeweiligen Landessprache in Skandinavien eine eigene Sprache, das Samisch. Viele Samen arbeiten in modernen Berufen, beispielsweise im Bereich Touristik.

Ⓐ Same in traditioneller Kleidung

Ⓑ Goathi – die traditionelle Behausung der Samen

Joik – der traditionelle Gesang der Samen
Joik ist ein spezieller Gesang der Samen, der mit dem Jodeln Ähnlichkeit hat. Er ist traditioneller Bestandteil der samischen Kultur. Thematisch wird oft die Natur besungen, um sich dieser näher zu fühlen. Seit 1990 gibt es mit dem Sámi-Grand-Prix jährlich einen musikalischen Wettbewerb speziell für das Joiken.

M3 Die Samen

In Europa lebt ungefähr ein Zehntel der Bevölkerung der gesamten Welt. Bei der Verteilung der Bevölkerung gibt es nicht nur Unterschiede zwischen den einzelnen Ländern, sondern auch zwischen **Ballungsgebieten** und **ländlichen Räumen**.

Bevölkerungsdichte ausgewählter Staaten:

EU-28 2017: 118 Einwohner pro km²

Lettland: 31 Einwohner pro km²
(**Küstenstaat**)

Malta: 1 495 Einwohner pro km²
(**Zwergstaat**)

Ⓐ Port Hercule im Fürstentum Monaco

Ⓑ Eine Gasse in Italien

Ⓒ Ein Dorf in der Ukraine

Ⓓ An der Küste Norwegens

M4 Bevölkerungsdichte ausgewählter Länder

Die Europäische Union

Bei einer Stadtrundfahrt durch Brüssel hält der Bus plötzlich an einem großen Gebäude, dem Parlament der Europäischen Union, vor dem 28 verschiedene Länderflaggen wehen. In Europa gibt es doch aber mehr als 28 Länder – warum sind die restlichen Flaggen hier nicht aufgestellt? Und was genau bedeutet es überhaupt für die Staaten und auch für deren Bürger, Teil der EU zu sein?

1. Recherchiere, welche Staaten auf dem Kontinent Europa zur EU gehören (Atlas).
2. Listet in Gruppenarbeit Argumente zu Vor- und Nachteilen der EU auf, präsentiert eure Ergebnisse vor der Klasse (M1 – M7).
3. Sammle bis zur nächsten Geographiestunde zwei unterschiedliche Euromünzen und erkläre das entsprechende Motiv auf die Rückseite (M4).
4. Dokumentiere mit einem Foto, wo die EU-Flagge in deinem Heimatort zu sehen ist und warum sie dort erscheint.
5. Recherchiere, ob die Stadt, in der du zur Schule gehst, durch eine Städtepartnerschaft mit einer anderen Stadt verbunden ist und welche Bedeutung dies für beide Städte hat.

Das Europäische Parlament wird alle fünf Jahre gewählt. Die letzte Wahl fand im Mai 2019 statt. Momentan sind fünf der 754 Abgeordneten aus Sachsen. Das Europäische Parlament spielt z.B. bei den Gesetzgebungsverfahren in der EU eine wichtige Rolle.

M3 Das Europäische Parlament in Brüssel

INFO

Schengener Abkommen
Alle Mitglieder der EU, aber auch weitere Länder Europas haben seit 1985 in mehreren internationalen Abkommen die Abschaffung von stationären Grenzkontrollen vereinbart. Dadurch ist es z.B. möglich, an Binnengrenzen einfach in ein anderes Land zu reisen, ohne sich ausweisen zu müssen. Seitdem werden die Außengrenzen stärker gesichert und kontrolliert.

28 Länder haben sich zur **Europäischen Union** zusammengeschlossen, um eine gemeinsame Politik zu wirtschaftlichen, sozialen und ökologischen Themen abzustimmen. Dafür gibt es außer dem Europäischen Parlament noch weitere Einrichtungen, die wichtige Entscheidungen zur Zusammenarbeit der Länder treffen. So gibt es z.B. den Europäischen Gerichtshof, die Europäische Zentralbank, eine Umweltagentur, einen Rechnungshof und den Europäischen Rat.

Der **Euro** als Bargeld wurde im Jahr 2002 als offizielle Währung in zwölf Ländern eingeführt. Mittlerweile benutzen etwa 340 Millionen Menschen in 19 Ländern den Euro als Zahlungsmittel. Als letztes Land kam am 1. Januar 2015 Litauen zur Währungsunion hinzu. Neuester Bewerber ist seit Juli 2019 Kroatien. Eine gemeinsame Währung soll die Identifikation der Menschen mit der EU vorantreiben und den Handel erleichtern.

M1 Das Motto der EU lautet: „In Vielfalt geeint"

M4 Der Euro als Währung

Zeitstrahl:
- 1951: Gründung der Europäischen Gemeinschaft für Kohle und Stahl (EGKS), um nach dem Zweiten Weltkrieg den Handel mit diesen wichtigen Gütern zu erleichtern
- 1957: Römische Verträge: Gründung der Europäischen Wirtschaftsgemeinschaft (EWG)
- 1967: Verschmelzung der EGKS, der EWG und EURATOM zur Europäischen Gemeinschaft (EG) mit eigenem Gerichtshof und eigenem Parlament Zollunion (1968)
- 1979: erste direkte Wahl des Europaparlaments durch die Bürgerinnen und Bürger der Mitgliedsstaaten

1951 — 1957 — 1967 — 1973 — 1979 — 1981

6 Gründungsstaaten | 9 Staaten | 10 Staaten

M2 Zeitstrahl zur Europäischen Union

1. Europa im Überblick

M5 Kaunas (Litauen) Europäische Kulturhauptstadt 2022

Die Europäische Union vergibt jedes Jahr den Titel „Kulturhauptstadt Europas". Seit 1985 wurden so schon über 50 Städte ernannt. Dadurch soll verdeutlicht werden, dass Europa reich und vielfältig an kulturellem Erbe ist. Dabei werden die Gemeinsamkeiten der Europäer betont, um ein besseres Verständnis untereinander zu fördern. Städte, die den Titel für ein Jahr bekommen, richten dann zahlreiche Veranstaltungen aus, die von vielen Touristen besucht werden.

Für die Ernennung der Kulturhauptstadt Europas 2025 sind acht deutsche Städte im Rennen, darunter zum Beispiel Chemnitz, Dresden, Gera und Magdeburg. Bisher trugen drei deutsche Städte den Titel: 1988 – West-Berlin, 1999 – Weimar, 2009 – Essen.

M6 Europas Kulturhauptstädte

PROBIER'S AUS!
EDIC
In Europa gibt es an etwa 500 verschiedenen Standorten sogenannte „Europe Direct Informationszentren". Davon befinden sich drei in Sachsen: Diese kann man in Dresden, Leipzig und Annaberg-Buchholz besuchen, um sich über die Europäische Union zu informieren. Dort gibt es beispielsweise Vorträge und andere Veranstaltungen für Schulen.

Georgia (23 Jahre), Studentin aus Griechenland:

„Mit einem Erasmus-Stipendium bin ich seit vier Monaten in Polen an der Warschauer Universität. Dort habe ich mich nicht nur in das Land verliebt. Nächstes Jahr wollen wir heiraten!"

Dimitri (54 Jahre), Lkw-Fahrer aus der Ukraine:

„Ich fahre diese Woche eine Lieferung nach Spanien und muss nur an der Grenze zwischen der Ukraine und Polen Zeit für eine Kontrolle einplanen."

Dragos (40 Jahre), Straßenbaumeister aus Rumänien:

„Die Infrastruktur hat sich im ganzen Land deutlich verbessert, seitdem wir Fördermittel aus der EU bekommen. Seither habe ich auch stetig Arbeit auf Baustellen!"

Cécile (96 Jahre), Schneiderin aus Frankreich:

„Ich habe die Schrecken des Zweiten Weltkrieges miterleben müssen und bin jeden Tag froh, dass die EU uns Frieden garantiert!"

Rob (35 Jahre), Landwirt aus Deutschland:

„Durch die gemeinsame Agrarpolitik der EU muss ich mich im Wettbewerb der europäischen Landwirte besonders behaupten – deshalb habe ich mich auf ökologischen Landbau spezialisiert."

Steffi (32 Jahre), Restaurantleiterin aus Belgien:

„Da ich innerhalb der EU keine **Zölle** auf Waren bezahlen muss, kann ich viele europäische Spezialitäten bestellen und auf unserer Speisekarte anbieten."

Calle (38 Jahre), Personaler aus Schweden:

„Auf Stellenausschreibungen bewerben sich Fachkräfte aus ganz Europa und wir wählen dann die geeignetsten aus, weil jeder innerhalb der EU überall ohne Probleme arbeiten darf."

M7 Einige Europäer erzählen

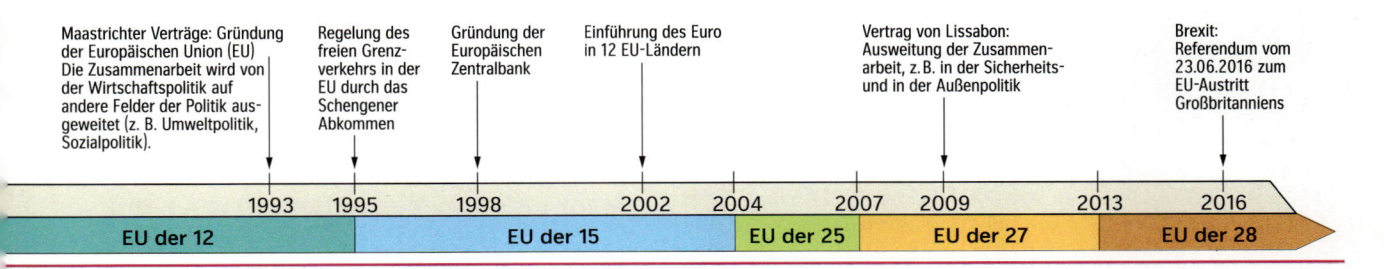

1993 – Maastrichter Verträge: Gründung der Europäischen Union (EU). Die Zusammenarbeit wird von der Wirtschaftspolitik auf andere Felder der Politik ausgeweitet (z. B. Umweltpolitik, Sozialpolitik).

1995 – Regelung des freien Grenzverkehrs in der EU durch das Schengener Abkommen

1998 – Gründung der Europäischen Zentralbank

2002 – Einführung des Euro in 12 EU-Ländern

2009 – Vertrag von Lissabon: Ausweitung der Zusammenarbeit, z. B. in der Sicherheits- und in der Außenpolitik

2016 – Brexit: Referendum vom 23.06.2016 zum EU-Austritt Großbritanniens

1993	1995	1998	2002	2004	2007	2009	2013	2016
EU der 12		EU der 15			EU der 25	EU der 27		EU der 28

2. Klima und Vegetation in Europa

Ein Unwetter zieht auf

21

Die Beleuchtungszonen der Erde

Ohne die Strahlung der Sonne wäre kein Leben auf der Erde möglich. Trotzdem wird die Energie der Sonnenstrahlung nicht überall auf der Erde gleich intensiv genutzt. In Sevilla (Spanien) zum Beispiel sieht man auf den Dächern überall Solaranlagen und Warmwasserbereiter. Warum ist diese Art der Energiegewinnung hingegen in Tromsø (Norwegen) kaum verbreitet?

1. Die Beleuchtungszonen der Erde:
   a) Beschreibe die Lage der Beleuchtungszonen auf der Nordhalbkugel (M1, M4).
   b) Erläutere die Ursachen für die Abgrenzung der Beleuchtungszonen (M1, M4).
   c) Beschreibe, wie sich an den Stationen Tromsø, Dresden und Libreville der Einfallswinkel der Sonne und die Tageslänge innerhalb eines Jahres verändern (M2, M5, M6).
   d) Beschreibe, wie sich am 21. Juni und am 21. Dezember der Einstrahlungswinkel vom Äquator aus in Richtung Nordpol verändert (M2, M5, M6).

2. Erläutere die Auswirkungen des Einfallswinkels der Sonnenstrahlen auf die Erwärmung der Erdoberfläche (M2, Probier's aus!).

3. Die Sonnenstrahlung wird durch den Menschen auf vielfältige Weise genutzt:
   a) Beschreibe, wie die Sonnenenergie im Mittelmeerraum nutzt werden kann (M3, M7).
   b) Recherchiere, wie in Deutschland die Solarenergie genutzt wird (Internet, Bibliothek).

Aufgrund der Kugelgestalt der Erde fallen die Sonnenstrahlen mit unterschiedlichen Winkeln auf die Erdoberfläche. Der Einfallswinkel in Äquatornähe ist sehr steil. In den Polargebieten hingegen fallen die Sonnenstrahlen nur flach ein. Die unterschiedliche Bestrahlung der Erdoberfläche führt zur Ausbildung von **Beleuchtungszonen**:
- der nördlichen und südlichen **polaren Beleuchtungszone**,
- der nördlichen und südlichen **gemäßigten Beleuchtungszone** sowie
- der **tropischen Beleuchtungszone**.

Abgegrenzt sind die Beleuchtungszonen durch die **Polar-** und **Wendekreise**. Nur zwischen den nördlichen und südlichen Wendekreisen, in der tropischen Beleuchtungszone, kann die Sonne im Zenit, also senkrecht über einen Beobachter, stehen. Außerhalb der Tropen ist der Einfallswinkel der Sonnenstrahlen stets geringer als 90°. Die unterschiedlichen Einfallswinkel bedingen eine unterschiedliche Erwärmung der Erdoberfläche.

M1 Beleuchtungszonen der Erde

Größe des Einstrahlungswinkels	Höhe der Einstrahlungsenergie
bis 30°	niedrig
über 30° bis 60°	mittel
über 60° bis 90°	hoch

M2 Einstrahlungswinkel und Einstrahlungsenergie

> **INFO**
> Die Sonnenstrahlen erwärmen nicht direkt die Luft, sondern den Boden. Der Boden gibt Wärme ab und erwärmt die darüberliegende Luftschicht.

PROBIER'S AUS!

Einfallswinkel der Sonnenstrahlen

Du benötigst ein liniertes und ein unliniertes Blatt Papier, einen Druckknopf, zwei Farbstifte, einen Winkelmesser und eine Schere.
- Schneide von dem linierten Blatt ein Stück mit mindestens zwölf Zeilen ab und ziehe die Zeilen, die die Sonnenstrahlen darstellen sollen, mit einem farbigen Stift nach.
- Schneide vom unlinierten Blatt ein Stück ab und markiere eine Fläche.
- Verbinde beide Papierstücke mit einem Druckknopf.
- Bewege das linierte Papierstück so, dass der Einstrahlungswinkel der Sonnenstrahlen 90°, 45° und 30° beträgt.
- Zähle jeweils die Strahlen, die auf deine markierte Fläche fallen.

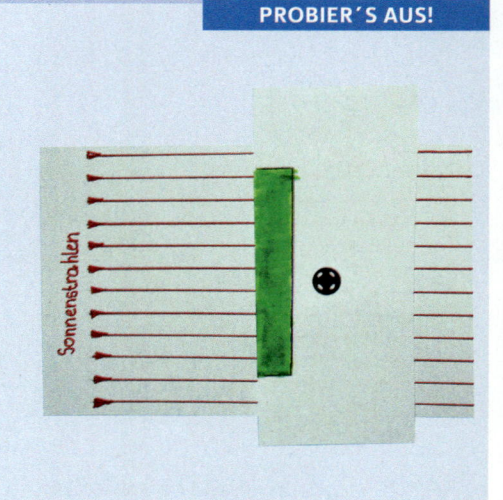

2. Klima und Vegetation in Europa 23

M3 Solarkraftwerk in Sevilla (Spanien)

M7 Warmwasserbereitung auf den Dächern am Mittelmeer

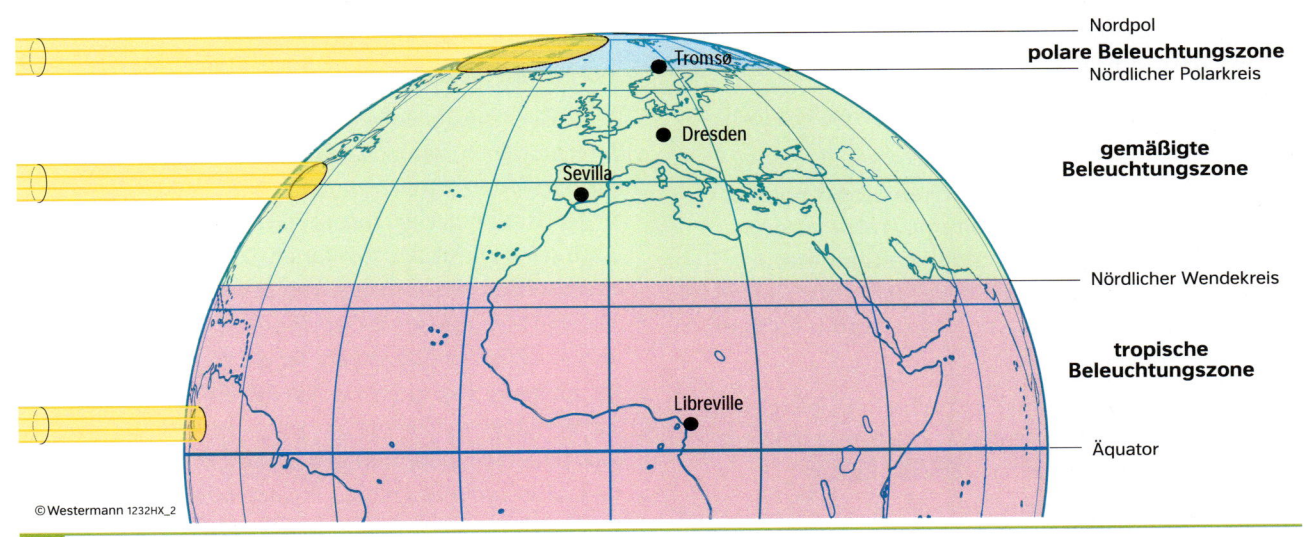

M4 Beleuchtungszonen der Erde auf der Nordhalbkugel

Orte	höchster Einstrahlungswinkel der Sonne am			
	21. März	21. Juni	23. September	21. Dezember
Tromsø / Norwegen (polare Beleuchtungszone)	20°	44°	20°	0°
Dresden / Deutschland (gemäßigte Beleuchtungszone)	39°	62°	39°	15°
Libreville / Gabun (tropische Beleuchtungszone)	90°	67°	90°	66°

M5 Einstrahlungswinkel in den Beleuchtungszonen

Orte	Tageslänge			
	21. März	21. Juni längster Tag	23. September	21. Dezember kürzester Tag
Tromsø / Norwegen (polare Beleuchtungszone)	12 h 23 min	24 h	12 h 34 min	0 h
Dresden / Deutschland (gemäßigte Beleuchtungszone)	12 h 12 min	16 h 33 min	12 h 10 min	7 h 54 min
Libreville / Gabun (tropische Beleuchtungszone)	12 h 6 min	12 h 8 min	12 h 6 min	12 h 6 min

M6 Tageslänge in den Beleuchtungszonen

Vom Wetter zum Klima

Fast jeder hat auf seinem Smartphone eine App, auf der er die Wettervorhersage für einen bestimmten Ort für die nächsten Stunden ablesen kann. Eine App zur genauen Vorhersage des Klimas gibt es hingegen nicht. Unterscheiden sich Klima und Wetter eigentlich?

1. Erkläre den Begriff Wetter (M2–M4).
2. Für einen Bauern hängt z. B. von der Wettervorhersage ab, ob er sein Feld am nächsten Tag bewässern muss:
   a) Nenne weitere Berufsgruppen, für die die Kenntnis des Wetters bedeutsam ist (M2).
   b) Erläutere dies für eine Berufsgruppe (M2).
3. Beschreibe die Lage der Orte bzw. Regionen mit den Temperaturrekorden (M4, Atlas).
4. Erläutere den Zusammenhang zwischen Wetter und Klima (M2–M4).
5. Berechne von der sächsischen Station bei Dresden die Tagesmitteltemperatur vom 17. April 2002, die Monatsmitteltemperatur vom April 2002 und die durchschnittliche Temperatur des Monats April im Zeitraum 1980 bis 2009 (M6).
6. Die Station Dresden-Klotzsche liefert wichtige Daten für den Flugverkehr. Zeichne das Klimadiagramm von Dresden. S. 132 S. 150

M1 Meteorologin beim Erfassen der Wetterdaten

Weshalb ist Ihre Arbeit als Meteorologin für unsere Wirtschaft so wichtig?

Viele Berufsgruppen benötigen jeden Tag exakte Informationen, wie sich das Wetter gestaltet, um ihre Arbeit erfolgreich zu planen. Der Winterdienst in der Stadt muss entsprechend der Wettervorhersage seine Einsatzkräfte planen. Das Ausflugslokal muss wissen, wie sich das Wetter entwickelt, um die richtige Menge Eis und Getränke bestellen zu können. Für den Zugverkehr ist die Wettervorhersage nötig, um zu prüfen, ob sich der Einsatz von Sonderzügen in beliebte Skisportorte an Winterwochenenden lohnt. Der Lkw-Fahrer muss entscheiden, ob er aufgrund des zu erwartenden Wetters mehr Zeit für seine Tour einplanen muss.

Was versteht man unter dem Begriff Wetter?

Als Wetter wird der Zustand der Wetterelemente zu einem bestimmten Zeitpunkt über einem Ort oder einem kleineren Gebiet bezeichnet.

Wie wird denn eine Wetterkarte erstellt?

Mithilfe von Wetterstationen, Wetterballons und Satelliten werden die Eigenschaften der Wetterelemente gemessen und erfasst und mithilfe eines Computers in einer Karte dargestellt.

M2 Interview mit einer Meteorologin

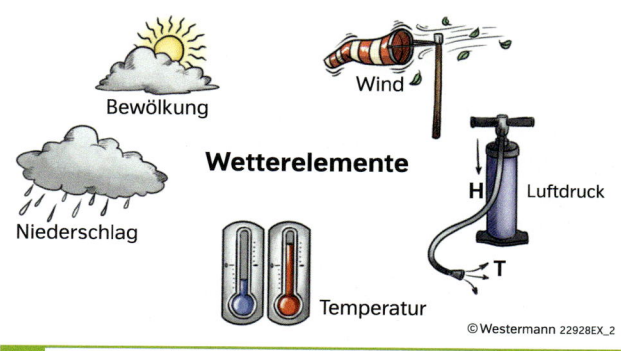

INFO 1

Temperaturrekorde in Europa und Deutschland
- höchste gemessene Temperatur in Europa: 48,5° C in Catenanuova auf Sizilien/Italien (10.08.1999)
- niedrigste gemessene Temperatur in Europa: -53,0° C in Malgovik in Lappland, Schweden (23.12.1941)
- höchste gemessene Temperatur in Deutschland: 42,6° C in Lingen (Ems) (25.07.2019)
- niedrigste gemessene Temperatur in Deutschland: -45,9° C am Funtensee bei Berchtesgaden (24.12.2001)

INTERNET

In Deutschland ist für die Bereitstellung von Wetter- und Klimadaten der Deutsche Wetterdienst, der dem Bundesministerium für Verkehr und digitale Infrastruktur zugeordnet ist, verantwortlich. Auf Internetseite des Deutschen Wetterdienstes findest du viele Wetterdaten.

M3 Was ist Wetter?

(Wetterelemente: Bewölkung, Wind, Niederschlag, Temperatur, Luftdruck)

Während das **Wetter** den Zustand der **Wetterelemente** zu einem bestimmten Zeitpunkt betrachtet, so beschreibt das **Klima** Durchschnittswerte, die über einen sehr langen Zeitraum gemessen wurden. Um aber aussagefähige Daten für die Temperatur und den Niederschlag zu bekommen, muss man die jeweiligen Werte aus 30 Jahren addieren und dann daraus den Durchschnitt bilden. Dabei werden die täglichen Schwankungen des Wetters und auftretende Wetterextreme weitgehend ausgeblendet.

M4 Der Zusammenhang zwischen Wetter und Klima

INFO 2

Seit dem 1. April 2001 werden zur Ermittlung der Tagesdurchschnittstemperatur die zu jeder vollen Stunde gemessenen Temperaturwerte genutzt. Vor dem 1. April 2001 erfolgte die Ermittlung der Tagesdurchschnittstemperatur durch die Nutzung der um 7:00 Uhr, 14:00 Uhr und 21:00 Uhr gemessenen Temperaturwerte.

17. April 2002		April 2002		April	
Zeit	T in °C	Tag	T in °C	Jahr	T in °C
1:00	5,4	1.	6,4	1980	**8,4**
2:00	5,3	2.	5,9	1981	7,9
3:00	5,3	3.	7,1	1982	8,2
4:00	5,2	4.	6,2	1983	8,1
5:00	5,1	5.	8,1	1984	9,5
6:00	5,1	6.	8,2	1985	7,8
7:00	5,2	7.	9,1	1986	6,3
8:00	5,4	8.	10,3	1987	8,7
9:00	5,8	9.	9,8	1988	8,6
10:00	6,9	10.	7,9	1989	9,2
11:00	7,5	11.	7,7	1990	7,5
12:00	8,3	12.	8,3	1991	8,3
13:00	9,4	13.	8,6	1992	10,1
14:00	9,8	14.	8,3	1993	7,7
15:00	10,0	15.	7,2	1994	6,5
16:00	10,0	16.	8,1	1995	8,7
17:00	9,5	17.		1996	9,1
18:00	9,0	18.	8,2	1997	7,9
19:00	8,2	19.	9,4	1998	8,9
20:00	7,6	20.	10,6	1999	8,5
21:00	6,7	21.	11,4	2000	9,3
22:00	6,1	22.	12,3	2001	7,2
23:00	5,7	23.	12,5	2002	
24:00	5,5	24.	11,5	2003	7,1
		25.	12,8	2004	8,5
		26.	13,3	2005	9,2
		27.	11,2	2006	9,3
		28.	10,8	2007	8,3
		29.	10,6	2008	8,7
		30.	10,2	2009	9,2

M5 Vorrichtung zur Niederschlagserfassung

M6 Temperaturdaten einer sächsischen Station in der Nähe von Dresden

INFO 3

Von der Tages- zur Jahresniederschlagssumme

Tagesniederschlagssumme = Summe der Niederschläge der 24 Stunden eines Tages

Monatsniederschlagssumme = Summe der Tagesniederschläge eines Monats

Jahresniederschlagssumme = Summe der Monatsniederschläge eines Jahres

INFO 4

Von der Tages- zur Jahresmitteltemperatur

$$\text{Tagesmitteltemperatur} = \frac{\text{Addition der Stundenwerte}}{24}$$

$$\text{Monatsmitteltemperatur} = \frac{\text{Addition der Tagesmitteltemperatur}}{\text{Anzahl der Tage eines Monats}}$$

$$\text{Jahresmitteltemperatur} = \frac{\text{Addition der Monatsmitteltemperatur}}{12}$$

Die Klimazonen Europas

Beim Durchblättern eines Reisekatalogs fielen Johanna die Klimadiagramme bei der Vorstellung der Reiseziele auf. Sie fragt sich nun, was man diesen Diagrammen entnehmen kann und warum genügt es, für eine Region nur ein Klimadiagramm zu drucken?

1. Beschreibe die Lage der vier Klimazonen in Europa (M3, M7).
2. Ordne den Stationen Palermo, Narjan-Mar und Berlin die Stationen aus der Tabelle M4 zu. Begründe deine Entscheidung (M4, M7).
3. Begründe, in welcher Klimazone sich der Ort befinden könnte (M5).
4. Die Stationen Malaga und Heraklion liegen weit auseinander und besitzen doch ein ähnliches Klima:
   a) Bestimme die Entfernung zwischen den beiden Stationen (Atlas).
   b) Bestimme Gemeinsamkeiten des Klimas der beiden Stationen (M8, M10).
   c) Ordne die Stationen Malaga und Heraklion in eine Klimazone ein (M7, M8, M10). Begründe deine Entscheidung.
   d) Erkläre die unterschiedlichen Preise des Hotels in Heraklion zu den verschiedenen Zeiten (M9 – M11).
5. Die Milch von Kühen, die auf der Weide frisches Gras fressen können, besitzt aus gesundheitlicher Sicht die beste Fettzusammensetzung sowie den höchsten Vitamingehalt:
   a) Erkläre, weshalb sich Irland besonders für die Haltung von Kühen eignet (M2, M6).
   b) Begründe, weshalb Butter aus Irland in Europa besonders begehrt ist.

Die Orte Malaga und Palermo stimmen, obwohl sie weit auseinander liegen, in den Klimamerkmalen Temperatur und Niederschlag weitgehend überein. Große Gebiete mit einem ähnlichen Klima werden als **Klimazone** bezeichnet. Europa wird in vier Klimazonen unterteilt: die **polare**, **subpolare**, **gemäßigte** und **subtropische Klimazone**.

M3 Klima und Klimazonen

Station	höchster Einstrahlungswinkel der Sonne am			
	21.03.	21.06.	23.09.	21.12.
A	22,3°	45,8°	22,3°	0°
B	37,5°	61,0°	37,5°	14,0°
C	51,9°	75,4°	51,9°	28,4°

M4 Einstrahlungswinkel der Sonne an verschiedenen Orten

An diesem Ort fallen von November bis März die Niederschläge als Schnee. Das wichtigste Fortbewegungsmittel der Menschen in dieser Zeit ist der Motorschlitten. Die Temperaturen sind von Dezember bis Februar so niedrig, dass keine Bäume wachsen können. Nur in den Monaten Juni bis September können kleinere Pflanzen wachsen.

M5 Ein Ort in der Klimazone …

Bei Temperaturen zwischen 0°C und 20°C empfinden Kühe weder Kälte noch Wärme und können sich im Freien aufhalten. Besonders mögen sie Temperaturen zwischen 7°C und 10°C. Bereits ab 17°C ist es Kühen zu warm und sie liefern weniger Milch. Kühe sind Pflanzenfresser und ernähren sich besonders von Gräsern, deren Wachstum bei durchschnittlichen Monatstemperaturen über 5°C einsetzt.

M6 Optimale Lebensbedingungen für Kühe

M1 Kühe in Irland

Monat	J	F	M	A	M	J	J	A	S	O	N	D
°C	5,2	5,1	6,4	8,2	10,7	13,5	15,3	15,1	13,4	10,8	7,2	5,9

M2 Durchschnittliche Temperaturen in Dublin (Irland)

2. Klima und Vegetation in Europa

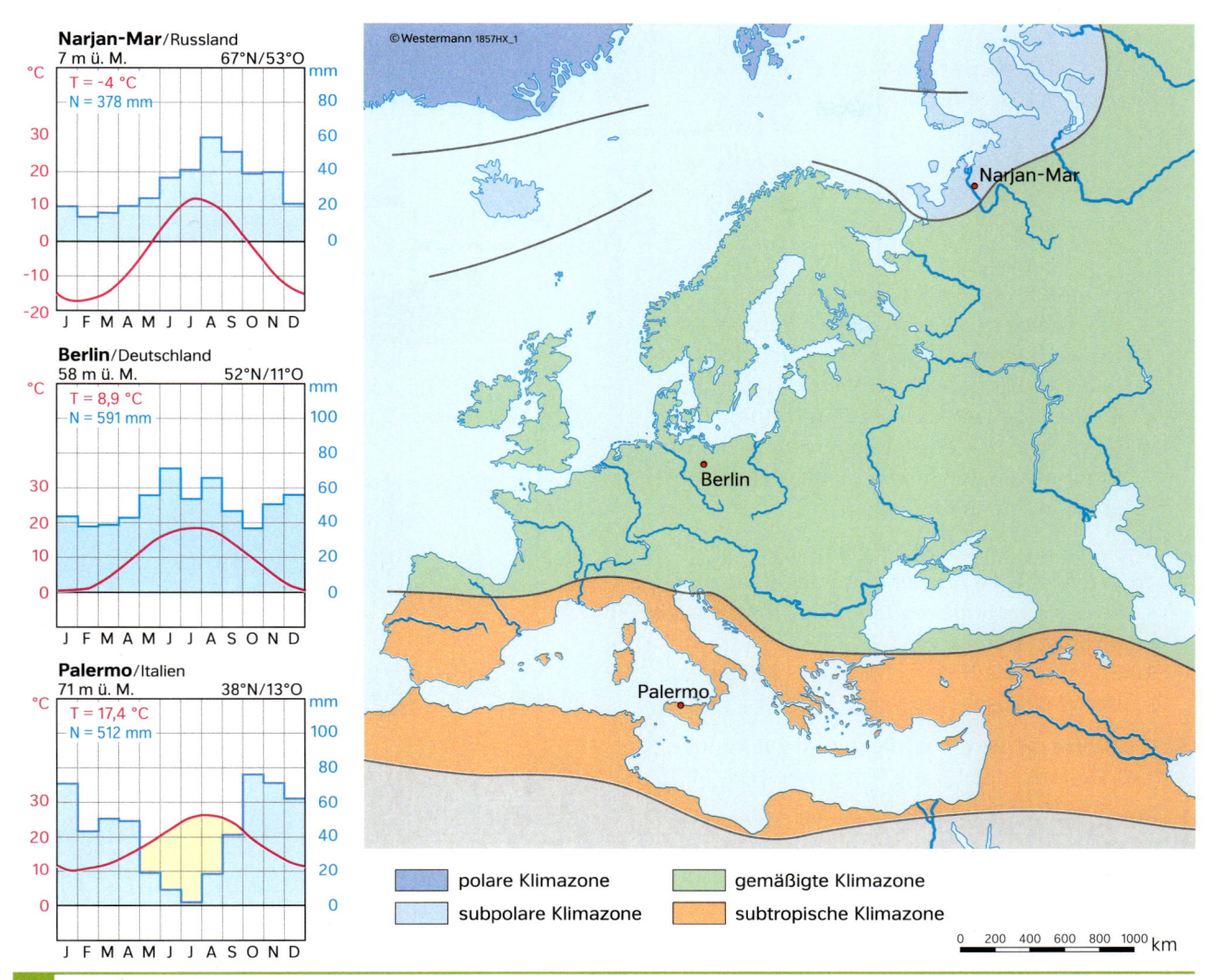

Narjan-Mar/Russland
7 m ü. M.   67°N/53°O
T = -4 °C
N = 378 mm

Berlin/Deutschland
58 m ü. M.   52°N/11°O
T = 8,9 °C
N = 591 mm

Palermo/Italien
71 m ü. M.   38°N/13°O
T = 17,4 °C
N = 512 mm

- polare Klimazone
- subpolare Klimazone
- gemäßigte Klimazone
- subtropische Klimazone

M7 Klimazonen in Europa und Klimadiagramme

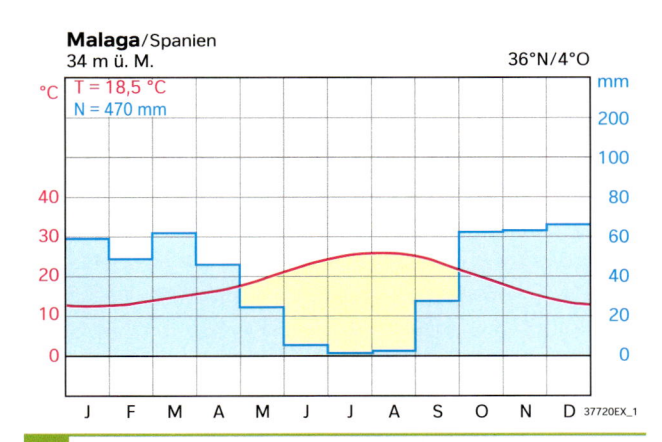

Malaga/Spanien
34 m ü. M.   36°N/4°O
T = 18,5 °C
N = 470 mm

M8 Klimadiagramm Malaga (Spanien)

Heraklion/Griechenland
29 m ü. M.   35°N/25°O
T = 18,5 °C
N = 453 mm

M10 Klimadiagramm Heraklion (Griechenland)

Zimmer pro Nacht	November bis März	April und Oktober	Mai bis September
1 Person, Frühstück	45 €	60 €	80 €
2 Personen, Frühstück	65 €	85 €	110 €

M9 Aus einer Preisliste eines Hotels in Heraklion

Alle Zimmer sind mit einer frei regelbaren Klimaanlage und mit Sonnenschirmen auf dem Balkon ausgestattet. Erleben Sie im Sommer unseren hoteleigenen Strand mit Sonnenschirm und Liegen. In der Nebensaison lohnt es sich, die Kultur der Region zu entdecken.

M11 Aus einem Prospekt eines Hotels in Heraklion

Die Beeinflussung des Klimas durch den Golfstrom und das Relief

Nils ist Fischer an der norwegischen Atlantikküste und Mika an der finnischen Ostseeküste. Während Nils ganzjährig Fischerei betreibt, kann Mika nur im Sommer als Fischer arbeiten. Wieso kann Nils das gesamte Jahr fischen und Mika nur wenige Monate?

1. Der Einfluss des Golfstroms:
   a) Beschreibe den Verlauf des Golfstroms (M7).
   b) Nenne Gebiete Europas, die durch den Golfstrom direkt beeinflusst werden (M7, Atlas).
   c) Nenne Eigenschaften des Golfstroms (M4).
   d) Vergleiche die Januartemperaturen der drei Stationen in der Tabelle. Erkläre die Unterschiede (M7, M8).

2. Die Ausdehnung der Klimazonen:
   a) Vergleiche die Ausdehnung der Klimazonen an der Ost- und Westküste des Nordatlantik (Probier´s aus!).
   b) Erläutere die Unterschiede des Klimas an der Westküste Europas.

E 3. Erläutere die wirtschaftlichen Auswirkungen des Golfstromes für die Menschen (M4, M7).

4. Vergleiche das Leben der beiden Fischer und erläutere die Ursachen für die Unterschiede (M1 – M4, M6).

5. Der Einfluss des Reliefs:
   a) Beschreibe die Lage der Stationen Stavanger und Örebro (M9, Atlas).
   b) Begründe die unterschiedlichen Jahresniederschläge an den beiden Stationen (M5, M9).
   c) Zeichne das Klimadiagramm von Örebro (M9).

M2 Zugefrorener Ostseehafen im Winter in Finnland

M3 Eisfreier Hafen im Winter an Norwegens Atlantikküste

Nils, Fischer aus Brønnøysund (Norwegen)
Ich bin mit Begeisterung Fischer. Der Nordatlantik bietet ideale Fischgründe, von denen wir das ganze Jahr über profitieren. Wir können ganzjährig Fischerei betreiben, da wir Fischer unsere Häfen an der norwegischen Küste das ganze Jahr verlassen und anlaufen können.

Mika, Fischer aus Oulu (Finnland)
Bald ist es Mai und ich kann mit meinem Kutter wieder auf die Ostsee rausfahren und Fischerei betreiben. Unsere Gewässer sind sehr fischreich, aber ab November muss ich wegen der teils zugefrorenen Ostsee mit der Fischerei pausieren. Dann arbeite ich bis April in der Firma meines Bruders als Tischler und verdiene mir in dieser Zeit damit meinen Lebensunterhalt.

M1 Fischer aus Skandinavien berichten

Wodurch zeichnet sich der Golfstrom aus?
Der **Golfstrom** ist eine 50 bis 100 km breite warme Meeresströmung, die von Mittelamerika kommend den Atlantik bis Nordeuropa durchströmt. Mit einer Geschwindigkeit von etwa sechs Kilometern pro Stunde bewegt er über einhundertmal mehr Wasser als alle Flüsse der Erde in die Meere einleiten.

Weshalb wird er als „Warmwasserheizung Europas" bezeichnet?
Das Wasser des Golfstroms erwärmt die darüber liegende Luft und sorgt dafür, dass die Häfen an der Küste Norwegens im Winter nur selten zufrieren. So kann ganzjährig Fischzucht betrieben werden. In Irland können die Kühe den Großteil des Jahres auf der Weide stehen.

Wie wäre das Klima Europas, wenn es den Golfstrom nicht gäbe?
Ohne den Golfstrom wäre es in Europa im Winter deutlich kälter. Die Küste Norwegens, die Nordsee und auch die Elbmündung wären über Monate hinweg vereist und der Schiffsverkehr käme zum Erliegen. In Nordeuropa wäre auch kein Ackerbau mehr möglich.

M4 Interview mit einer Meeresforscherin

2. Klima und Vegetation in Europa

PROBIER'S AUS!

Die Ausdehnung der Klimazonen an der Ost- und Westküste des Nordatlantik vergleichen

Du benötigst ein Notizblatt, deinen Atlas, eine Schere, ein Lineal und Buntstifte.
- Teile das Notizblatt in zwei gleiche Teile.
- Schlage die Klimakarte (nach Neef) in deinem Atlas auf und befestige jeweils am oberen Kartenrand die beiden Teile so, dass die Ostküste Nordamerikas und die Westküste Europas nicht verdeckt werden.
- Markiere auf den Blättern mithilfe eines Lineals jeweils die Grenzen der Klimazonen an den Küsten der Kontinente.
- Gestalte die Klimazonen farbig.
- Klebe die beiden Blätter dann nebeneinander in deinen Hefter und fertige eine Legende an.

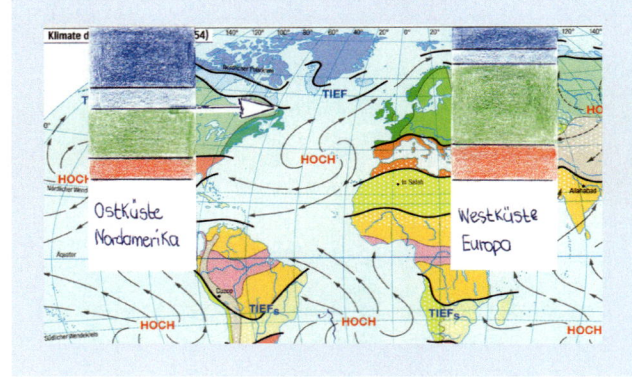

M7 Der Verlauf des Golfstroms

Stationen, die den gleichen Einstrahlungswinkel der Sonnenstrahlen haben	durchschnittliche Januartemperatur
Cape Dyer (Kanada)	-23 °C
Stykkishólmur (Island)	-1 °C
Ørland (Norwegen)	0 °C

M8 Januartemperaturen an den Atlantikküsten

Station Höhenlage:	Örebro 37 m ü. M.		Stavanger 15 m ü. M.	
Monat	T (°C)	N (mm)	T (°C)	N (mm)
Januar	-2,4	47	0,9	123
Februar	-3,4	34	0,6	83
März	0	31	2,4	87
April	4,2	38	5,4	65
Mai	10,4	42	9,7	75
Juni	15,3	51	12,4	83
Juli	17,2	74	14,1	105
August	15,1	72	14,4	137
September	11,3	70	11,7	175
Oktober	6,6	60	8,4	180
November	1,5	63	4,6	167
Dezember	-2,2	51	2,1	148
Jahr	6,1	633	7,2	1428

Über dem Atlantik steigt die vom Meer erwärmte Luft auf, kühlt sich in der Höhe ab und es bilden sich Wolken. Mit dem in Europa vorherrschenden Westwind gelangen die Wolken über das Festland. Vor Gebirgen (Luv-Seite) werden diese zum Aufsteigen gezwungen und es kommt zu Niederschlägen.

M5 Der Einfluss des Reliefs auf die Niederschläge

M9 Klimadaten der Stationen Örebro und Stavanger

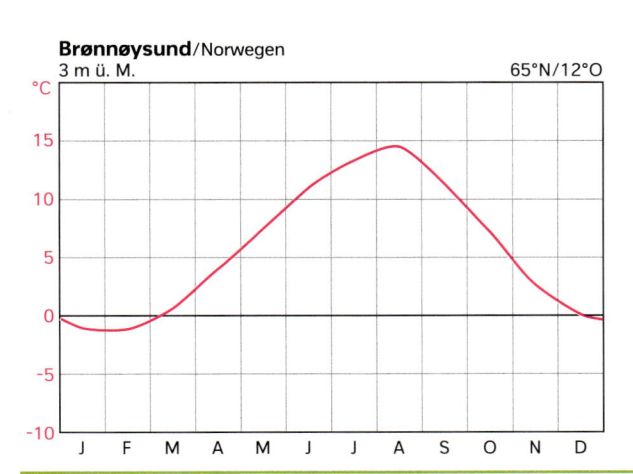

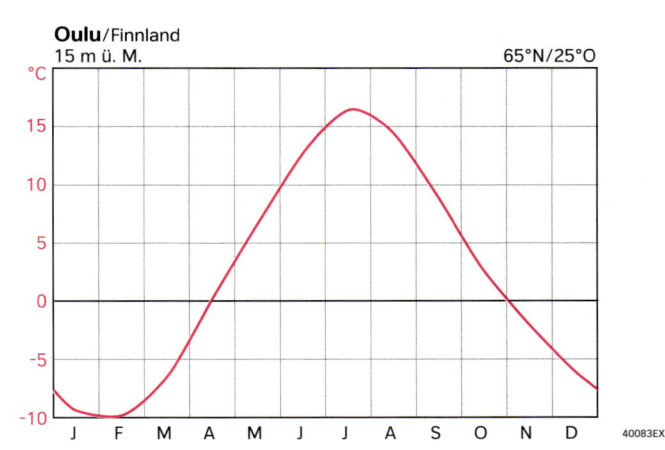

M6 Temperaturdiagramme von Brønnøysund und Oulu

Die Vegetationszonen Europas

In der Mitte Europas finden wir große Waldgebiete vor, während es im äußersten Norden und im Süden Europas kaum Wälder gibt. Wie ist das zu erklären?

1. Die Vegetationszonen Europas:
   a) Beschreibe die Verbreitung der Vegetationszonen Europas (M1).
   b) Ordne den Klimazonen Europas die Vegetationszonen zu (M1). S. 027
   c) Begründe, weshalb das Klima entscheidend für die Verbreitung der Vegetationszonen ist (M1, M2).

2. Erkläre, wie sich die Pflanzen in der Zone des nördlichen Nadelwaldes und in der Laub- und Mischwaldzone an das Klima angepasst haben (M5, M6).

3. Die Stationen Leipzig und Kuusamo liegen beide in der gemäßigten Klimazone, aber in unterschiedlichen Vegetationszonen:
   a) Ordne die Klimadiagramme den Stationen Leipzig und Kuusamo zu. Begründe deine Entscheidung (M7, Atlas).
   b) Bestimme, in welcher Vegetationszone sich die Stationen befinden (M1, Atlas).
   c) Beschreibe die Merkmale des Klimas an den Stationen A und B (M7, Info).

4. Die Verbreitung der Fichte:
   a) Beschreibe die Verbreitung der Fichte in Europa (M8, Atlas).
   b) Begründe, weshalb in diesen Gebieten die Fichte stark verbreitet ist (M8, M9).
   c) Erläutere, weshalb wir heute in der Laub- und Mischwaldzone nur noch wenig Wald vorfinden (M3, Internet).

Sobald ausreichend Wärme, Wasser und Sonnenlicht vorhanden sind, setzt das Pflanzenwachstum ein. Dieser Zeitraum wird als Vegetationszeit bezeichnet. Wasser ist notwendig, um die Nährstoffe aus dem Boden aufzunehmen und in alle Pflanzenteile zu transportieren. Wenn der Boden gefroren oder sehr trocken ist, können sich die Pflanzen nicht entwickeln. In dieser Zeit findet kein Pflanzenwachstum statt. Im Laufe von Millionen von Jahren haben sich die Pflanzenarten den unterschiedlichen klimatischen Bedingungen angepasst, um zu überleben. In Gebieten mit ähnlichem Klima finden wir deshalb typische Pflanzen vor, die das Erscheinungsbild der Landschaft prägen. Große Gebiete mit ähnlichen Pflanzen werden als **Vegetationszonen** bezeichnet.

M2 Klima und Vegetation

INFO

Vegetationszeit: Ab 5 °C Tagesdurchschnittstemperatur setzt das Pflanzenwachstum ein.

Wachstumszeit: Ab 10 °C Tagesdurchschnittstemperatur beginnen die Pflanzen stark zu wachsen.

Die Bezeichnung der Vegetationszonen erfolgt anhand der Pflanzenwelt, wie sie sich ohne Eingriffe des Menschen entwickeln würde. Seit über 10 000 Jahren hat der Mensch durch sein Wirken das Gesicht der Landschaften fast vollständig verändert. Heute finden wir nur noch wenige Gebiete mit der ursprünglichen Vegetation vor, die nun als Naturschutzgebiete und Nationalparks ausgewiesen sind.

M3 Der Mensch verändert die Vegetation

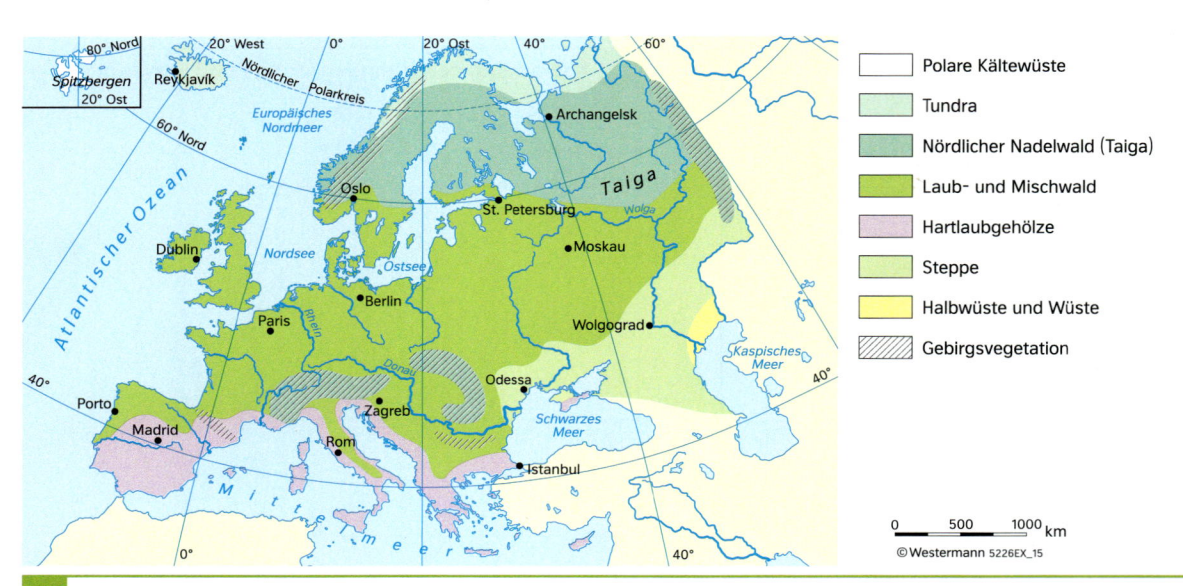

M1 Die Vegetationszonen Europas

2. Klima und Vegetation in Europa 31

In der polaren Kältewüste sind die Temperaturen ganzjährig so niedrig, dass sich kaum Pflanzen entwickeln können. Der Niederschlag fällt in dieser pflanzenarmen bzw. pflanzenlosen Vegetationszone fast das ganze Jahr als Schnee, der sich über einen längeren Zeitraum zu Eis verfestigt.

M4 Die polare Kältewüste

Der nördliche Nadelwald in Europa setzt sich in Asien fort. Nadelbäume sind gut an die langen und sehr kalten Winter angepasst. Ihre Nadeln besitzen eine Wachsschicht und haben eine kleine Blattoberfläche. Das schützt sie vor dem Austrocknen und der Kälte im Winter.

M5 Der nördliche Nadelwald

In der Laub- und Mischwaldzone finden wir warme und regenreiche Sommer vor. Laubbäume haben in den warmen Jahreszeiten einen hohen Wasserbedarf, da durch die große Blattfläche viel Wasser verdunstet. Im Herbst kommt es zum Laubfall und die Bäume sind bis zum Frühjahr im Zustand der Vegetationsruhe.

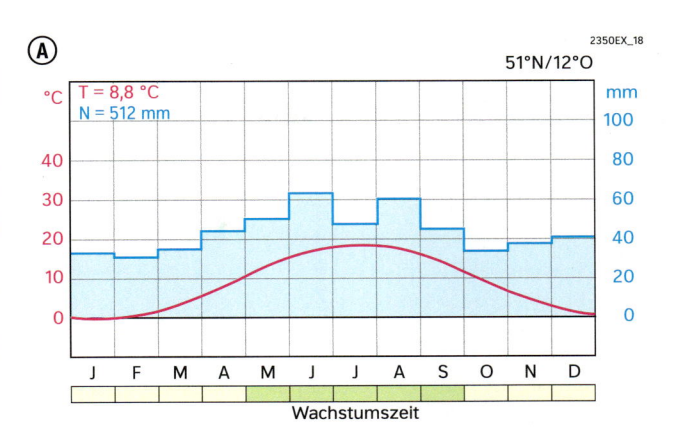

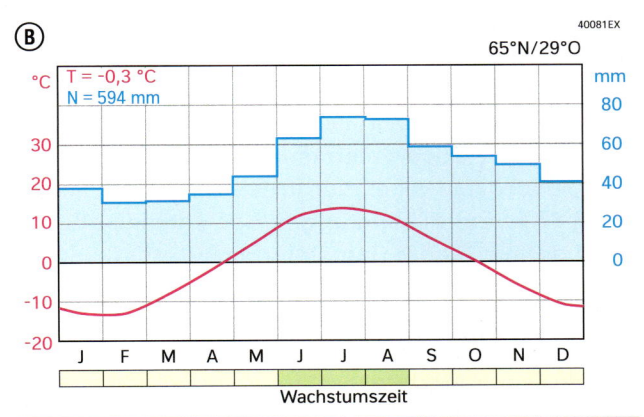

M6 Die Laub- und Mischwaldzone

M7 Klimadiagramme der Stationen Leipzig und Kuusamo

M8 Das natürliche Verbreitungsgebiet der Fichte in Europa

Um gut zu wachsen, benötigen Fichten ein kühles Klima mit ausreichenden bis hohen Niederschlagsmengen. Im Winter kann die Fichte Temperaturen bis weit unter minus 20 °C aushalten, da sie in dieser Zeit in Winterruhe ist. Bei hohen Temperaturen sind Fichten anfällig gegen Schädlinge, wie z. B. den Borkenkäfer.

M9 Lebensbedingungen der Fichte

Die Zone der Tundra

Häuser, die auf Stelzen stehen, hast du vielleicht schon einmal am Meer gesehen. Sie schützen den Menschen zum Beispiel vor Hochwasser. In der Vegetationszone der Tundra werden Häuser auch im Landesinneren, fernab vom Meer, auf dicken Pfählen errichtet. Welche Bedingungen zwingen die Menschen in der Tundra dazu, ihre Häuser auf diese Weise zu stabilisieren?

1. Beschreibe die Verbreitung der Tundra in Europa (Atlas). S. 030

2. Das Klima bestimmt das Erscheinungsbild der Tundra:
   a) Bestimme wichtige Merkmale des Klimas und der Vegetation in der Tundra (M2, M3).
   b) Erkläre Zusammenhänge zwischen Klima, Boden und Vegetation in der Tundra (M2, M4).
   c) Erläutere Auswirkungen des Klimawandels auf die Tundra (Info, Internet).

3. Ordne zu, auf welche Monate die Aussagen am besten zutreffen (M5).

4. Der Dauerfrostboden ist für die Tundra typisch:
   a) Erkläre den Begriff Dauerfrostboden (M6).
   b) Begründe, weshalb man in der Tundra nicht direkt auf dem Boden bauen kann (M6, M7, Probier's aus!).
   c) Erläutere, welche Schwierigkeiten die Menschen in der Tundra bei der wirtschaftlichen Nutzung des Gebietes überwinden müssen (M5, M6, M7).

Die **Tundra** wird auch als Kältesteppe bezeichnet. Die meiste Zeit liegt das Land unter einer Schneedecke. In nur wenigen Monaten im Jahr liegen die Monatsdurchschnittstemperaturen über dem Gefrierpunkt. In dieser Zeit taut der dauerhaft gefrorene Boden nur oberflächlich auf. Damit können sich auch nur Pflanzen ansiedeln, deren Wurzeln nicht tief in den Boden reichen. Da das Schmelzwasser nicht tief versickern kann, bilden sich oft Schlamm und Sümpfe. Das sind ideale Wachstumsbedingungen für Moose, Flechten und Sauergräser. Bäume können hier nicht wachsen, da diese mindestens zwei Monate mit Durchschnittstemperaturen über 10 °C benötigen. Nur im Übergangsbereich zum nördlichen Nadelwald findet man vereinzelt kleinere Nadelbäume vor.

M2 In der Tundra

M3 Typische Pflanzen der Tundra (Flechten, Moose, Krähenbeeren)

M1 Blühende Tundra während des kurzen Sommers

INFO
Die Zone der Tundra verschiebt sich
Der Klimawandel mit seinem Temperaturanstieg führt auch zu einer Verschiebung der Zone der Tundra in Richtung Pol. Der Dauerfrostboden taut bis in immer größere Tiefen auf. Die ursprüngliche Vegetation im Gebiet der heutigen Tundra wird zunehmend durch Baumwuchs verdrängt.

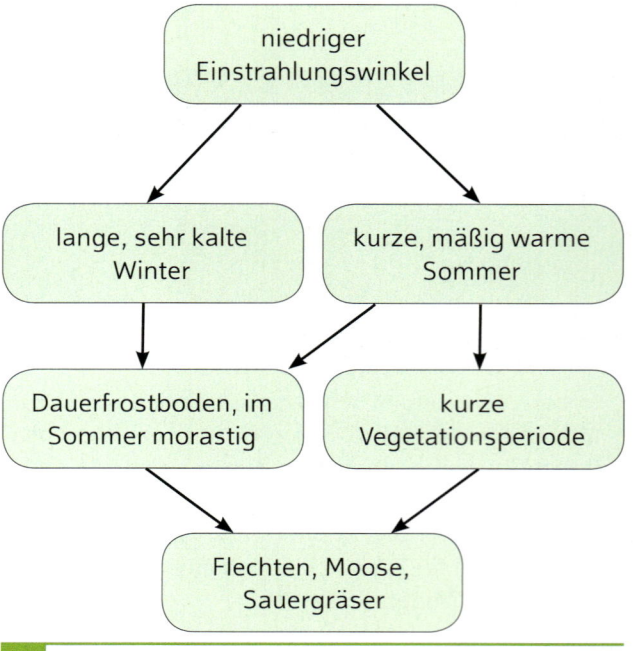

M4 Zusammenhänge zwischen Klima, Boden und Vegetation

(Diagramm: niedriger Einstrahlungswinkel → lange, sehr kalte Winter / kurze, mäßig warme Sommer → Dauerfrostboden, im Sommer morastig / kurze Vegetationsperiode → Flechten, Moose, Sauergräser)

2. Klima und Vegetation in Europa   33

Vardø/Norwegen
14 m ü. M.   70°N/31°O
T = 1 °C
N = 563 mm

1) Der Polarfuchs hat jetzt ein weißes statt ein braunes Fell.

2) Der letzte Schnee ist weggetaut.

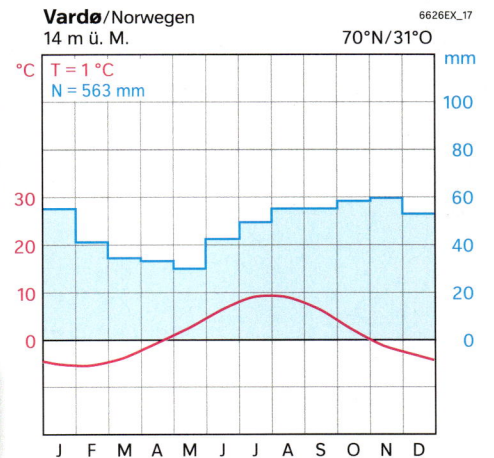

3) Fahrzeuge stecken im Schlamm fest.

4) Zum Einkaufen in den nächsten Ort fährt man am besten mit dem Motorschlitten.

5) Die Landschaft in der Tundra blüht in kräftigen Farben.

6) In diesen Monaten kann man im Eishotel schlafen.

M5 Aussagen zur Tundra im Laufe eines Jahres

Der **Dauerfrostboden** (Permafrostboden) ist ein ganzjährig gefrorener Boden, der nur in den Monaten, in denen die Temperaturen über dem Gefrierpunkt liegen, an der Oberfläche bis in etwa zwei Meter Tiefe auftaut. Auf dem Dauerfrostboden kann man nicht direkt bauen, sondern muss Gebäude und Rohrleitungen auf Pfählen errichten, damit sie nicht im Schlamm versinken.

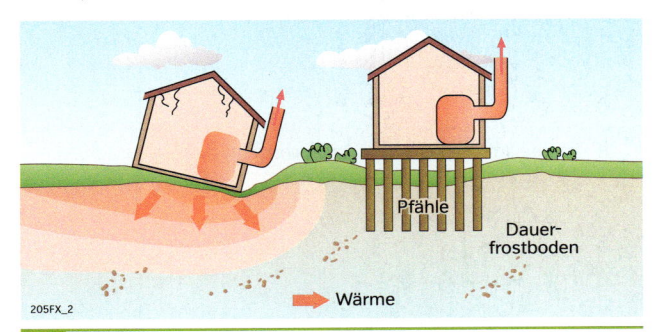

M6 Bauen auf dem Dauerfrostbodem

M7 In der Tundra auf dem Dauerfrostboden errichtetes Haus

PROBIER'S AUS!

Warum man in der Tundra nicht direkt auf dem Dauerfrostboden bauen kann

Du benötigst zwei 2-Euro-Stücke, 2 Joghurtbecher, 2 Becherdeckel, 2 Holzstücke (z. B. Streichhölzer) und etwas Küchenpapier.
- Fülle die zwei Joghurtbecher bis zu einem Drittel mit Wasser und stelle diese für einige Stunden in den Gefrierschrank.
- Lege ein kleines Stück Küchenpapier in die Becherdeckel und darauf die Eistücke aus den Joghurtbechern mit der Bodenseite nach oben.
- Lege auf das eine Eisstück die zwei Holzstücke und darauf ein 2-Euro-Stück, auf das andere Eisstück die zweite Münze ohne Holzstück.
- Drücke jeweils mit einem Daumen insgesamt 4 – 5 Minuten auf die Münzen.

Beschreibe deine Beobachtungen.

Die Zone der Hartlaubgewächse

Millionen von Touristen fahren jedes Jahr in den Sommermonaten ans Mittelmeer, um dort ihren Urlaub zu verbringen. Während die Touristen besonders diese Zeit mögen, werden die Natur und die dort lebenden Menschen vor große Herausforderungen gestellt. Wie ist dieser Widerspruch zu erklären?

1. Südeuropa gehört zu einem großen Teil zur Zone der Hartlaubgewächse:
   a) Beschreibe die Verbreitung der Zone der Hartlaubgewächse in Europa (Atlas). S. 030
   b) Ordne der Zone der Hartlaubgewächse in Europa einer Klimazone zu (Atlas). S. 027

2. Das Klima bestimmt das Erscheinungsbild der Zone der Hartlaubgewächse:
   a) Bestimme wichtige Merkmale des Klimas in der Zone der Hartlaubgewächse (M1, M2, M5).
   b) Erläutere, wie sich die Pflanzen an die klimatischen Bedingungen angepasst haben (M2, M3).
   c) Erläutere Zusammenhänge zwischen Klima und Vegetation (M1 – M4).

3. Ordne zu, auf welche Monate die Aussagen am besten zutreffen (M5).

4. In vielen Regionen sind die urprünglichen Stiel- und Korkeichenwälder nicht mehr vorhanden:
   a) Beschreibe die Ausdehnung der heutigen Vegetation der Zone der Hartlaubgewächse (M6, M7).
   b) Beschreibe die Veränderungen der ursprünglichen Vegetation (M8).
   c) Erläutere die Ursachen dafür (M8, Info).

Temperaturen um 35° C in der Mittagszeit sind am Mittelmeer in den Sommermonaten keine Seltenheit. Hinzu kommt, dass es in den Sommermonaten nur selten regnet. Was den Badetouristen gefällt, bedeutet für die Pflanzen Stress. Sie müssen sich in dieser Zeit vor Austrocknung schützen. Deshalb besitzen ihre Blätter eine lederartige Oberfläche, die mit einer wachsartigen Schicht überzogen ist. Um Wasser im Winter zu speichern, sind die Blätter oft sehr dick. Aber auch duftende Öle, die einige Pflanzen ausscheiden, dienen dem Schutz vor Austrocknung. Um an das wenige Wasser in dieser Zeit zu kommen, besitzen die Pflanzen ein tiefes, weit verzweigtes Wurzelsystem. Da die Blätter sich hart anfühlen, werden die Pflanzen als **Hartlaubgewächse** bezeichnet.

M2 Die Pflanzen passen sich dem Klima an

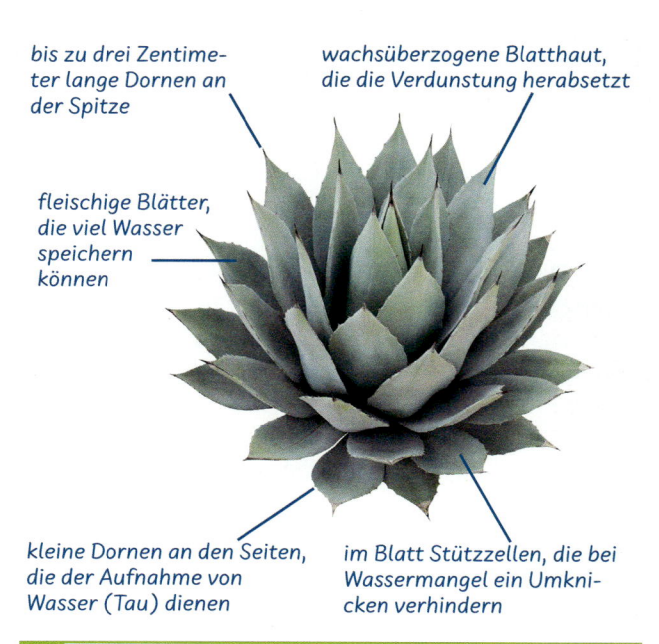

- bis zu drei Zentimeter lange Dornen an der Spitze
- wachsüberzogene Blatthaut, die die Verdunstung herabsetzt
- fleischige Blätter, die viel Wasser speichern können
- kleine Dornen an den Seiten, die der Aufnahme von Wasser (Tau) dienen
- im Blatt Stützzellen, die bei Wassermangel ein Umknicken verhindern

M3 Typische Pflanze der Zone der Hartlaubgewächse – die Agave

M1 Landschaft am Mittelmeer

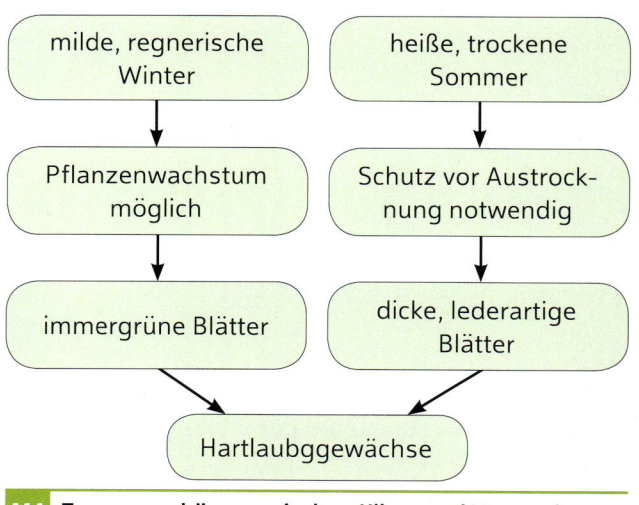

M4 Zusammenhänge zwischen Klima und Vegetation

milde, regnerische Winter → Pflanzenwachstum möglich → immergrüne Blätter → Hartlaubggewächse

heiße, trockene Sommer → Schutz vor Austrocknung notwendig → dicke, lederartige Blätter → Hartlaubggewächse

2. Klima und Vegetation in Europa 35

Athen (Griechenland)
107 m ü. M.
18 °C   402 mm

1) Gemüse gibt es zu dieser Zeit auf dem Markt im Überfluss.

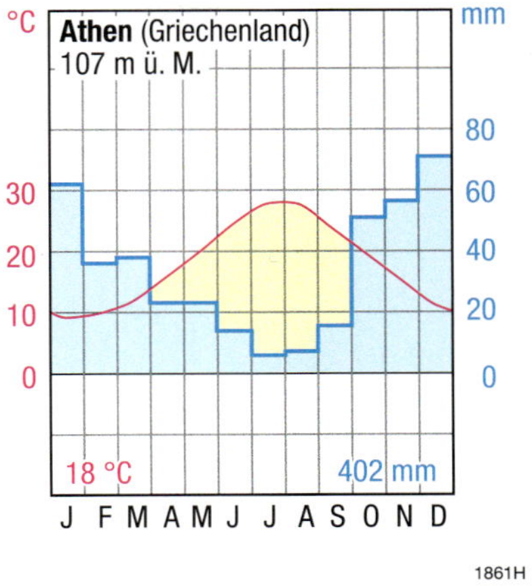

2) Jetzt macht es Spaß, am Strand zu liegen und im Meer bei 28°C Wassertemperatur zu baden.

3) Heiße Winde wehen über die trockene Macchie.

4) Das Flussbett ist jetzt ausgetrocknet.

5) Jetzt blüht es und es regnet oft.

M5 In der Zone der Hartlaubgewächse

M6 Macchie in Südeuropa

INFO
Die Macchie
Die Macchie ist ein dichter, immergrüner und bis zu drei Meter in die Höhe reichender Buschwald, der sich durch die Übernutzung des Menschen (z. B. durch Holzentnahme für Bau- und Brennmaterial, Beweidung durch Viehherden) auf den ehemaligen Waldflächen im Mittelmeerraum entwickelt hat. Ursprünglich waren Stein- und Korkeichenwälder in dieser Region vorherrschend.

M7 Verbreitung der Macchie in Europa und Nordafrika

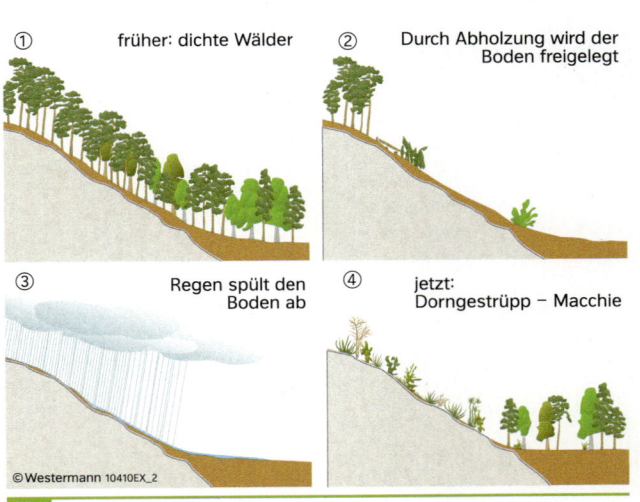

① früher: dichte Wälder
② Durch Abholzung wird der Boden freigelegt
③ Regen spült den Boden ab
④ jetzt: Dorngestrüpp – Macchie

M8 Veränderung der ursprünglichen Vegetation

3. Im Norden Europas

Blick auf die Lofoten in Norwegen

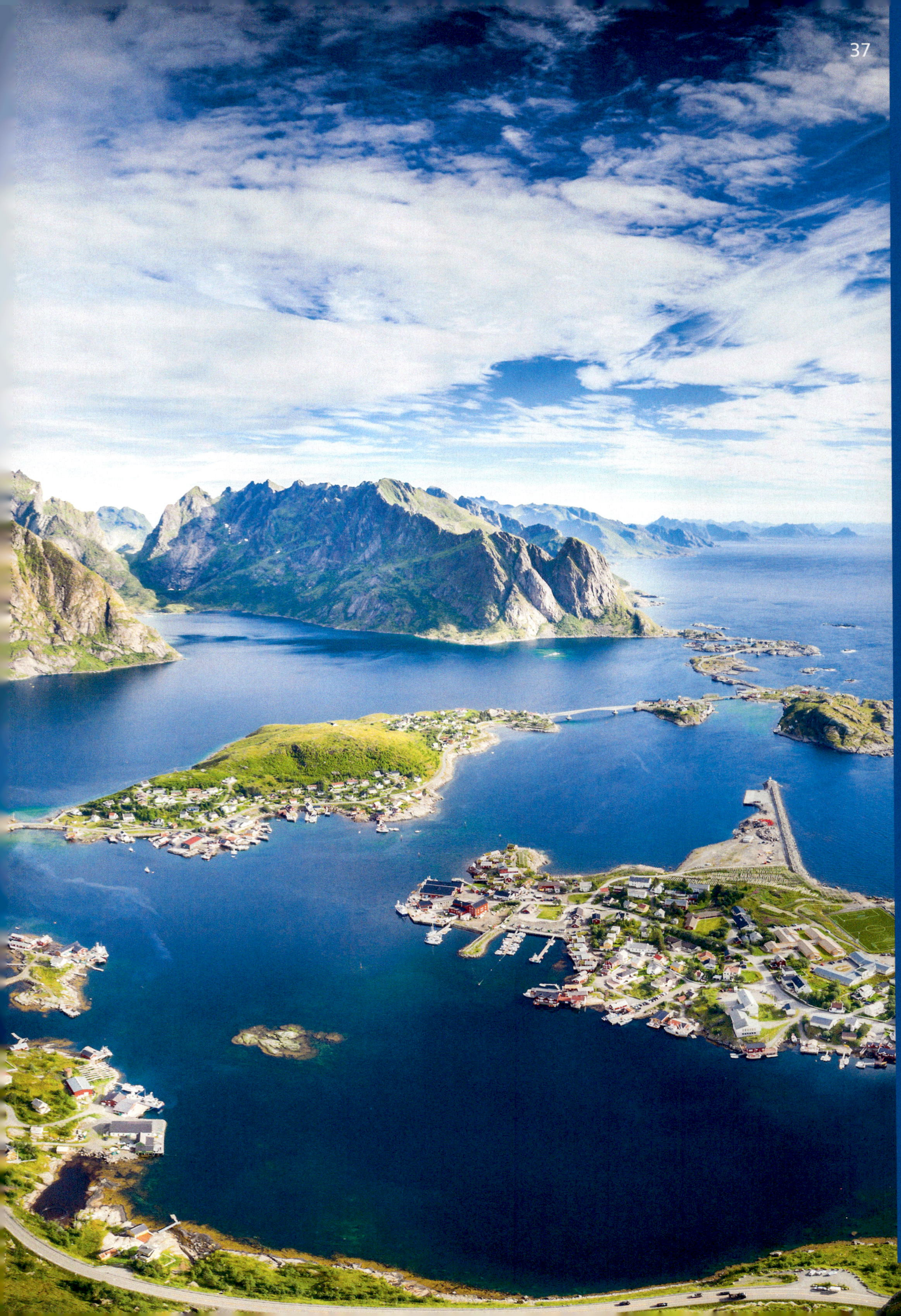

38 Wie leben die Menschen in Nordeuropa?

Lilly fliegt zu Pfingsten mit ihren Eltern nach Tromsø. Als die Familie um Mitternacht auf dem Flughafen ankommt, ist es taghell. Lilly wundert sich: hat sie sich in der Uhrzeit geirrt?

1. Die Bevölkerungsdichte in Nordeuropa:
   a) Benenne die Staaten und Hauptstädte im Norden Europas (M1, M2, Atlas).
   b) Beschreibe die Bevölkerungsdichte der Staaten Nordeuropas (M1, M3).
   c) Begründe, warum in Nordeuropa im Vergleich zu Deutschland so wenig Menschen leben (M1 – M3).

2. Polartag und Polarnacht:
   a) Beschreibe den Stand der Sonne über dem Horizont. Nenne die Felder, die die Situation um 12 Uhr und 22 Uhr zeigen könnten (M4).
   b) Erkläre die Entstehung von Polartag und Polarnacht (M4, M7).
   c) Lokalisiere die Orte von M7. Bestimme für diese Orte die Anzahl der Tage, an denen Polartag vorherrscht (M7, Atlas).

3. Das Leben in Skandinavien bietet viele Besonderheiten:
   a) Recherchiere besondere Traditionen, die es in Nordeuropa gibt (M5, Internet).
   b) Ordne die Aussagen in M6 dem jeweiligen Datum zu.
   c) Formuliere zu den Fotos in M6 zwei weitere Aussagen, welche die auftretenden Probleme benennen.

Zu Nordeuropa gehören die Staaten auf der Skandinavischen Halbinsel sowie Island, Dänemark und die Staaten Estland, Lettland und Litauen. Im Norden Europas ist die Bevölkerungsdichte wesentlich geringer als in vielen anderen Staaten Europas. In den weitflächigen Landschaften mit vielen Wäldern und Seen liegen nur vereinzelt Siedlungen. Die vielen kleinen **Inseln** vor der Küste Nordeuropas sind ebenfalls kaum besiedelt. Das Leben großer Teile der Bevölkerung im Norden wird wesentlich von den klimatischen Bedingungen in der polaren Beleuchtungszone geprägt. Im Sommer ist es in vielen Orten Nordeuropas auch nachts noch taghell. Im Winter dagegen ist es mancherorts ganztägig dunkel.

M2 Das Leben in Nordeuropa

	Fläche in km²	Einwohner in Millionen
Dänemark	43 100	5,8
Estland	45 200	1,3
Finnland	338 100	5,5
Island	103 000	0,3
Lettland	64 600	1,9
Litauen	65 300	2,8
Norwegen	323 800	5,1
Schweden	450 000	10,2
Zum Vergleich: Deutschland	357 100	83,5

M3 Nordeuropa in Zahlen (2019)

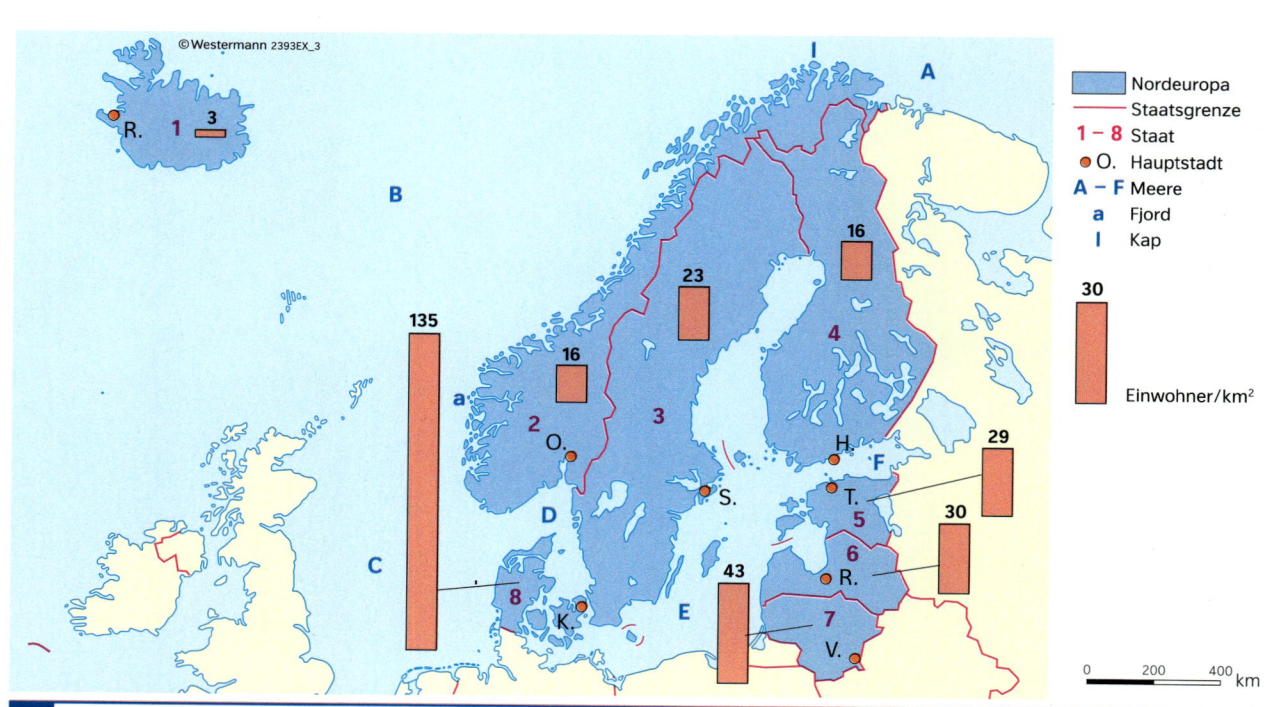

M1 Die Bevölkerungsdichte in Nordeuropa

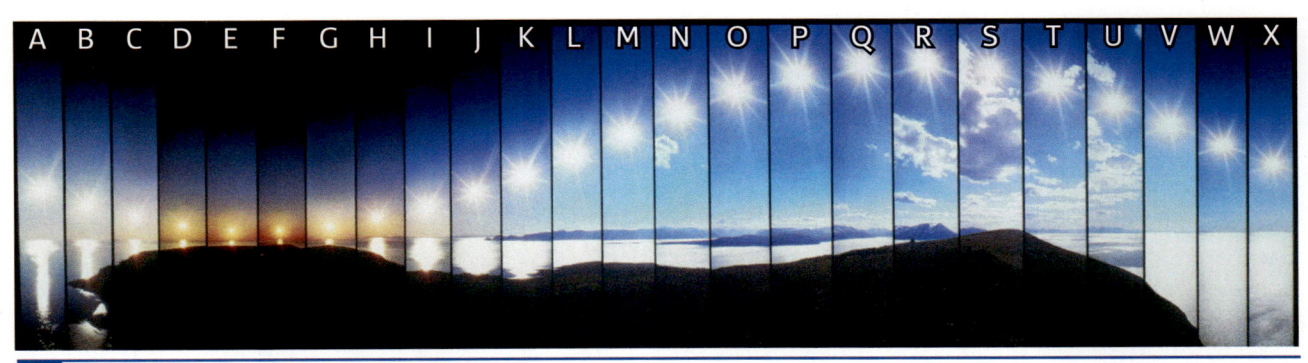

3. Im Norden Europas 39

| A | B | C | D | E | F | G | H | I | J | K | L | M | N | O | P | Q | R | S | T | U | V | W | X |

M4 Tagesverlauf der Sonne im Juni im Nordpolargebiet

Durch die Neigung der Erdachse kommt es in der polaren Beleuchtungszone zum Auftreten von **Polartag** und **Polarnacht**. Während des Polartags geht die Sonne nicht unter, während der Polarnacht geht sie nicht auf. Je weiter man sich vom Polarkreis in Richtung Pol entfernt, desto länger dauern Polartag und Polarnacht. Am Polarkreis treten Polartag und -nacht nur an einem Tag pro Jahr auf, an den Polen bis zu einem halben Jahr. Die lang andauernde Helligkeit im polaren Sommer bzw. die lang anhaltende Dunkelheit im polaren Winter bedingen eine Anpassung der Menschen in Nordeuropa an diese Lebensumstände.

Ort in Norwegen	Polartag
Hammerfest	15.05. – 26.07.
Bodø	03.06. – 07.07.
Nordkap	13.05. – 28.07.
Tromsø	19.05. – 22.07.

M5 Mittsommernachtsfeier

M7 Dauer des Polartages in Norwegen

Tromsø am 21.06. – 24 Uhr

Tromsø am 21.12. – 12 Uhr

① Der Stromverbrauch ist heute ziemlich hoch.

② Durch die Dunkelheit benötigt man immer eine funktionierende Beleuchtung am Fahrrad.

③ Viele Aktivitäten kann man momentan nicht im Freien durchführen. Da kommt schnell Langeweile auf, aber wer spielt schon Fußball ohne Licht?

④ Wenn es abends so lange hell ist, fällt es mir schwer, einzuschlafen.

M6 Aussagen einer Schülerin zum Polartag und zur Polarnacht in Tromsø

Europa unter Eis – in den Kaltzeiten

Paul und Lilly betrachten Zeichnungen, auf denen die Lebensbedingungen in Europa in den Kaltzeiten des Eiszeitalters dargestellt sind. Diese waren ganz anders als heute. Mammuts und Säbelzahntiger durchstreiften die Landschaft. Einigen Regionen waren bis zu 3000 Meter hoch mit Schnee und Eis bedeckt. Die Kinder staunen und fragen sich, wie solche mächtigen Eisdecken entstanden sind und wie wohl die Menschen damals gelebt haben?

1. Große Teile Europas waren vom Eis bedeckt:
   a) Recherchiere, zu welchen Zeiten in der Erdgeschichte Mitteleuropa von Gletschern bedeckt war (M2, Atlas, Internet).
   b) Erkläre die Entstehung des Gletschereises (M5, M6).
   c) Beschreibe die Reise einer Schneeflocke, die im Nährgebiet eines eiszeitlichen Gletschers gelandet ist (M6).

2. Das Pleistozän weist mehrfache Klimaveränderungen auf:
   a) Beschreibe die Ausdehnung des Inlandeises in Europa während des Eiszeitalters (M2, M4).
   b) Erläutere, was die Veränderung der Temperatur für die Ausdehnung des Inlandeises bedeutet (M4, M7).
   c) Vergleiche mithilfe des Atlas die Vergletscherung Nordeuropas mit der der Alpen während der Kaltzeiten. (M4, M6, Atlas).

3. Schreibe einen kurzen Text, wie du dir das Leben in der Kaltzeit vorstellst (M1, M4).

M1 Leben in der Eiszeit

Vor etwa zwei Millionen Jahren begann ein besonderer Abschnitt der Erdgeschichte – das **Pleistozän**, ein Eiszeitalter. Währenddessen wechselten sich Kaltzeiten mit Warmzeiten mehrfach ab.
Vor etwa 125 000 Jahren sanken die Temperaturen in Europa um 10 – 15 Grad, eine Kaltzeit brach an. Im Norden des Kontinents fiel der Niederschlag nur noch als Schnee, sodass sich **Gletscher** bilden konnten. Den Gletschern wurde bei den geringen Durchschnittstemperaturen mehr Eis zugeführt als abtauen konnte. So wuchsen sie im Nährgebiet weiter auf und wurden immer höher. Das Eis begann sich zu bewegen und drang langsam nach Süden vor.
Die Kaltzeiten dauerten mehr als einhunderttausend Jahre an. In dieser Zeit wuchsen die Gletscher zu einer bis zu 3000 m mächtigen Eisdecke, dem **Inlandeis**, zusammen.

M2 Europa im Eiszeitalter

INFO

Gletscher
Gletscher sind Eismassen in **Hochgebirgen** oder Polargebieten. In den Kaltzeiten wurde die Oberfläche der Landschaft Europas durch die Vergletscherung stark verändert. Das bis zu 3000 Meter mächtige Inlandeis führte zu Abtragungsprozessen auf den ursprünglichen Landschaftsoberflächen. Die Gletscher hobelten durch Gesteinsmaterial am Untergrund des Eises und bedingt durch ihre große Masse die Landoberfläche ab (eiszeitliches Abtragungsgebiet).

M3 Ein Gletscher auf Grönland

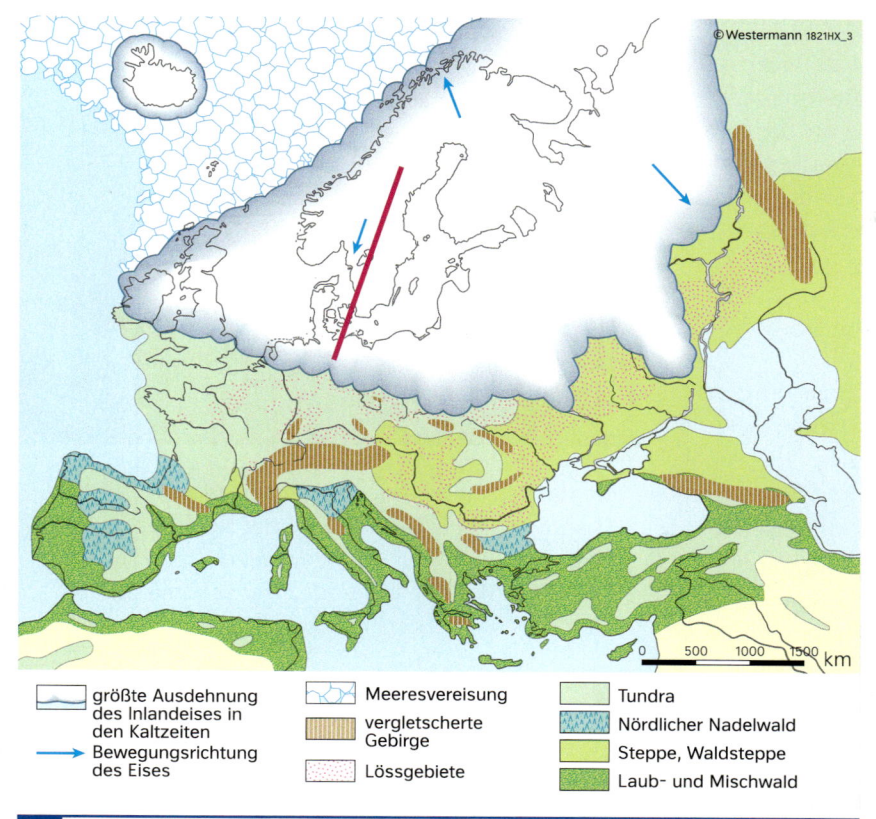

3. Im Norden Europas

Große Teile Europas wurden im Verlauf der Kaltzeiten mit Inlandeis bedeckt. Auch die Meere waren durch Vereisung gekennzeichnet. Zeitgleich erfolgte die Vergletscherung auch in den Alpen bis in die Vorländer.

Bei jeder Kaltzeit dehnte sich das Inlandeis aus und drang weit nach Süden vor. Die südlichste Ausdehnung des Inlandeises in Sachsen zur ältesten Kaltzeit führte bis an den Nordrand des Erzgebirges.

In den Warmzeiten stiegen die Jahresdurchschnittstemperaturen wieder. Zunächst konnte im Süden genausoviel Eis abschmelzen, wie durch Schnee im Norden neues Eis gebildet wurde. Das Inlandeis kam in seiner Ausbreitung zum Stehen. Wenn mehr Eis schmilzt als Schnee fällt, baut sich der Gletscher ab, er schmilzt (Zehrgebiet). Die Ausdehnung des Inlandeises wird kleiner.

In den Warmzeiten schmolz die mächtige Eisdecke großflächig ab. Die Jahresdurchschnittstemperaturen waren etwa drei Grad höher als heute. In Sachsen war das Eis 500 m mächtig.

M4 Ausdehnung des Inlandeises in Europa im Pleistozän. Für die rote Profillinie wird der Querschnitt durch das Inlandeis in M6 dargestellt.

Legende:
- größte Ausdehnung des Inlandeises in den Kaltzeiten
- Bewegungsrichtung des Eises
- Meeresvereisung
- vergletscherte Gebirge
- Lössgebiete
- Tundra
- Nördlicher Nadelwald
- Steppe, Waldsteppe
- Laub- und Mischwald

M5 Entstehung von Gletschereis

6–8 m **Neuschnee** — Durch wiederholtes Auftauen und Frieren entsteht körniger Altschnee, der **Firn**. — Im Laufe der Zeit entsteht daraus 1 m **Firneis**. — Weitere Schneeablagerungen pressen das Firneis zusammen. Nach einigen Jahren entstehen 5–10 cm **Gletschereis**.

M7 Temperaturschwankungen während der Inlandvereisungen

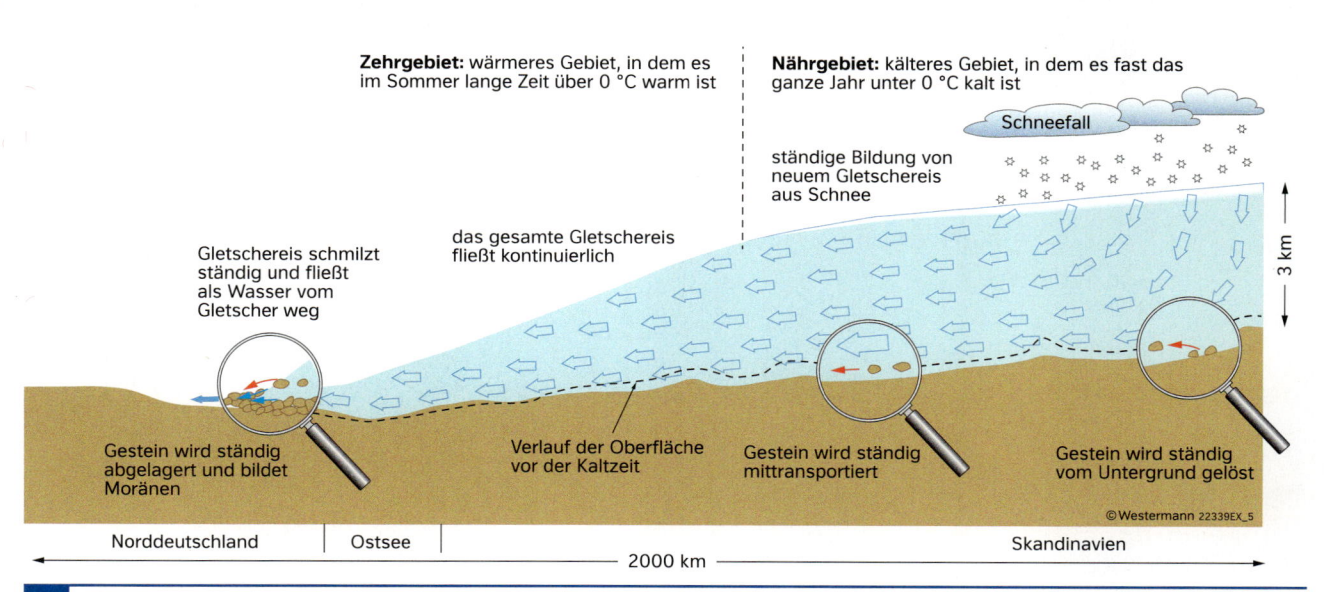

Zehrgebiet: wärmeres Gebiet, in dem es im Sommer lange Zeit über 0 °C warm ist

Nährgebiet: kälteres Gebiet, in dem es fast das ganze Jahr unter 0 °C kalt ist

Schneefall — ständige Bildung von neuem Gletschereis aus Schnee

das gesamte Gletschereis fließt kontinuierlich

Gletschereis schmilzt ständig und fließt als Wasser vom Gletscher weg

Gestein wird ständig abgelagert und bildet Moränen

Verlauf der Oberfläche vor der Kaltzeit

Gestein wird ständig mittransportiert

Gestein wird ständig vom Untergrund gelöst

Norddeutschland | Ostsee | 2000 km | Skandinavien — 3 km

M6 Querschnitt durch das Inlandeis in Europa. Das in den Kaltzeiten gebildete Inlandeis war bis zu 3000 Meter hoch. Der Berliner Fernsehturm mit 368 Metern Höhe würde von den Eismassen weit überdeckt werden.

Nordeuropa heute – eine vom Eis geprägte Landschaft

Während der letzten Kaltzeiten wurde Nordeuropa wiederholt durch mächtige Eismassen bedeckt. Doch welche Auswirkungen hatte es auf die Landschaftsoberfläche, wenn sich darüber die mächtigen Gletscher bewegten? Im eiszeitlichen Abtragungsgebiet können wir Antworten finden.

1. Das Eis schuf viele unterschiedliche Oberflächenformen:
   a) Benenne die Oberflächenformen im Norden Europas anhand des Landschaftsquerschnitts von Skandinavien (M2).
   b) Beschreibe die Merkmale und die Entstehung dieser Oberflächenformen (M2 – M5).
2. Der längste Fjord Skandinaviens ist der Sognefjord mit einer Länge von über 200 km:
   a) Beschreibe die Lage des Sognefjord (M1).
   c) Nenne Nutzungsmöglichkeiten der Fjorde in Norwegen (M6, M7).

Eismassen hobelten während der Kaltzeiten das Skandinavische Gebirge zu einer Hochfläche, dem **Fjell,** ab. Das Fjell ist karg bewachsen. Moose, Flechten, Wollgräser und Zwergbäume bestimmen die Landschaft.

M3 Fjell

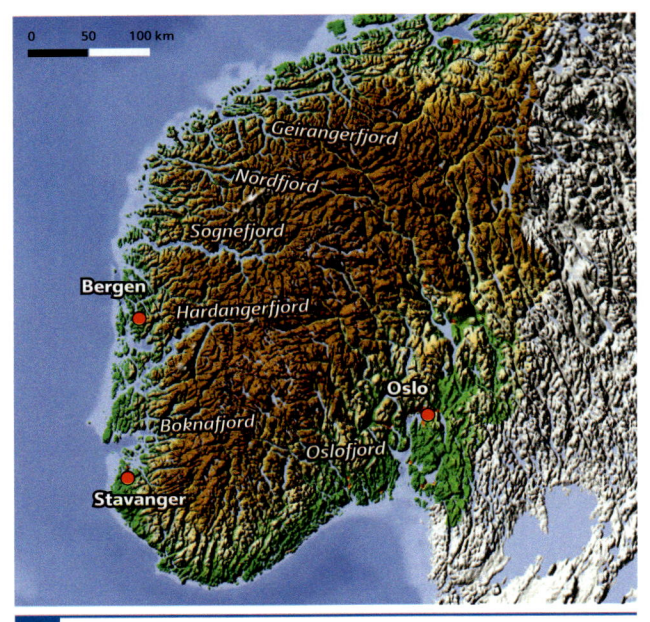

M1 Norwegens Fjordküste

Die **Rundhöcker** stellen von Gletschern abgeschliffene Felsen dar. An der skandinavischen Küste liegen etwa 150 000 Felseninseln, sie werden **Schären** genannt. Diese sind meist kahl und ragen heute, nachdem der Meeresspiegel angestiegen ist, als Felseninseln aus dem Wasser.

M4 Schären

M2 Landschaftsquerschnitt von Skandinavien

3. Im Norden Europas 43

A Vor der letzten Kaltzeit grub sich ein Fluss ein tiefes Tal in das Gestein.

B Gletschereis hobelte das Flusstal zu einem breiten Tal mit einer U-Form aus.

C Nach der Kaltzeit taute der Gletscher ab. Flüsse und Seen durchzogen nun den Talboden.

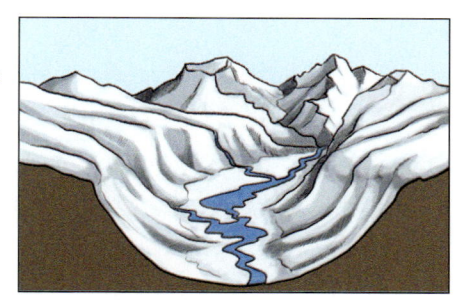

D Mit dem Schmelzwasser der Eismassen stieg der Meeresspiegel. Das Tal wurde überflutet. Ein Fjord entstand.

M5 Die Entstehung eines Fjordes

Die Schiffe der Hurtigruten-Linie fahren entlang der **Fjorde** Norwegens. Sie wurden traditionell als Postschiffe eingesetzt. Heute werden sie überwiegend als Fracht-, Passagier- und Kreuzfahrtschiffe genutzt. Täglich legt ein Hurtigruten-Schiff in Bergen ab.

Norwegen gehört zu den führenden Lachs-Produzenten. In großen Anlagen werden die Lachse vor der Küste gezüchtet. Die Futterkästen sind computergesteuert und vollautomatisch. Die Produktionsmenge in diesen **Aquakulturen** übersteigt mittlerweile die Menge des Fischfangs.

M6 Kreuzfahrtschiff im Geiranger-Fjord in Norwegen

M7 Aquafarm in Norwegen

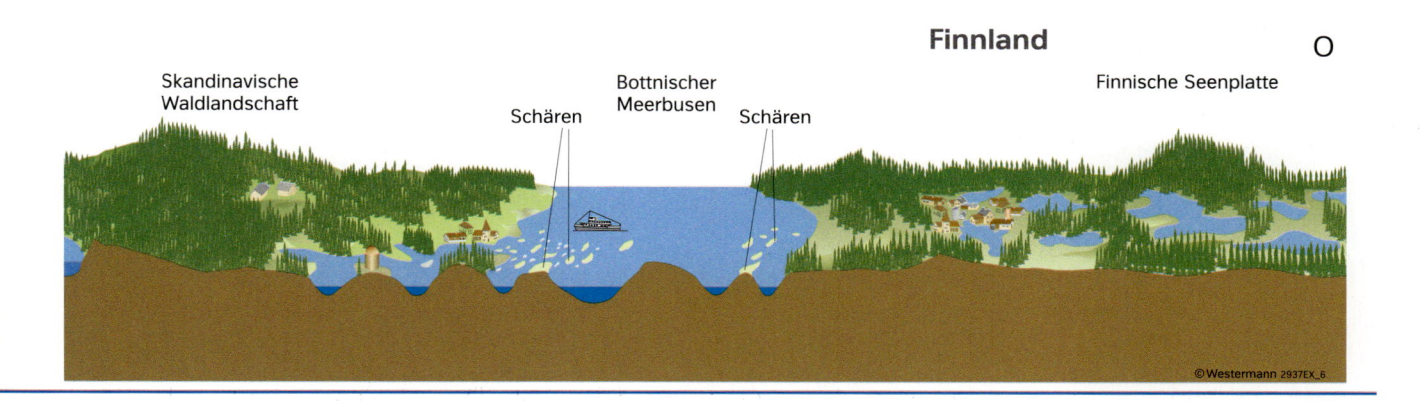

Skandinavische Waldlandschaft — Schären — Bottnischer Meerbusen — Schären — Finnland — Finnische Seenplatte — O

Den Zeugen der Inlandvereisung auf die Spur kommen

Während eines Spaziergangs stoßen Anna und ihre Eltern auf einen riesigen Felsbrocken. Ihre Eltern behaupten, der Stein sei Forschern zufolge während der letzten Eiszeit aus Skandinavien nach Europa gekommen. Anna ist neugierig. Wie kamen Forscher auf eine solche Idee und wie erklären sie den weiten Weg, den die sogenannten Findlinge hinter sich gebracht haben?

1. Noch zu Beginn des 20. Jahrhunderts stellte man sich folgende Forschungsfrage: Wie sind diese großen Findlinge von Skandinavien bis nach Sachsen gekommen:
   a) Beschreibe die Zweifel der Forscher im Jahr 1844 in Bezug auf eine vermutete Inlandvereisung (M4, M5, Info).
   b) Recherchiere Aussagen von Adolph von Morlot, die die Inlandeistheorie beweisen sollten (M5, Internet).
   c) Benenne weitere Zeugen, die die Inlandvereisung belegen könnten (M1, M3, M6).

2. Durch Experimente und Vergleiche der Gesteinsoberflächen kannst du Antworten zur Forschungsfrage finden:
   a) Beschreibe die Entstehung von Gletscherschliffen (M1, M6, Probier´s aus!).
   b) Erkläre, warum man durch Gletscherschliffe die Inlandvereisung in Europa beweisen kann (M1, M5, M6).
   c) Erläutere, wie Rillenmuster (Windschliffe) während des Eiszeitalters an Felsen entstehen konnten (M1, M3).

3. Erkläre die Tatsache, dass auf dem Fichtelberg in Sachsen keine Findlinge liegen (M2, M5). **S. 041**

M2 Markgrafenstein bei Fürstenwalde – ein Findling aus Skandinavien

INFO

Findlinge

Findlinge sind große Steine, die vom Gletschereis aus Skandinavien nach Norddeutschland transportiert worden sind. Markanten Gletscherschliffe auf den Steinen gaben Anlass zur Frage woher die Findlinge in Nord- und Mitteleuropa stammen und wie sie dorthin gekommen sein könnten. Dass diese Findlinge nicht aus der Region stammten, zeigten auch die auftretenden Gesteinsarten: Es handelte sich um bestimmte Arten von Graniten und Gneisen, die normalerweise nicht in dieser Region, sondern in Skandinavien vorkommen. Wissenschaftler haben im 19. Jahrhundert lange geforscht, um das Rätsel der Herkunft dieser Gesteine aufzuklären. Eine Theorie war die mögliche Inlandvereisung.

Am Untergrund des Gletschers befindet sich vom Eis eingeschlossener Gesteinsschutt. Durch die Bewegung des Gletschers wird dieser Schutt mitbewegt und kann so über das anstehende Festgestein schrammen. Die dabei entstehenden Ritzungen in das Gestein werden als Gletscherschliffe bezeichnet.

Darüber hinaus findet man an Felsen oft Rillenmuster, sogenannte Windschliffe. Diese sind in den eisfreien Gebieten vor dem Gletscher entstanden. Sie wurden durch feines Gesteinsmaterial, das von Winden transportiert wurde, geschaffen. Das wehende Material fungierte dabei wie ein Sandstrahler, der die Muster in das Gestein schliff.

M1 Gletscher- und Windschliffe

M3 Windschliffe am Kleinen Berg, Hohburg: der Naumann-Heim-Felsen

3. Im Norden Europas 45

Carl Friedrich Naumann

Die Verfechter der Eiszeit mögen zusehen, wie sie hier ihre Gletscher betten wollen, welche von Skandinavien bis nach Sachsen reichten.

Dass die großen Findlinge in Sachsen mit dem Gletschereis während der Kaltzeiten dorthin transportiert wurden, hat man im 19. Jahrhundert noch nicht geglaubt.

Sollten die Gletscher wirklich von Skandinavien bis nach Sachsen vorgedrungen sein? Mich friert bei dem Gedanken.

Bernhard von Cotta

M4 Verirrtes Gestein? – Zweifel an der Herkunft der Gesteine, 1844

Bis zum Jahr 1844 glaubte man noch, dass die großen Findlinge mit Herkunft aus Skandinavien schwimmend und eingeschlossen in großen Eisblöcken über das Meer nach Europa transportiert wurden und nach dem Abtauen liegen blieben. Erst mit Begründung der Inlandeistheorie konnte erklärt werden, dass die großen Blöcke mit Gletschern transportiert wurden.

Ein Beweis für die stattgefundene Vergletscherung und die Ausdehnung des Inlandeises bis nach Mitteleuropa sind die Gletscherschliffe, die man heute auf den Gesteinsoberflächen findet. Diese Inlandeistheorie wurde erstmals im Jahr 1844 von Bernhard von Cotta vermutet und im gleichen Jahr von Adolph von Morlot nachgewiesen. Er veröffentlichte dazu einen wissenschaftlichen Text über die Gletscherschliffe in der Hohburger Schweiz, am Kleinen Berg in Hohburg. Diese dort vorkommenden Gletscherschliffe werden aus diesem Grund als die „Morlot-Schliffe" bezeichnet. Bis diese Theorie der Inlandvereisung unter den Wissenschaftlern der damaligen Zeit jedoch anerkannt wurde, vergingen noch 31 Jahre, bis zum Jahr 1875. Der Streit um die Anerkennung wird daher als der Hohburger „Wissenschaftskrimi" bezeichnet. Im Geopark Porphyrland, im dortigen Geoportal Herrenhaus Röcknitz, kannst du dazu Näheres Erfahren und die Gletscherschliffe in der Umgebung, z. B. auch in Böhlitz, ansehen.

GEOPARK PORPHYRLAND
Steinreich in Sachsen

■ NATIONALER
■ GEOPARK
■ PORPHYRLAND

M5 Einer Forschungsfrage nachgehen

PROBIER'S AUS!

Gletscher hinterlassen Spuren
Lass einen Eiswürfel leicht anschmelzen. Tauche ihn anschließend in Sand und reibe die sandige Seite von links nach rechts auf einem Holzplättchen. Wiederhole diesen Vorgang mehrmals.

M6 Gletscherschliffe am Morlot-Felsen bei Hohburg, Sachsen

Spuren im Ablagerungsgebiet – die glaziale Serie

Das Gesteinsmaterial, das die gewaltigen Gletscher in Skandinavien abtrugen, wurde in mehreren Eisvorstößen nach Süden verfrachtet und abgelagert. Welche Oberflächenformen sind dadurch im Ablagerungsgebiet entstanden?

1. Die Eismassen transportierten beim Vordringen nach Süden reichlich Material:
   a) Lokalisiere die Teile der glazialen Serie im Norddeutschen Tiefland (M4, M6, Atlas).
   b) Nenne die Teile der glazialen Serie (M2, M4–M7).
   c) Erkläre die Entstehung der Oberflächenformen: Grundmoräne, Endmoräne, Sander und Urstromtal im eiszeitlichen Ablagerungsgebiet (M2).
   d) Ordne den Fotos in M6 einen Standort in der Karte zu. Begründe.

2. Das Schmelzwasser der Gletscher sammelte sich in großen Urstromtälern:
   a) Begründe die Abflussrichtung des abfließenden Schmelzwassers. Beachte dabei die Lage des Eisrandes (M2, M4).
   b) Beschreibe die Merkmale eines Sanders und einer Endmoräne (M4, M5, M7).
   c) Begründe die auftretenden Unterschiede (M4, M5, M7).

3. In den eisfreien Gebieten wurde Löss abgelagert:
   a) Erläutere die Entstehung von Löss (M1, M3).
   b) Beschreibe die Verbreitung von Löss in Europa (M4, M6, Atlas). S. 041
   c) Begründe, warum mehrere Eisrandlagen auftreten (M2, M6).
   d) Lokalisiere große Lössgebiete in Sachsen (M3, Atlas).

M1 Hohlweg, entstanden in Löss

Das Vordringen des Inlandeises und die dadurch begründete Oberflächenformung bedingte die Ausbildung von Ablagerungsgebieten: Bei den Gletschervorstößen wurden riesige Mengen von Gesteinsmaterial im Eis eingeschlossen, unter dem Eis bzw. an dessen Oberfläche befindlichem Gesteinsschutt mittransportiert, weiter zerkleinert und zerrieben.

Alles, was im Eis eingefroren war, wurde mit dem vorstoßenden Gletscher mittransportiert, am Eisrand der vorstoßenden Gletscher aufgeschüttet und blieb nach dem Abtauen als Wall aus Sand, Kies und größeren Steinen liegen (**Endmoräne**).

Endmoränen sind hügelig und bestehen aus verschiedenen, unsortiert gelagerten Gesteinen unterschiedlicher Gesteinsarten und Größe.

Beim Abschmelzen der Gletscher wurde das mitgeführte Material ebenfalls abgelagert (**Grundmoräne**). Moränen bestehen sowohl aus feinsten Bodenbestandteilen, Gesteinsschutt (Geschiebe) als auch aus vereinzelten, teilweise meterhohen Felsblöcken (Findlingen).

Abfließendes Schmelzwasser spülte aus den Endmoränen Kiese und Sande heraus. Diese wurden als **Sander** im Vorland abgelagert. Das Schmelzwasser floss dann in parallel zum Eisrand verlaufenden Abflussrinnen ab (**Urstromtäler**).

Die Aufeinanderfolge der Oberflächenformen Grundmoräne, Endmoräne, Sander und Urstromtal wird als glaziale Serie bezeichnet. Jeder weitere Eisvorstoß in den Kaltzeiten des Pleistozäns überformte auch die vorher geschaffenen Landschaften. Durch Gletscher älterer Kaltzeiten geformte Landschaften wurden später durch Abtragung und Überwehung (**Löss**) überprägt.

M2 Die glaziale Serie

Während und am Ende der Kaltzeit wurde aus dem eisfreien Vorfeld der Gletscher und aus den breiten, aufgeschotterten Flusstälern feines, durch **Verwitterung** entstandenes Gesteinsmaterial (Löss) ausgeweht, mit den Winden nach Süden transportiert und dort abgelagert.

Der sogenannte Löss ist meist kalkhaltig und besitzt eine gelblich-braune Farbe. Im Vorland der Mittelgebirge entstanden große Lössgebiete, z. B. die Börden um Magdeburg. Die dort entstandenen Böden sind sehr fruchtbar, sodass die Börden ackerbaulich intensiv bewirtschaftet werden können.

M3 Die Entstehung von Löss

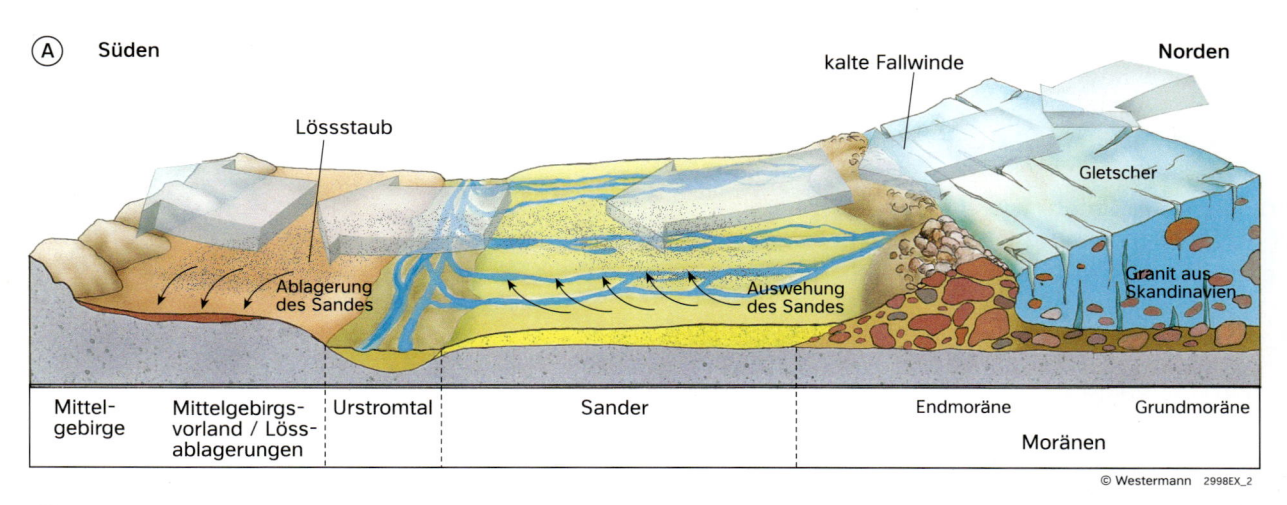

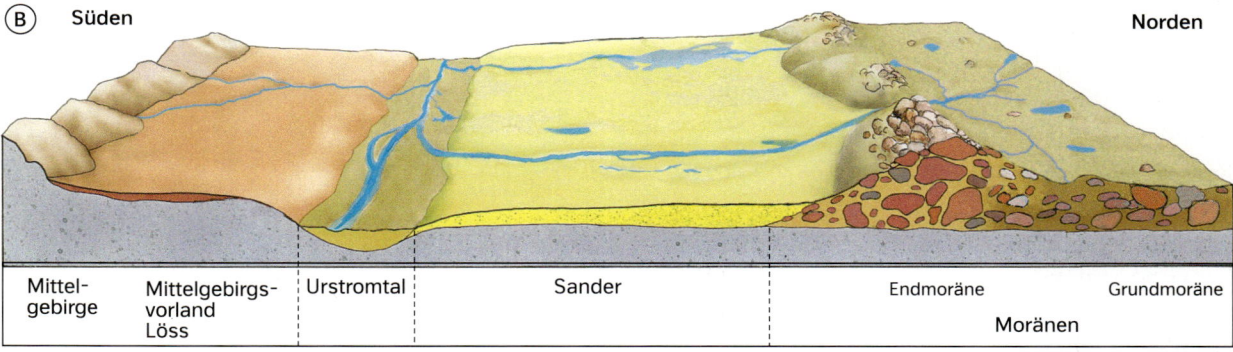

3. Im Norden Europas 47

A Süden — Lössstaub — kalte Fallwinde — Norden
Ablagerung des Sandes — Auswehung des Sandes — Gletscher — Granit aus Skandinavien

| Mittelgebirge | Mittelgebirgsvorland / Lössablagerungen | Urstromtal | Sander | Endmoräne | Grundmoräne |

Moränen

B Süden — Norden

| Mittelgebirge | Mittelgebirgsvorland Löss | Urstromtal | Sander | Endmoräne | Grundmoräne |

Moränen

M4 Tiefland (A) während und (B) nach der Eiszeit: Die Abfolge der Oberflächenformen wird als glaziale Serie bezeichnet

M5 Aufbau der Endmoräne bei Prenzlau

M7 Aufbau eines Sanders bei Prenzlau

Legende:
- Grundmoräne
- Endmoräne
- Urstromtal
- Sander
- ▲ 169 Höhenangabe in Meter

M6 Die glaziale Serie im Norddeutschen Tiefland (Ausschnitt)

Nutzung glazial geprägter Landschaften

Die Familie Bauer besitzt in verschiedenen Standorten Mitteldeutschlands landwirtschaftliche Nutzflächen, auf denen sie Zuckerrüben und Weizen abaut. Südwestlich von Magdeburg erzielt sie weit mehr Erträge als auf ihren Flächen in der Dahlener Heide. Welche Faktoren bestimmen die unterschiedlichen Erträge?

1. Arbeitet im Lerntempoduett: **S. 142**
   a) Ordne die Fotos den einzelnen Teilen der glazialen Serie zu (M4, M6).
   b) Ordne folgende Nutzungen den Teilen der glazialen Serie zu: Forstwirtschaft/ Getreideanbau/ Abbau von Kies und Sand/ Binnenschifffahrt/ Weideland/ Trinkwassergewinnung (M5).
   c) Erkläre die wirtschaftliche Nutzung in den Abschnitten der glazialen Serie (M5).

2. Der Boden bietet den Pflanzen Halt, Nährstoffe und Wasser:
   a) Erkläre, welche Bodeneigenschaften die Fruchtbarkeit von Böden bestimmen (M3).
   b) Begründe die unterschiedliche Bodenfruchtbarkeit im Kiefernforst bei Berlin und in der Magdeburger Börde (M1 – M5, Probier´s aus!).
   c) Vervollständige die Tabelle (M5, Internet).

Anbauart	Nährstoff- und Wasserbedarf	wächst auf
Weizen	hoch	sandigem Lehmboden
Roggen		
Kartoffeln		
Zuckerrüben		
Raps		

   d) Begründe, warum Familie Bauer in der Magdeburger Börde ausgerechnet Weizen und Zuckerrüben anbaut (M1 – M5).

PROBIER´S AUS!

Beschreibung der Bodenfruchtbarkeit
Fülle eine kleine Menge deiner Bodenprobe in ein Schraubglas. Übergieße sie mit Wasser und schüttele das verschlossene Glas. Im Anschluss kannst du die überstehende Lösung beobachten: Je höher der Sandanteil und je geringer der Humusanteil ist, desto klarer ist die Lösung. Der Boden weist in diesem Fall eine geringe Fruchtbarkeit auf.

M1 In der Magdeburger Börde

M2 Schwarzerdeböden

Aus den unterschiedlichen Ablagerungen der glazialen Serie sind jeweils unterschiedliche Böden entstanden. Das Ausgangsmaterial bedingt die Fruchtbarkeit und das Wasserspeichervermögen der Böden. Die Eigenschaften der Böden bestimmen somit die Nutzung der Standorte.
Auf Löss werden sogenannte **Schwarzerden** gebildet, ein Bodentyp mit hoher Bodenfruchtbarkeit und einem hohen Wasserspeichervermögen. Auf Schwarzerden werden dadurch hohe landwirtschaftliche Erträge erzielt, so zum Beispiel in der Magdeburger Börde.
Die Fruchtbarkeit der Schwarzerden ergibt sich auch aus einem hohen Humusanteil im oberen Bereich des Bodens. **Humus** wird aus abgestorbenen Pflanzen gebildet. Je größer der Humusanteil, desto fruchtbarer ist der Boden.
In den Gebieten der Sander sind die Böden sehr wasserdurchlässig und sie besitzen einen geringeren Humusanteil. Deshalb sind sie trockener und nährstoffärmer. Diese Standorte sind eher für die Forstwirtschaft geeignet. Beispiele dafür sind Flächen in der Dahlener Heide und die Kiefernforste südlich von Berlin.

M3 Die Bodeneigenschaften bestimmen die Nutzung

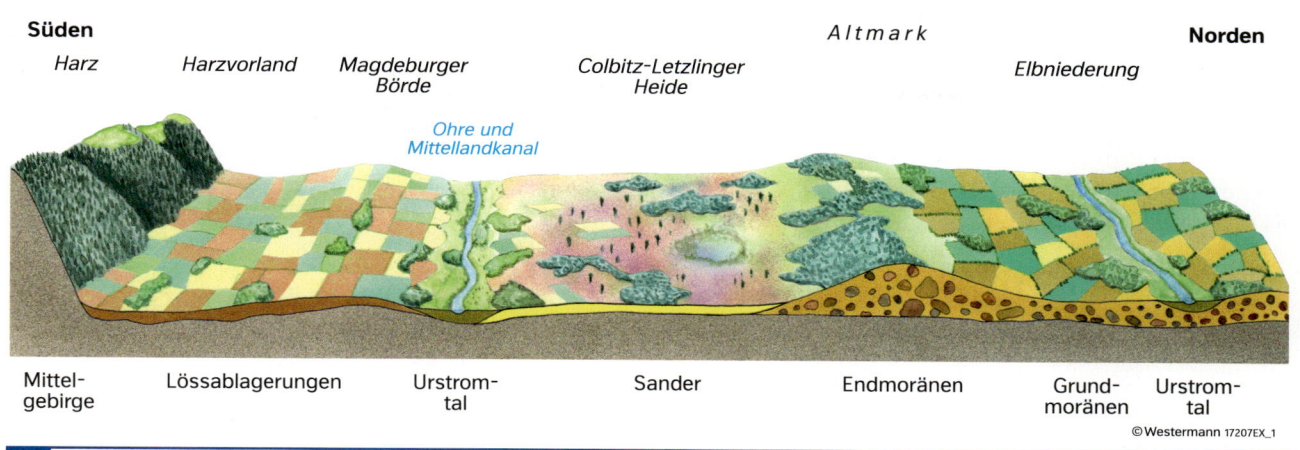

3. Im Norden Europas 49

Süden — Harz, Harzvorland, Magdeburger Börde, Ohre und Mittellandkanal, Colbitz-Letzlinger Heide, *Altmark*, Elbniederung — **Norden**

Mittelgebirge | Lössablagerungen | Urstromtal | Sander | Endmoränen | Grundmoränen | Urstromtal

M4 Eigenschaften der glazialen Serie heute

Teil der glazialen Serie	Urstromtal	Sander	Endmoräne	Grundmoräne
Wirtschaftsbereich	Viehhaltung, Weidewirtschaft, Tourismus	Forst Tourismus	Forst	Ackerbau
Entstehung durch	Schmelzwasser	Schmelzwasser	Inlandeis	Inlandeis
Oberflächenformen	flaches Tal	eben	hügelig	eben bis flachwellig
Gesteinsmaterial	feinstes Material	sandiges Material	unsortiert, gemischt, grobe Bruchstücke, lehmiges und sandiges Material	vom Eis zerriebenes, feines Material, mit Lössauflage
Feuchtigkeit	sehr feucht	trocken	trocken	feucht
Nährstoffgehalt	hoch	gering	gering	hoch

M5 Nutzung der Oberflächenformen der glazialen Serie heute

M6 Landschaften der glazialen Serie heute

Nordeuropas grünes Gold

Im Gegensatz zu den in Deutschland typischen Laub- und Mischwäldern findet man in den kühleren Gebieten Nordeuropas ausgedehnte Nadelwälder. Für die skandinavischen Länder stellen diese Wälder einen großen Reichtum dar. Worin liegt dieser Reichtum begründet?

1. Welche Faktoren bestimmen den grünen Reichtum?
   a) Benenne die Vegetationszone, in welcher die Nadelwälder Nordeuropas vorkommen (M2, M3). S. 030
   b) Erkläre, wie sich das Klima in Nordeuropa auf das Baumwachstum auswirkt (M3). S. 031
   c) Vergleiche, wie lange ein Nadelbaum in Deutschland benötigt, um einen Stammdurchmesser von 20 cm zu erreichen, mit dem Zeitraum, in welchem dieser in Nordeuropa erreicht wird (M5, Internet).

2. Die finnische Wirtschaft ist stark durch den Holzreichtum geprägt:
   a) Vergleiche die Flächennutzung in Deutschland und in Finnland (M7).
   b) Beschreibe die Holzverwertung in Finnland (M4).
   c) Erkläre, warum die Wälder in Skandinavien als das „Grüne Gold des Nordens" bezeichnet werden (M2–M4, M7).

3. Beschreibe die Lage der finnischen Zellulose- und Papierfabrik. Nenne Vorteile (M6, M8).

4. Bewerte den jährlichen Papierverbrauch in Deutschland. Diskutiert Möglichkeiten, euren eigenen Papierverbrauch zu senken (M1).

Aufgrund seiner Lage hat Finnland Anteil an der nördlichen Nadelwaldzone. Der Rohstoff Holz aus finnischen Wäldern ist aufgrund der großen Härte und Widerstandsfähigkeit des Holzes sehr gefragt. Das Holz wird neben der Verwendung als Baumaterial zur Zellulose- und Papiergewinnung und in der Möbelindustrie eingesetzt.

M2 Nadelwald in Nordeuropa und dessen Nutzung

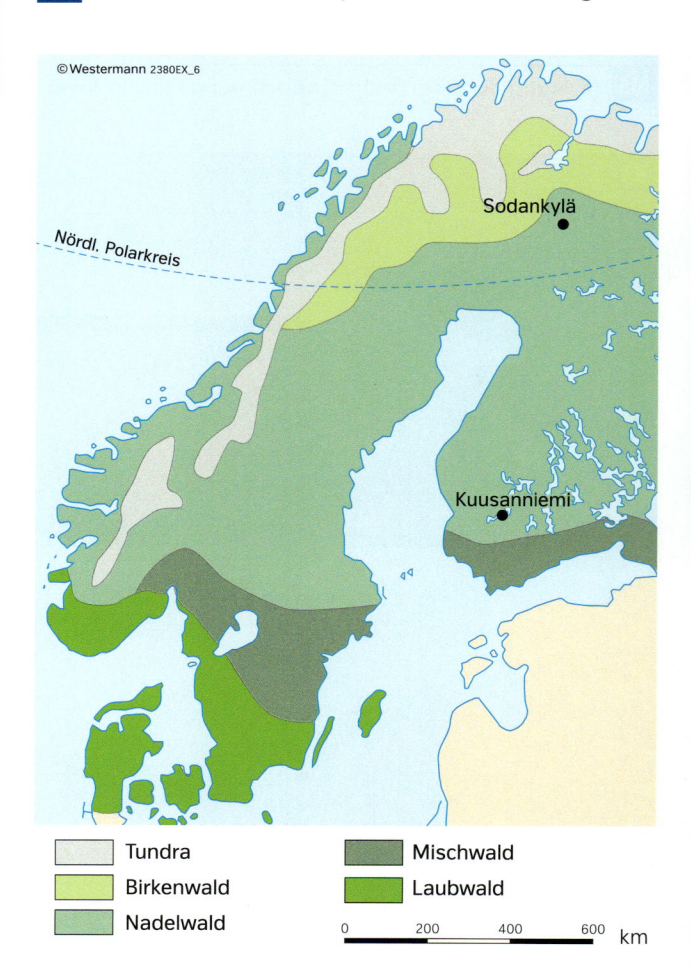

Wusstest du, dass...
- fast jeder zweite industriell gefällte Baum zu Zeitschriften, Verpackungen, Drucker- oder Küchenpapier verarbeitet wird?
- den größten Anteil an der europäischen Zellstoffproduktion Schweden (32 %) und Finnland (29 %) haben?
- 2018 jeder Deutsche im Schnitt 250 kg Papier verbraucht hat?
- Deutschland damit so viel Papier verbraucht wie Afrika und Südamerika zusammen?
- der gesamte Papierverbrauch der Welt zu DIN-A4-Blättern geformt und aufeinandergestapelt 18 mal bis zum Mond reichen würde?

M1 Papierverbrauch

M3 Vegetationsgrenzen in Nordeuropa

Legende: Tundra, Birkenwald, Nadelwald, Mischwald, Laubwald

3. Im Norden Europas 51

M4 Holzverwertung in Finnland

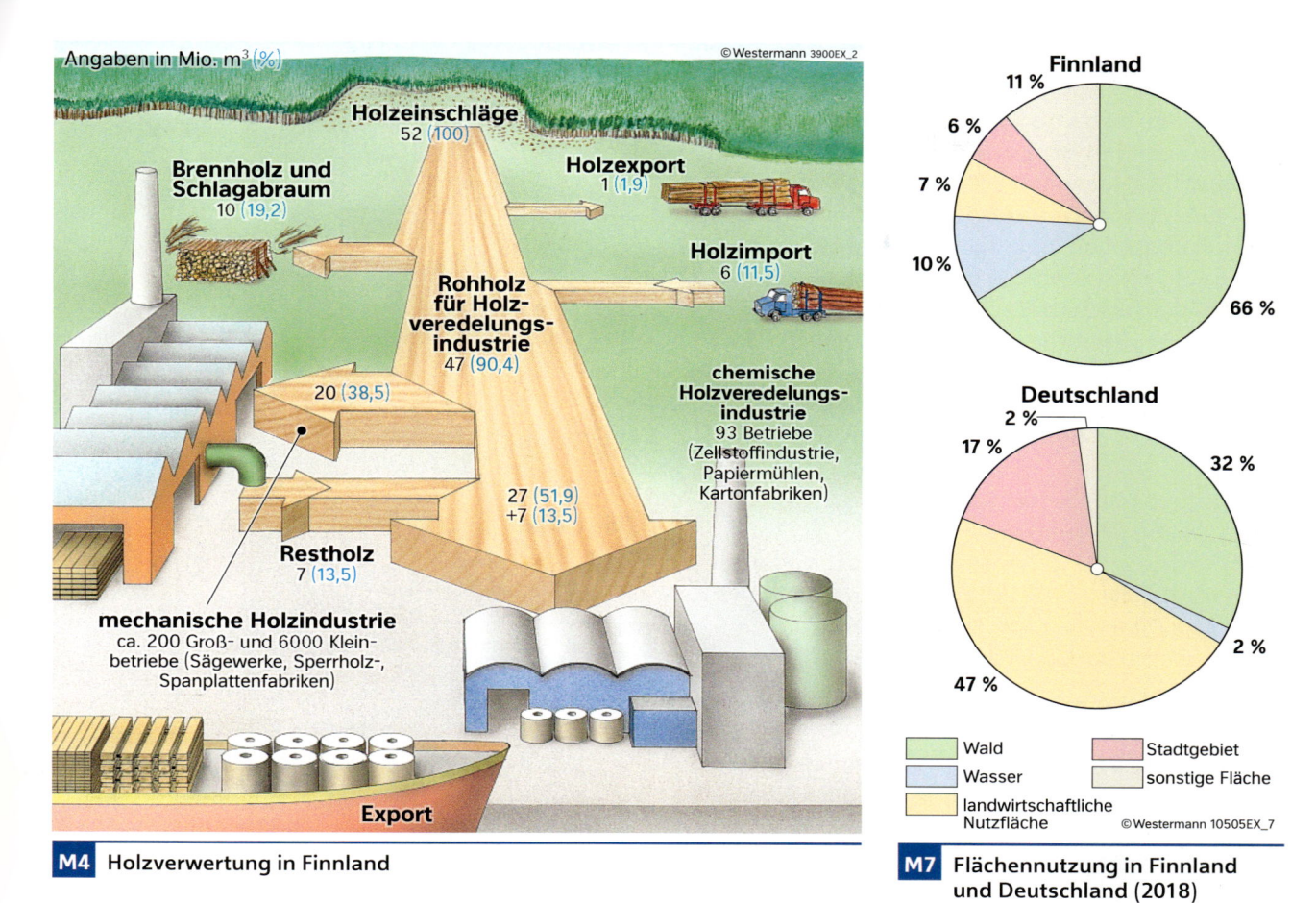

Angaben in Mio. m³ (%)

- Holzeinschläge 52 (100)
- Brennholz und Schlagabraum 10 (19,2)
- Holzexport 1 (1,9)
- Holzimport 6 (11,5)
- Rohholz für Holzveredelungsindustrie 47 (90,4)
- 20 (38,5)
- chemische Holzveredelungsindustrie 93 Betriebe (Zellstoffindustrie, Papiermühlen, Kartonfabriken)
- 27 (51,9) +7 (13,5)
- Restholz 7 (13,5)
- mechanische Holzindustrie ca. 200 Groß- und 6000 Kleinbetriebe (Sägewerke, Sperrholz-, Spanplattenfabriken)
- Export

M7 Flächennutzung in Finnland und Deutschland (2018)

Finnland:
- Wald 66 %
- 11 %
- 6 %
- 7 %
- 10 %

Deutschland:
- Wald 32 %
- landwirtschaftliche Nutzfläche 47 %
- Stadtgebiet 17 %
- sonstige Fläche 2 %
- Wasser 2 %

Legende: Wald, Wasser, landwirtschaftliche Nutzfläche, Stadtgebiet, sonstige Fläche

Die Landfläche Finnlands ist zu 66 % mit Wald bedeckt. Nur die Bestände mit einem Alter von 80 – 120 Jahren sowie kranke und schwache Bäume werden gefällt. Danach muss aufgeforstet werden. Dies ist für eine schonende Bewirtschaftung notwendig, weil in den kalten und nährstoffarmen Gebieten Nordeuropas ein Baum fast 100 Jahre benötigt, bis er einen Stammdurchmesser von 20 cm erreicht.

M5 Notwendigkeit einer schonenden Holzwirtschaft

M8 Transport des Holzeinschlages durch Flößerei

M6 Zellulose- und Papierfabrik in Varkaus (Finnland)

Nachhaltige Forstwirtschaft – verantwortungsvoll Handeln

Das Thema „Nachhaltigkeit" ist heute in Bezug auf die Nutzung von Ressourcen in aller Munde, auch mit Blick auf die Forstwirtschaft. Lilly und Paul lesen im Internet, dass schon im Jahr 1713 Hans Carl von Carlowitz aufgrund der Holzknappheit im Erzgebirge erstmals eine nachhaltige Nutzung des Waldes verlangt hat. Gut drei Jahrhunderte später, im Jahr 2015, wurde von den Vereinten Nationen der Beschluss zur Agenda 2030 gefasst. Was bedeutet diese Agenda 2030 und wie kann zum Beispiel eine nachhaltige Forstwirtschaft erfolgen?

1. Was genau bedeutet Nachhaltigkeit?
   a) Erkläre diesen Begriff (M1, M2).
   b) Ordne jeder Dimension der Nachhaltigkeit zwei Ziele der Agenda 2030 zu, die die jeweilige Dimension deiner Meinung nach hauptsächlich ansprechen (M1 – M3). Begründe.

2. Maßnahmen zum nachhaltigen Schutz des „Grünen Goldes":
   a) Vergleiche die dargestellten Arten der Forstwirtschaft. Begründe, welche für dich nachhaltiger ist (M2, M4).
   b) Diskutiert, mit welchen Maßnahmen Forstwirtschaft noch nachhaltiger gestaltet werden könnte (M4, M5).
   c) Um den Holzreichtum auch in Zukunft zu garantieren, ist man an einer nachhaltigen Forstwirtschaft sehr interessiert. Erläutere, was mit dieser Aussage gemeint sein könnte (M4, M5, Info 2).

3. Was bedeutet das Prinzip der Nachhaltigkeit für euren Alltag?
   a) Arbeitet in Gruppen: Beschreibt für die vier Dimensionen der Nachhaltigkeit jeweils ein Beispiel aus eurem Alltag (M1 – M3).
   b) Wähle aus der Agenda 2030 drei Ziele aus, die für dich von großer Bedeutung sind. Begründe.

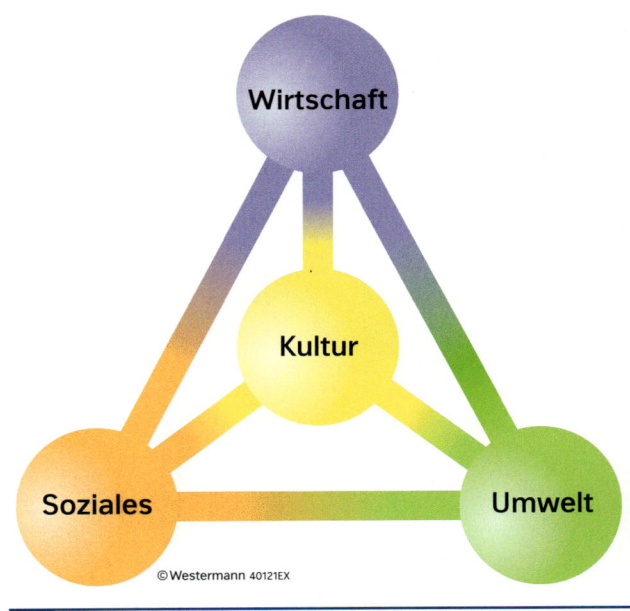

M1 Die Dimensionen der Nachhaltigkeit

In unserem Alltag sind wir Menschen stets darauf bedacht, unter optimalen Bedingungen zu leben. Werden die dafür benötigten Rohstoffe, Flächen (z. B. Böden) und Energiequellen allerdings zu intensiv genutzt, treten Probleme auf. Um diesen Problemen entgegenzuwirken, gibt es das Prinzip der **Nachhaltigkeit**. Dieses fordert eine Art der Bewirtschaftung, die den Ansprüchen und der Verbesserung der Lebensbedingungen der heutigen Generation gerecht wird, zugleich aber kommende Generationen nicht benachteiligt.
Beispiele aus der Forstwirtschaft für Probleme bei den vier Dimensionen (also den vier Seiten) der Nachhaltigkeit sind:
- der Verlust von Lebensräumen für Tier- und Pflanzenarten (Umwelt),
- der Verlust einer Rohstoffquelle (Wirtschaft),
- die Einschränkung der Erholungsfunktion des Waldes durch Kahlschlag (Soziales),
- die Benachteiligung von Bevölkerungsgruppen mit traditioneller Waldbewirtschaftung (Kultur).

M2 Was bedeutet Nachhaltigkeit?

INFO 1
Agenda 2030
Mit der Agenda 2030 haben die **Vereinten Nationen** im Jahr 2015 Ziele für eine nachhaltige Entwicklung festgelegt. Dieser Zukunftsvertrag umfasst 17 Ziele, die weltweit bis 2030 umgesetzt werden sollen. Auf diese Weise soll für alle Menschen auf der Erde ein Leben ohne Angst und Armut langfristig gesichert werden. Zudem sind der Schutz unseres Lebensraums und des Planeten wichtige Anliegen dieser Agenda.

INFO 2
Nachhaltige Forstwirtschaft
Eine Forstwirtschaft ist dann nachhaltig, wenn bei der Bewirtschaftung die Erhaltung der Lebensräume der Tiere und Pflanzen, die Bedürfnisse der ortsansässigen Bevölkerung und die Möglichkeit einer langfristigen Holzentnahme berücksichtigt werden. Es muss zum Beispiel darauf geachtet werden, dass der Wald nicht durch schmutzige Abwässer, Abgase oder andere Einflüsse durch den Menschen geschädigt wird.

3. Im Norden Europas 53

M3 Agenda 2030: Ziele für eine nachhaltige Entwicklung

M4 Nachhaltige und nicht nachhaltige Forstwirtschaft

Einzelne Gebiete werden nicht bearbeitet, damit sich die Vegetation erholen kann.	Das Problem wird über die Medien an die Bevölkerung herangetragen.
Statt mit schweren Maschinen werden die gefällten Bäume mit Pferden aus dem Wald gezogen.	Es werden verschiedene, dem Klima angepasste Baumarten zur Holzgewinnung angebaut.
Die forstwirtschaftliche Bewirtschaftung wird komplett eingestellt.	Es werden weniger Möbel aus Holz produziert und die Preise für Holzmöbel werden erhöht.

M5 Mögliche Maßnahmen zur Bewahrung des „Grünen Goldes" in Nordeuropa

4. Europa zwischen Atlantik und Ural

Mit dem Zug durch die Karpaten (Slowakei)

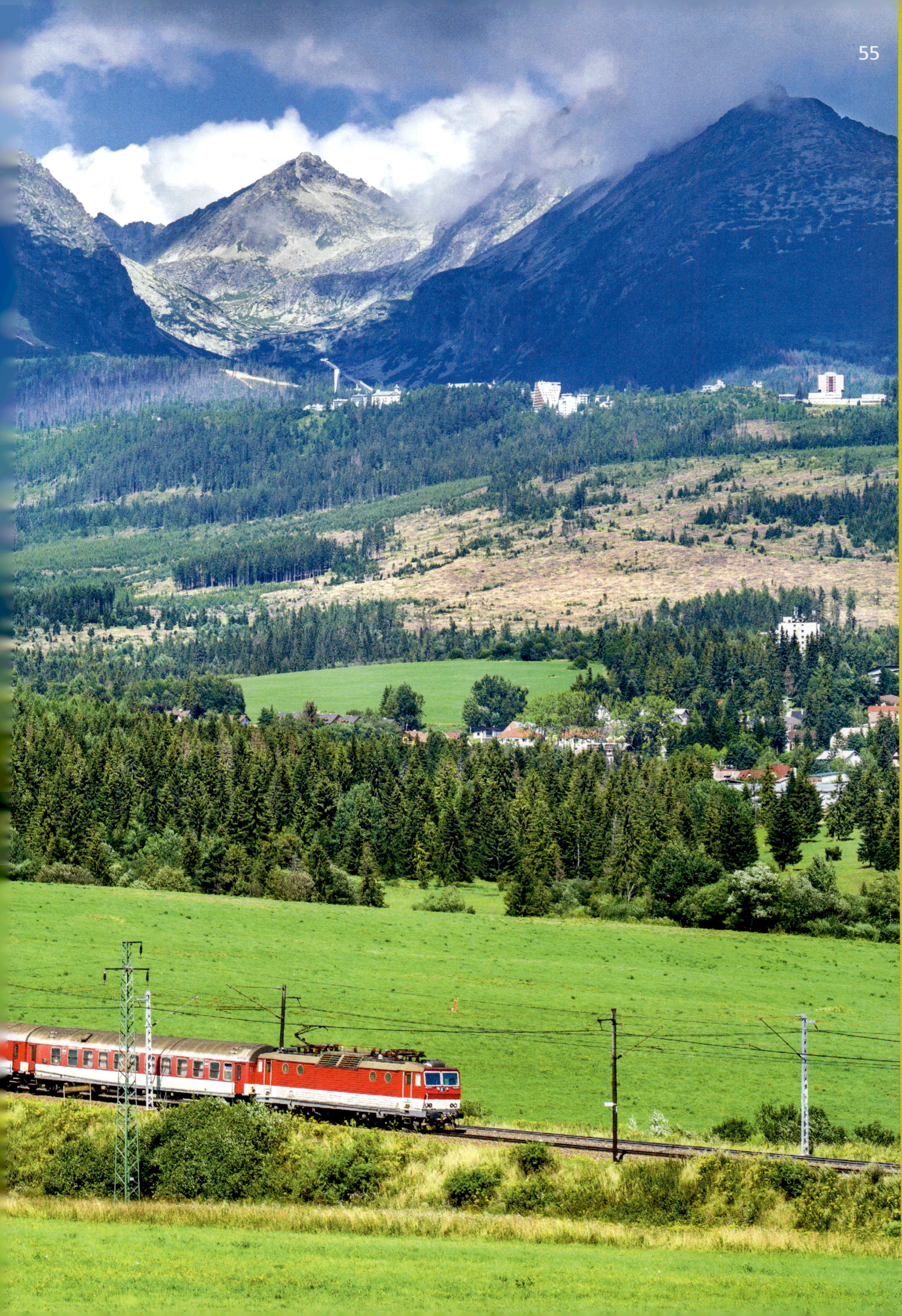

Vom Atlantik zum Ural

Die Klasse 6b war im Frühjahr auf Klassenfahrt im Osterzgebirge. Der Vorschlag des Klassenlehrers am zweiten Tag zu wandern, stieß bei den Schülern auf wenig Begeisterung. Die Aussicht, auf dem längsten Wanderweg Europas unterwegs zu sein, steigerte die Spannung allerdings. Nach der 16 km langen Wanderung waren alle mächtig stolz. Immerhin hatten sie mit eigenen Füßen ein Stück des insgesamt mehr als 6000 km langen Fernwanderweges E3 bezwungen! Was gibt es auf ihm alles zu entdecken?

1. Die Klasse 6b benötigte für ihre 16 Kilometer auf dem E3 vier Stunden reine Wanderzeit:
   a) Berechne, wie viele Stunden sie für die gesamte Fernwanderung benötigen würde.
   b) Beschreibe die Fotos, die entlang des E3 aufgenommen wurden, und bestimme deren Lage (M2, Atlas).
   c) Erstellt zwei Tabellen. Jeweils eine für den Fernwanderweg E3 und eine für den E11. Tragt ein: die Staaten und Hauptstädte, durch die die Fernwanderwege führen, ob die Länder zur EU gehören und ob dort in Euro bezahlt werden kann (M3, Atlas).

2. Bestimme die Entfernung von deinem Heimatort bis nach Porto an der Atlantikküste und nach Ufa am Ural (Atlas).

3. Es ist auch möglich, Europa vom Atlantik zum Ural mit der Eisenbahn zu durchqueren:
   a) Ermittle, wie lange die Fahrt von London nach Moskau dauert (M4).
   b) Beschreibe die Fahrtstrecke zwischen London und Moskau (Atlas).
   c) Begründe den Aufenthalt des Zuges an der Grenze zwischen Polen und Weißrussland in Brest (M5).

4. Beschreibe den Verlauf der Flüsse Loire und Rhein und vervollständige die Informationen zu den anderen Flüssen (M1, Atlas).

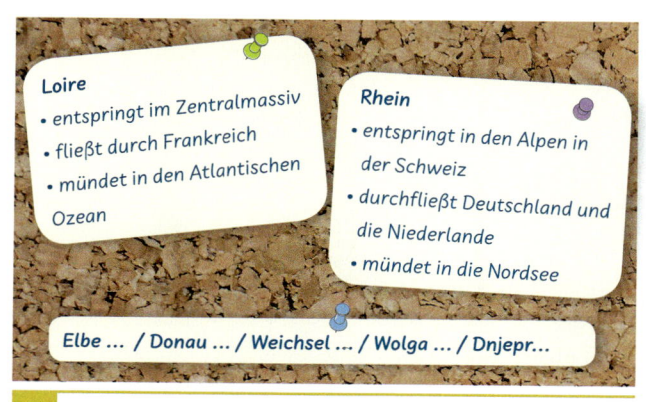

Loire
- entspringt im Zentralmassiv
- fließt durch Frankreich
- mündet in den Atlantischen Ozean

Rhein
- entspringt in den Alpen in der Schweiz
- durchfließt Deutschland und die Niederlande
- mündet in die Nordsee

Elbe ... / Donau ... / Weichsel ... / Wolga ... / Dnjepr...

M1 Flüsse zwischen Atlantik und Ural

Start in den Pyrenäen

Im Elbsandsteingebirge

Schwedenlöcher 20 min
Amselfall 35 min
Rathewalde 1 h

Über den Rhein

Über die Karpaten

Endpunkt des E3 in Kom-Emine am Schwarzen Meer

M2 Etappen entlang des E3

4. Europa zwischen Atlantik und Ural 57

M3 Europäische Fernwanderwege E3, E5, E8 und E11

London	ab 08:54 Uhr	
	Zug: Eurostar	
Brüssel	an 12:02 Uhr	ab 13:25 Uhr
	Zug: Thalys	
Köln	an 15:07 Uhr	ab 15:19 Uhr
	Zug: ICE	
Berlin	an 20:10 Uhr	ab 20:21 Uhr
	Zug: RB	
Kostrzyn	an 22:57	ab 23:26
	Zug: TLK	
Warschau	an 6:30 Uhr	ab 08:21 Uhr
	Zug: EuroCity	
Brest (Weißrussland)	an 14:49 Uhr	ab 17:30 Uhr
	Zug: Interregional Lines	
Moskau	an 06:47 Uhr	
	(alle Zeitangaben nach MEZ)	

M4 Mit der Eisenbahn von London nach Moskau

Wer mit der Eisenbahn nach Russland reist, muss am Bahnhof in Brest (Weißrussland) mit einem längeren Aufenthalt rechnen, denn hier müssen die Räder der Loks und Waggons ausgetauscht werden. Während in Russland der Abstand zwischen den Schienen 1520 mm beträgt, ist die Spurbreite im restlichen Europa nur 1435 mm. Im Brester Bahnhof müssen daher alle Loks und Waggons angehoben und die Räder in die entsprechende Spurbreite getauscht werden. Früher dauerte diese Umspurung etwa zwei Stunden. Seit einigen Jahren funktioniert der Austausch automatisch und es geht viel schneller, einen Bahnzug auf europäische Normalspur oder russische Breitspur einzustellen.

M5 An der Grenze Weißrusslands

Westwind, Temperatur und Niederschlag

Auf vielen Kirchturmspitzen gibt es „Wetterfahnen" und da und dort schmücken „Wetterhähne" Gärten oder Häuser. Sie zeigen die aktuelle Windrichtung an. Aber können sie auch helfen zu erklären, warum die Temperaturen und Niederschläge zwischen Atlantik und Ural so verschieden sind?

1. Woher weht der Wind?
   a) Begründe, dass man beim Ablesen einer Wetterfahne einen Kompass benötigt (Probier's aus! 1).
   b) Beschreibe die Messergebnisse (M2).
   c) Vervollständige den Merksatz: „Zwischen Atlantik und Ural ist die häufigste Windrichtung ... ."
   d) Erkläre die unterschiedlichen Flugzeiten zwischen London und Moskau (M1).
   e) Überprüfe für einen Zeitraum von zwei Wochen die vorherrschende Windrichtung und vergleiche mit M2.

2. Temperaturentwicklung von Wasser und Sand:
   a) Erkläre den Aufbau des Experiments (Probier's aus! 2).
   b) Beschreibe die Temperaturentwicklung von Sand und Wasser während der Durchführung des Experiments (M5).
   c) Vervollständige die Merksätze: „Wasser erwärmt sich ... als Land. Wasser kühlt sich ... ab als Land." (M3)
   d) Erkläre die unterschiedlichen Temperaturen von London und Moskau (M3, M6, Atlas).
   e) Vervollständige den Merksatz: „Die Sommer in der Nähe des Atlantiks sind .... als im Kontinent. Dafür sind die Winter in Meeresnähe ... als im Kontinent."

3. Niederschläge:
   a) Beschreibe und erkläre die Unterschiede der Niedersmengen (M4).
   b) Formuliere dafür einen Merksatz.

4. Bauernregeln sind Erfahrungen, die die Landwirte früher, als es noch keinen Wetterbericht gab, der Natur abgeschaut haben. Erkläre die Bauernregeln: „Westwind macht die Kälte tot" und „Ostwind bringt Heuwetter, Westwind bringt Krautwetter".

PROBIER'S AUS! 1

Woher weht der Wind?

Du benötigst für den Bau deiner Wetterfahne:
Joghurtbecher, dünnen Holzstab, Pappe, Kleber, Farbstifte
- Gestalte auf der Unterseite des Joghurtbechers die vier Himmelsrichtungen.
- Bohre ein kleines Loch in die Mitte des Bechers.
- Bastle einen Pfeil aus Pappe. Die Spitze muss richtig groß sein.
- Verbinde den Pfeil mit dem Holzstab.

Windrichtung	Anzahl Tage	Anteil in % (gerundet)
Norden	3 Tage	10 %
Nordosten	2 Tage	6 %
Osten	3 Tage	10 %
Südosten	1 Tag	3 %
Süden	3 Tage	10 %
Südwesten	4 Tage	13 %
Westen	8 Tage	26 %
Nordwesten	5 Tage	16 %
Windstille	2 Tage	6 %

M2 Windrichtungen im März auf dem Brocken

INFO

Windrichtung ablesen
Zeigt die Pfeilspitze z.B. nach Norden, dann kommt der Wind aus der entgegengesetzten Richtung, aus Süden, und man spricht von Südwind.

Flug London nach Moskau
Flugzeit: 3 h 45 Min

Flug Moskau nach London
Flugzeit: 4 h 15 Min

M1 Flugzeiten im Vergleich

4. Europa zwischen Atlantik und Ural

PROBIER'S AUS! 2
Temperaturentwicklung von Wasser und Sand

- Miss die Temperatur von einer Schale Wasser und einer Schale Sand.
- Bestrahle fünf Minuten mit einer lichtstarken Lampe die beiden Schalen und miss anschließend die Temperaturen.
- Vergleiche die Temperaturen.

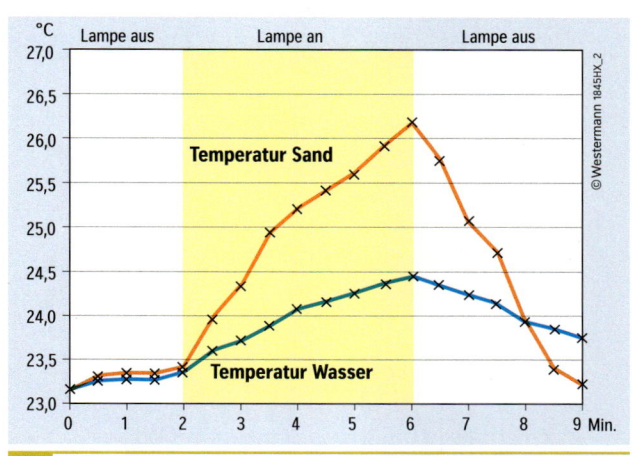

M5 Messergebnisse zur Temperaturentwicklung

Januar 4,7 °C Januar -9,9 °C
Juli 17 °C   Juli 19 °C

M6 Monatsmitteltemperaturen im Vergleich

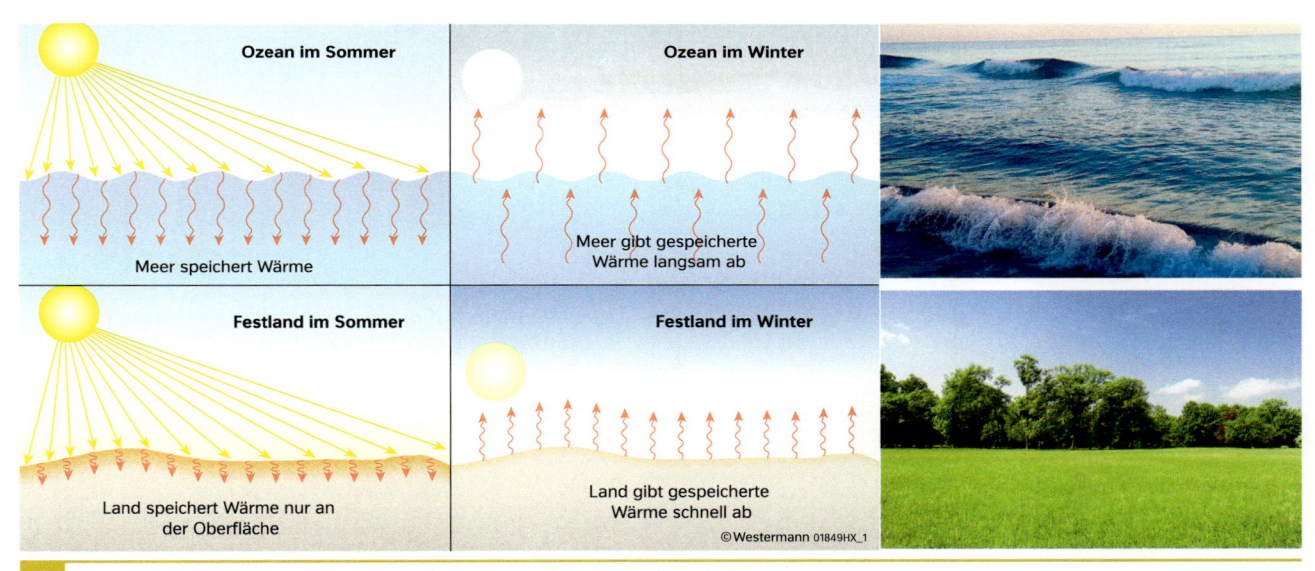

Ozean im Sommer — Meer speichert Wärme
Ozean im Winter — Meer gibt gespeicherte Wärme langsam ab
Festland im Sommer — Land speichert Wärme nur an der Oberfläche
Festland im Winter — Land gibt gespeicherte Wärme schnell ab

M3 Unterschiedliches Temperaturverhalten von Meer und Land

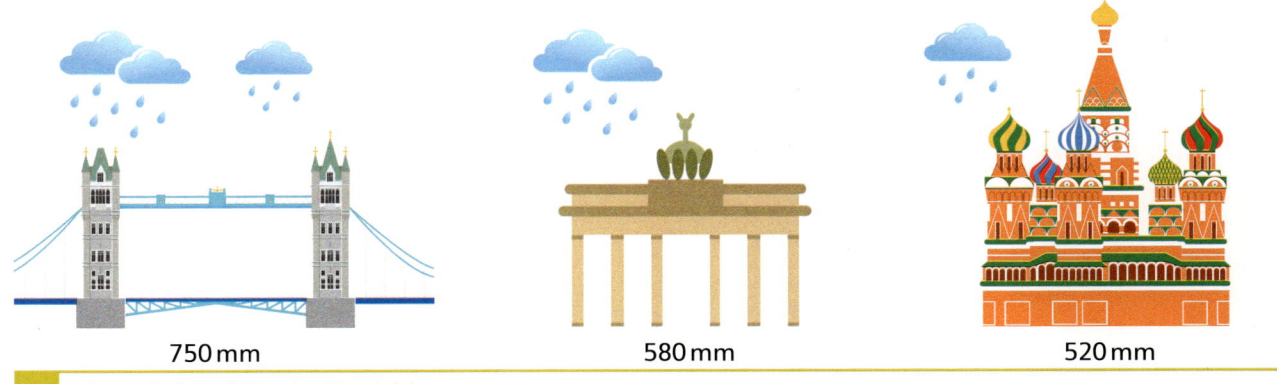

750 mm   580 mm   520 mm

M4 Jahresniederschläge im Vergleich

Europa – das Klima verändert sich von West nach Ost

Pflanzen brauchen Wärme und Wasser zum Leben. Ist es draußen zu kalt oder trocken, können wir sie nur in geschützten Räumen halten. Wieso aber müssen die Einwohner an den Küsten Großbritanniens ihre Grünpflanzen im Winter nicht in den Keller oder in Gewächshäuser stellen?

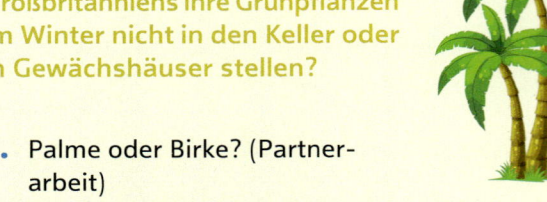

1. Palme oder Birke? (Partnerarbeit)
   a) Zeichnet je ein Klimadiagramm (M3).
   b) Entscheidet, zu welcher Stadt euer Klimadiagramm gehört (M3).
   c) Begründet, in welchem Ort Palmen in der freien Natur vorkommen können (M1).

2. Klimadiagramme auswerten:
   a) Trage die Eigenschaften des Klimas der Stationen Scilly-Inseln, Leipzig und Saratow in eine Tabelle ein: Jahresniederschlag, Jahresdurchschnittstemperatur, höchste Temperatur (Monat, Grad), niedrigste Temperatur (Monat, Grad), Monate unter 0°C, Monate über 10°C (M4).
   b) Erkläre die Unterschiede.

3. Die gemäßigte Klimazone wird in drei Klimatypen unterteilt:
   a) Beschreibe die Verbreitung der Klimatypen in der gemäßigten Klimazone (M5).
   b) Notiere zu jedem Bereich einen Merksatz.
   c) Ordne die Fachbegriffe den Ziffern im Lückentext zu (M6).
   d) Fertige zur Schülerarbeit eine Berichtigung an. Begründe, weshalb der Lehrer die Aussagen als fehlerhaft angestrichen hat (M7).

4. Erkläre die Unterschiede in den Bildern (M2).

M2 Ende März auf den Scilly-Inseln, in Leipzig und in Saratow

Hanfpalme	Birke
benötigt nicht viel Wasser	benötigt ausreichend Wasser, kann aber auch trockene Zeiten überstehen
wächst gut bei Temperaturen zwischen 15 und 20°C	wächst besonders gut bei Temperaturen um 20°C, aber auch bei niedrigeren Temperaturen
stirbt bei starken Frösten unter -5°C	überlebt Fröste bis -45°C

M1 Wachstumsbedingungen von Hanfpalme und Birke

	Ort A		Ort B	
	°C	mm	°C	mm
Januar	-7	36	6	133
Februar	-7	33	6	96
März	-2	32	8	83
April	7	33	9	69
Mai	15	50	12	68
Juni	18	60	14	56
Juli	20	75	16	62
August	19	48	16	80
September	14	34	15	87
Oktober	7	42	12	104
November	0	39	9	138
Dezember	-5	37	7	150
Jahr	6,6	519	10,8	1126

M3 Klimawerte von Brest (Frankreich) und Charkiw

4. Europa zwischen Atlantik und Ural 61

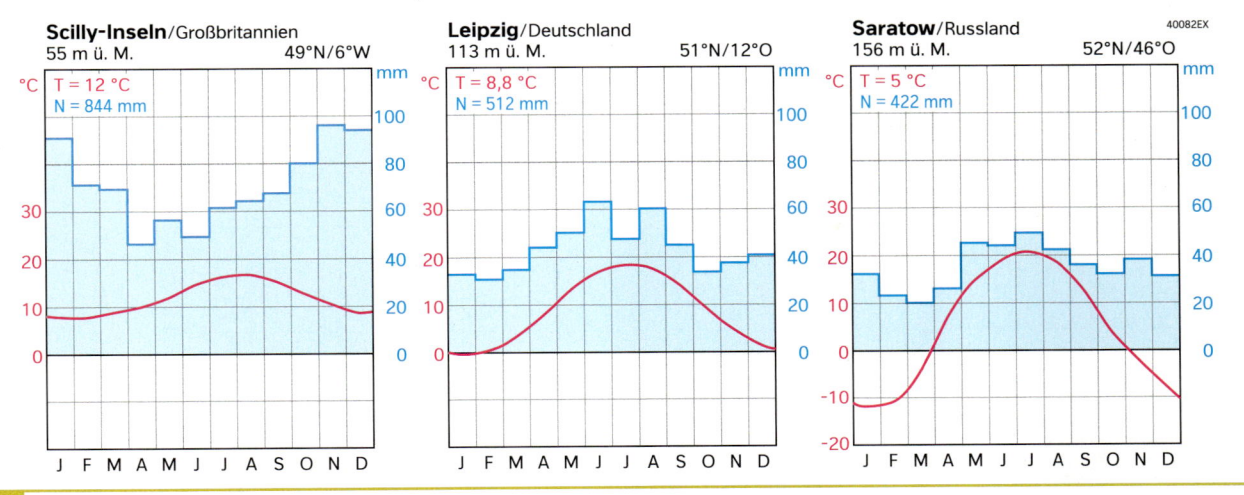

M4 Klimadiagramme der Scilly-Inseln, von Leipzig und Saratow

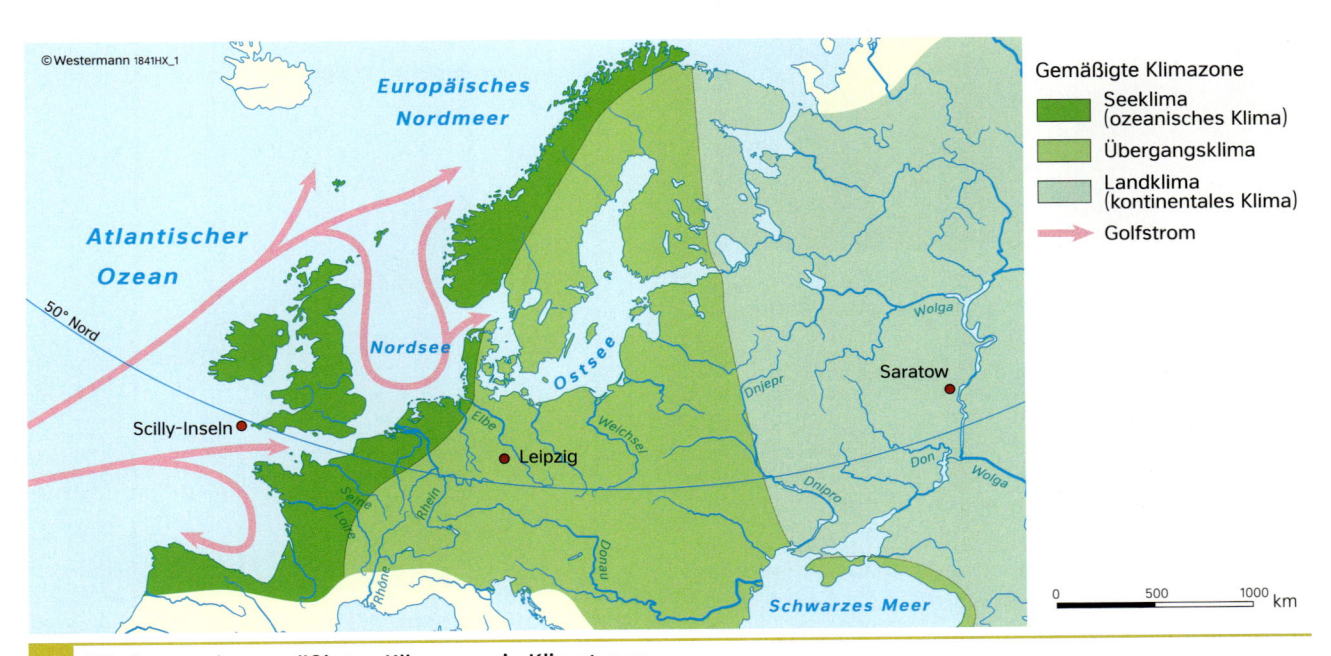

M5 Gliederung der gemäßigten Klimazone in Klimatypen

In Gebieten mit (1) Klima regnet es mehr als im kontinentalen Klima und **Übergangsklima**. Das liegt daran, dass der Einfluss der vorherrschenden (2) nach Osten immer mehr abnimmt.

Die Sommertemperaturen sind im **Landklima** (3) als im **Seeklima**. Das liegt daran, dass sich das Festland (4) erwärmt als der Ozean.

Im Winter sind Temperaturen in (5) höher als im Innern des Kontinents. Das Meer gibt noch lange die (6) Wärme an die Luft ab. So gibt es in den Ländern in Küstennähe nur selten (7). Außerdem wirkt der (8) wie eine Warmwasserheizung.

Frost / Westwinde / ozeanisch / Küstennähe / gespeicherte / höher / schneller / Golfstrom

M6 Lückentext

> Irland liegt im Bereich des Seeklimas der gemäßigten Klimazone. Es gibt viele wolkenreiche Tage im Jahr und es regnet sehr häufig. Im Winter fallen die Niederschläge meist als Schnee.   f
>
> Deutschland liegt vollständig im Übergangsklima. Gegenüber Irland regnet es bei uns weniger und die Sommer sind kühler.   f
>
> Im Osten Europas herrscht überwiegend Landklima vor. Im Winter müssen die Menschen mit vielen Frosttagen rechnen. Eine dicke, sehr hohe Schneedecke schützt die Pflanzen vor Erfrierungen.   f

M7 Aus einer Schülerarbeit

Europa – in der Steppe

Soweit das Auge reicht – in der Steppe scheint die Landschaft endlos, karg und öde. Der Wind weht fußballgroße Knäuel von Gestrüpp kilometerweit über die Ebenen um Wolgograd. Die sogenannten Steppenläufer verlieren dabei ihre Samen und können sich so über große Flächen verbreiten. Hindernisse gibt es in der Graslandschaft nicht. Aber warum gibt es in den Steppen keine Bäume?

1. Pflanzen benötigen für ihr Wachstum ausreichend Wärme und Wasser:
   a) Beschreibe die Lage und das Klima von Wolgograd (M1, Atlas).
   b) Erkläre, warum in der Umgebung von Wolgograd die Pflanzen zwischen November und März sowie zwischen Juli und September ihr Wachstum einstellen (M1, M2).
   c) Erläutere, in welchen Monaten die Steppenfotos aufgenommen worden sein könnten (M3).

2. Erkläre, wie die Graspflanzen an die kontinentalen Klimabedingungen angepasst sind und weshalb kaum Bäume wachsen können (M2).

3. Beschreibe die Verbreitung der Steppen in Europa (Atlas). S. 030

4. Die Saigas sind an die Bedingungen der Steppe besonders gut angepasst. Erkläre (M4).

5. In den Steppen gibt es heute große Ackerflächen:
   a) Nenne Faktoren, die für den Getreideanbau in den Steppen günstig sind (M5).
   b) Nenne Probleme, die durch den Ackerbau entstehen (M5).
   c) Finde Lösungsmöglichkeiten.

6. Stelle die Merkmale der Steppen in einer Mindmap dar. S. 142

7. Steppen gibt es aber auch auf anderen Kontinenten. Finde dazu Beispiele (Atlas).

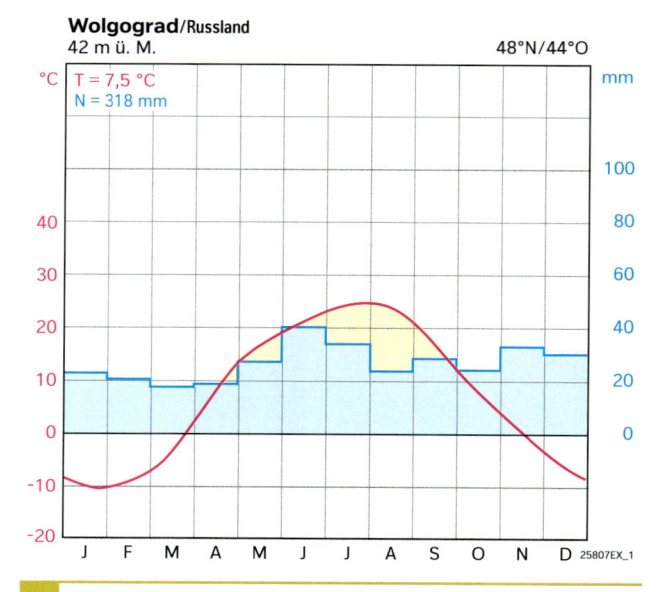

M1 Klimadiagramm von Wolgograd

Wolgograd/Russland
42 m ü. M.
48°N/44°O
T = 7,5 °C
N = 318 mm

In den **Steppen** sind die klimatischen Bedingungen für das Wachstum von Bäumen schlecht. Die Sommer sind einfach zu trocken. Wenn es regnet, dann wachsen die Gräser auch mit weniger Niederschlag und produzieren sehr schnell Samen.
Der Steppenwind kann ihn leicht über weite Entfernungen verbreiten. Während der heißen Sommer trocknen die oberirdischen Grasblätter aus und sterben ab. Im Boden aber lebt die Graspflanze weiter. Regnet es wieder, dann treibt sie neue Blätter aus.
Den Graswurzeln können lange Winter mit Frösten unter -40 °C nichts anhaben. Auch gegen Huftritte der Steppentiere sind die Gräser unempfindlich. Abgefressene Halme wachsen schnell wieder nach. Es gibt mehr als 10 000 verschiedene Grasarten. Alle uns bekannten Getreidearten und viele andere Nutzpflanzen stammen von ihnen ab.

M2 Gräser sind echte Überlebenskünstler

4. Europa zwischen Atlantik und Ural

M3 Steppe in Kasachstan zu verschiedenen Jahreszeiten

Mit ihren großen Nasen sehen die Saigas lustig aus. Diese sind eine Anpassung an das Steppenklima. Im Winter wärmen sie die sehr kalte Winterluft beim Einatmen und während der heißen, trocknen Sommer kühlen und befeuchten sie die Atemluft. Außerdem ist die Nase ein hervorragender Filter gegen den Staub.

Die Pflanzenfresser ziehen in großen Herden bis zu 200 Kilometer pro Tag durch die Steppe. Mit ihren großen und scharfen Zähnen können sie auch trockene und harte Gräser fressen. Saigas sind sehr schnell. Sie erreichen bis zu 80 km/h und retten sich so vor Wolfsangriffen.

Heute ist nicht mehr der Wolf, sondern leider der Mensch der größte Feind der Saigas. Sie werden wegen ihrer Hörner gejagt, die angeblich ein Mittel gegen Fieber sein sollen. Außerdem verringert die Landwirtschaft die Weideflächen. Vor 50 Jahren gab es noch mehr als 1,5 Millionen Tiere. Heute gibt es nur noch einige Zehntausend von dieser vom Aussterben bedrohten Tierart.

M4 Saigas – die Antilopen der Steppe

Ähnlich wie in der Magdeburger Börde hat sich in der Steppe Schwarzerde gebildet. Auf diesen fruchtbaren Böden erzielen die Landwirte sehr gute Ernten. Häufig geht die Bewirtschaftung der Steppe mit einer intensiver Bewässerung einher. Auf den weiten, ebenen Feldern können moderne Maschinen effektiv arbeiten.

So wurden in den letzten hundert Jahren große Teile der Steppen nach und nach in Ackerland umgewandelt. Vor allem der Anbau von Weizen und Zuckerrüben lohnt sich. Große Mengen Getreide können so günstig produziert werden.

Aber es gibt auch Nachteile. Die ursprüngliche Pflanzenwelt wurde zerstört und viele Steppentiere verloren ihren Lebensraum. In Jahren mit wenig Niederschlag sinken die Erträge stark. Dann erzielen die Landwirte weniger Gewinne. Eine große Gefahr ist die Zeit nach der Ernte. Dann ist der Steppenboden ohne Pflanzenbedeckung und dem Wind ungeschützt ausgesetzt. Der fruchtbare, jetzt aber trockene Boden wird leicht weggeweht.

M5 Ackerbau in den Steppenregionen Europas

London

Derry, Slough, Bath. Noch nie gehört? Diese drei Städte im Vereinigten Königreich sind einfach zu klein. Die Hauptstadt des Landes, London, kennt dagegen jedes Kind. Aber ist London dadurch eine Metropole?

1. London – was weißt du schon?
   a) Beschreibe die Lage von London (Atlas).
   b) Nenne Sehenswürdigkeiten von London, die du kennst (M4).

2. London wächst:
   a) Beschreibe die Entwicklung der Einwohnerzahl Londons (M2, M3).
   b) London hat heute eine Fläche von etwa 1600 km². Das entspricht einem Kreis mit einem Durchmesser von 45 km. Zeichne auf einer Karte um deinen Wohnort einen Kreis, der dieser Ausdehnung entspricht. Nenne Nachbarorte und Städte, die sich dort befinden (Atlas).

3. Erkläre den Begriff Metropole (M1).

4. Erstelle eine Mindmap. In der Mitte steht „London ist eine Metropole". Notiere an die Äste konkrete Faktoren, die für diese Aussage sprechen (M3 – M7).

5. Recherchiert im Internet nach Bildern und Beispielen zu den Metropolenmerkmalen von London (z.B. Museen, Banken, Theater, politische Einrichtungen).

INFO

Das Wappen von London
Die Drachen sind die Wappentiere der **Metropole** London. Das Schwert ist ein Symbol des Schutzheiligen der Stadt, des Heiligen Paul. Der lateinische Spruch „Domine dirige nos" heißt übersetzt: „Gott, führe uns".

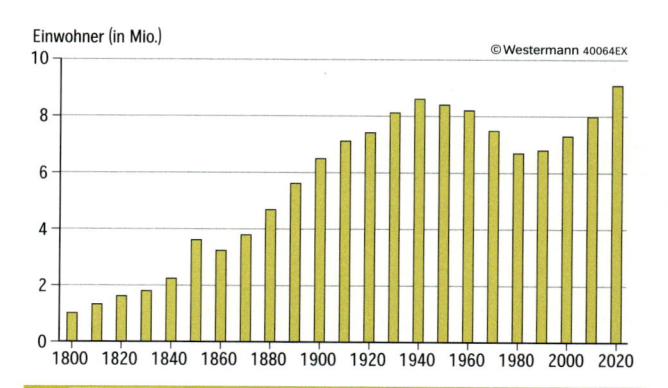

M2 Entwicklung der Einwohnerzahl von London

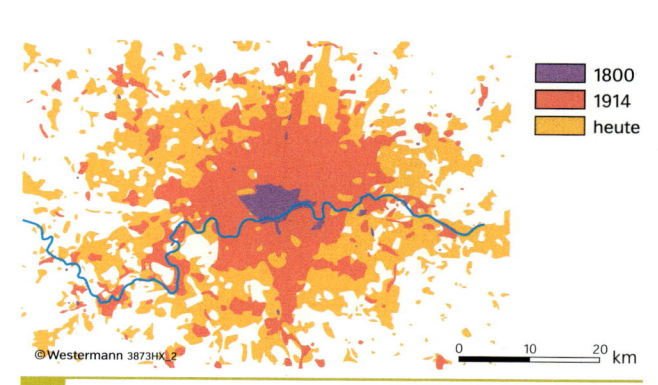

M3 London 1800 und heute

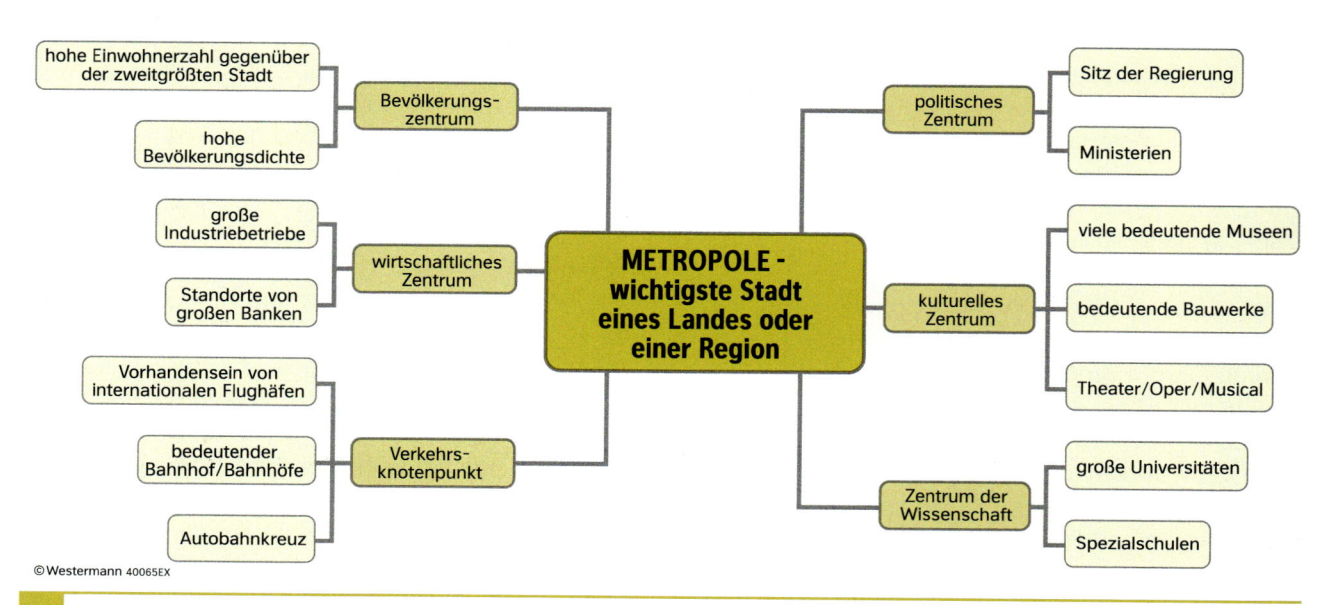

M1 Mindmap: Merkmale einer Metropole

- Bevölkerungszentrum
  - hohe Einwohnerzahl gegenüber der zweitgrößten Stadt
  - hohe Bevölkerungsdichte
- wirtschaftliches Zentrum
  - große Industriebetriebe
  - Standorte von großen Banken
- Verkehrsknotenpunkt
  - Vorhandensein von internationalen Flughäfen
  - bedeutender Bahnhof/Bahnhöfe
  - Autobahnkreuz
- **METROPOLE – wichtigste Stadt eines Landes oder einer Region**
- politisches Zentrum
  - Sitz der Regierung
  - Ministerien
- kulturelles Zentrum
  - viele bedeutende Museen
  - bedeutende Bauwerke
  - Theater/Oper/Musical
- Zentrum der Wissenschaft
  - große Universitäten
  - Spezialschulen

4. Europa zwischen Atlantik und Ural 65

M4 London im Schrägluftbild

Wusstest du, dass...
- in London sowie in ganz Großbritannien auf den Straßen links gefahren wird?
- auf dem größten Londoner Flughafen alle zwei Minuten ein Flugzeug startet?
- die Regierung Großbritanniens in London ihren Sitz hat?
- es in London mehr Banken gibt als in jeder anderer Stadt der Welt?
- es in London über 40 Universitäten und Hochschulen gibt, in denen mehr als 400 000 Studierende lernen?
- viele Computerfirmen ihren Sitz in London haben?
- London im Jahr 1800 die erste Stadt der Welt war, die mehr als eine Million Einwohner hatte?
- in London über 300 Museen und Galerien Besucher einladen?

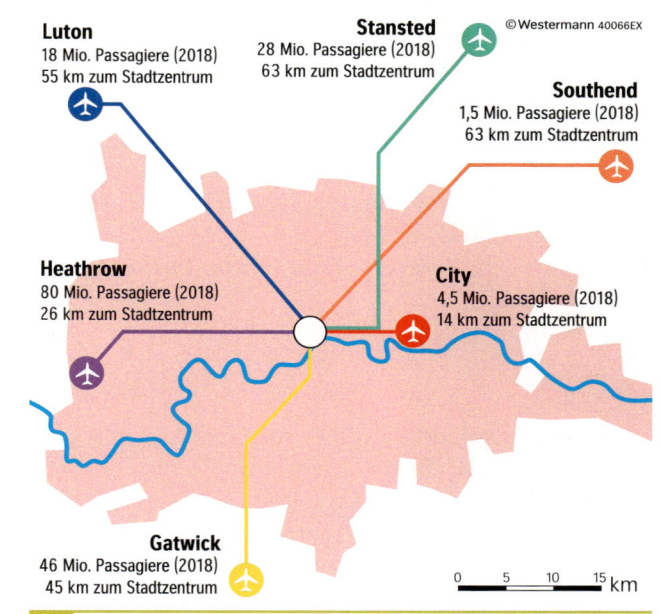

M5 London – Wissenswertes

Luton
18 Mio. Passagiere (2018)
55 km zum Stadtzentrum

Stansted
28 Mio. Passagiere (2018)
63 km zum Stadtzentrum

Southend
1,5 Mio. Passagiere (2018)
63 km zum Stadtzentrum

Heathrow
80 Mio. Passagiere (2018)
26 km zum Stadtzentrum

City
4,5 Mio. Passagiere (2018)
14 km zum Stadtzentrum

Gatwick
46 Mio. Passagiere (2018)
45 km zum Stadtzentrum

© Westermann 40066EX

M7 Londons Flughäfen

London Marathon

THE CHAMPIONSHIPS WIMBLEDON

Premier League

London Fashion Week

Militärparade zum Geburtstag der Queen

M6 Londons weltweit bekannte Veranstaltungen

London

Täglich besuchen Touristen aus aller Welt die Metropole London. Bei einer Stadtrundfahrt lässt sich das Zentrum bequem erkunden. Aber das ist nicht ganz billig. Mit einem Stadtplan lässt sich London kostengünstig auf eigene Faust entdecken!

1. „London sollte besser zu Fuß und mit öffentlichen Verkehrsmitteln besichtigt werden." Begründe (M1, M2).

2. Plant einen Besichtigungstag in der Innenstadt Londons:
   a) Findet die Sehenswürdigkeiten A–G auf dem Stadtplanausschnitt und beschreibt ihre Lage (M3).
   b) Legt dann eine zeitlich sinnvolle Reihenfolge fest, in der ihr die Sehenswürdigkeiten besichtigen könntet.
   c) Gebt an, welche Strecken zu Fuß und welche mit öffentlichen Verkehrsmitteln zurückgelegt werden sollten.
   d) Erstellt zusammenfassend einen Ablaufplan des Besichtigungstages (z.B. als Zeitstrahl, Tabelle, Karte).
   Ⓔ e) Nennt zwei weitere Orte, die ihr besuchen möchtet.

Wer einen gültigen Führerschein besitzt, darf in Großbritannien Auto fahren. Aber Achtung: Es herrscht Linksverkehr und das ist sehr ungewohnt. Wer in die Innenstadt möchte, muss eine Gebühr bezahlen. Damit soll erreicht werden, dass es weniger Staus gibt. Tagsüber sind die Straßen voller Autos und oft braucht man viel Geduld, um von einem Ort zum nächsten zu fahren. Parken ist mit Parkschein zwar möglich, dies kann jedoch bei längeren Aufenthalten ziemlich teuer werden. Falschparkern drohen Geldstrafen ab £60 oder das Festsetzen des Pkw mit einer Parkkralle.

M1 Mit dem Auto in die Londoner Innenstadt?

M2 Londoner Tagesticket

Ⓐ Vier Meter lang ist der Minutenzeiger am Glockenturm Big Ben, einem Wahrzeichen Londons. Seinen Namen erhielt der fast einhundert Meter hohe Turm von der größten der fünf Glocken. Zu jeder vollen Stunde läuten sie die berühmte Melodie „I know that my Redeemer liveth" (deutsch: Ich weiß, dass mein Erlöser lebt), die aus einem Musikstück von Georg Friedrich Händel stammt. Die Uhr blieb in ihrer langen Dienstzeit seit 1859 nur viermal stehen. Ein Aufstieg in die Turmspitze ist für Touristen nicht möglich.

M3 Sehenswürdigkeiten in London (A–G)

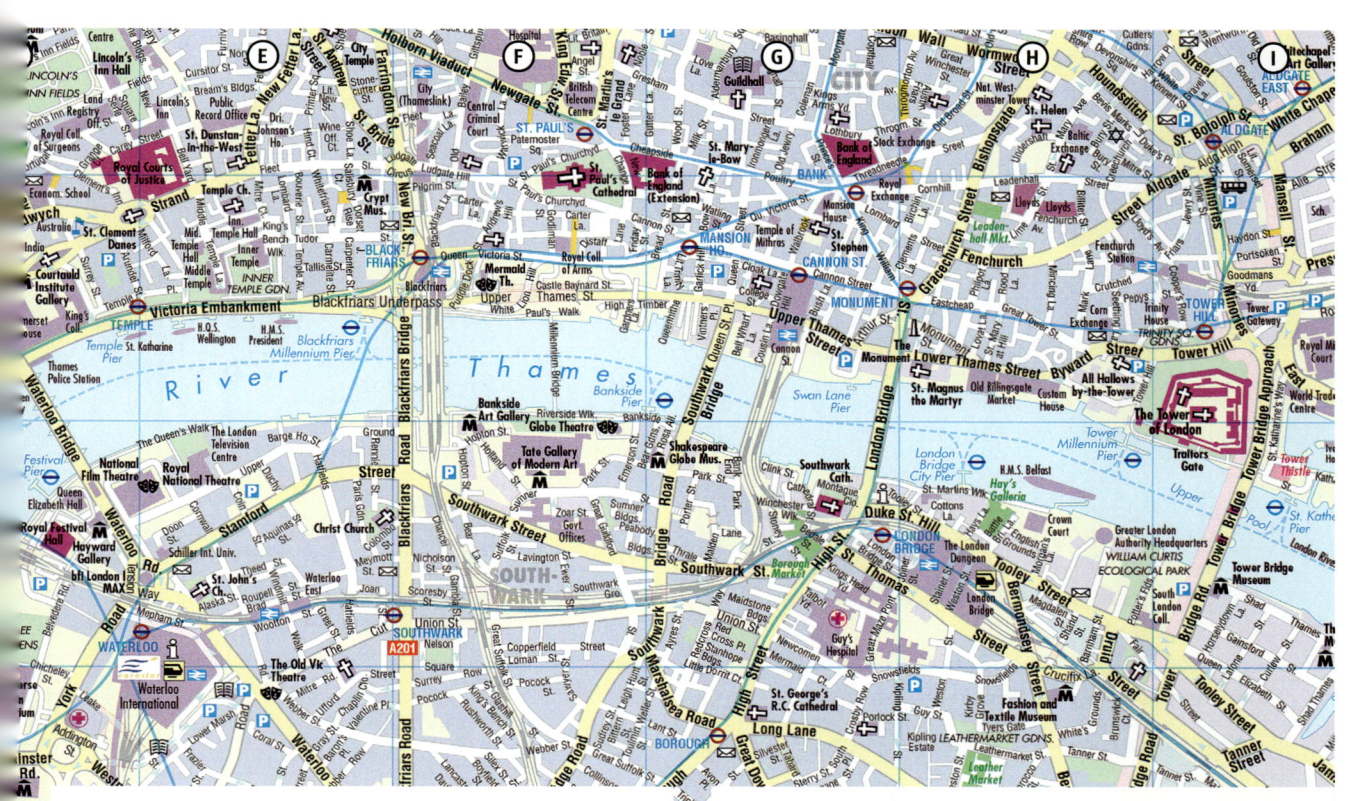

4. Europa zwischen Atlantik und Ural 67

Ⓑ Sie ist die bekannteste Brücke Londons – die Tower Bridge. Der untere Brückenteil kann hochgeklappt werden, um auch größeren Schiffen die Durchfahrt zu ermöglichen. Fußgänger können die Themse auch über den oberen Teil überqueren.

Ⓒ Das Globe Theatre wurde 1599 errichtet. Hier ließ der Schriftsteller William Shakespeare seine heute weltbekannten Stücke aufführen. Das Gebäude wurde rekonstruiert und bietet weiterhin Unterhaltung.

Ⓓ Der Buckingham Palace ist der Wohnsitz der englischen Königin. Um 11.30 Uhr bestaunen täglich Tausende Touristen die Wachablösung der rot uniformierten Soldaten mit ihren großen schwarzen Fellmützen. Bei einer Führung können auch Teile des Palastes besichtigt werden.

Ⓔ Am südlichen Themseufer, nahe der Westminster-Bridge, steht mit 135 m Durchmesser eines der höchsten Riesenräder der Welt, das London Eye. Die 32 Gondeln haben jeweils 25 Sitzplätze. Eine Runde dauert etwa eine halbe Stunde. Das Rad steht nie still. Da es sich aber ganz langsam dreht, können die Besucher trotzdem bequem ein- und aussteigen. Zwischen 12 und 15 Uhr ist der Andrang besonders groß.

Ⓕ Im Stadtteil Covent Garden befindet sich der Covent-Garden-Market. Früher ein Obst- und Gemüsemarkt für die Londoner, ist es heute ein Einkaufszentrum mit Hunderten Geschäften, Ständen und Märkten.

Ⓖ Der London Dungeon ist ein Gruselkabinett in der Westminster Bridge Road im Stadtteil Bankside.

Paris

Paris ist „das Herz Frankreichs". Das sieht man auf einer Atlaskarte schon daran, dass Straßen, Autobahnen und Eisenbahnlinien aus allen Richtungen sternförmig auf die französische Hauptstadt zulaufen. Ihr erhaltet den Auftrag, die Bedeutung der Metropole mit Diagrammen und Karten darzustellen.

1. Beschreibe die Lage von Paris in Frankreich (Atlas).
2. Die Einwohnerzahl von Paris ist stark gewachsen:
   a) Bestimme die Ausdehnung der Stadt Paris und ihres Ballungsgebietes (M1).
   b) Zeichne ein Liniendiagramm, das die Entwicklung der Einwohnerzahl von Paris seit 1900 darstellt (M3).
   c) Erkläre die Entwicklung und nenne Probleme, die daraus resultieren könnten.
3. Die Metropole Paris in Diagrammen und Karten darstellen:
   a) Stelle die Bedeutung von Paris in Flächendiagrammen dar (M2, M6).
   b) Erstelle eine Karte, in der die Lage der Sehenswürdigkeiten von Paris und deren Besucherzahlen dargestellt sind (M5, Atlas). S. 143
   c) Erstelle eine Karte, in der die Bedeutung der Pariser Bahnhöfe durch Säulen sichtbar wird (M4).
4. Begründe, dass Paris eine Metropole ist (M4 – M6). S. 064

INFO

Das Wappen von Paris

Das Pariser Stadtwappen zeigt ein silbernes dreimastiges Segelschiff. Es weist auf den Fluss Seine als die Wiege von Paris hin. Der in Latein geschriebene Spruch „Fluctuat nec mergitur" heißt übersetzt: „Von den Wogen geschüttelt, wird es doch nicht untergehen"

Arbeitsplätze und gute Verdienstmöglichkeiten locken immer mehr Menschen in das Ballungsgebiet Paris. Auf der im Vergleich zur Landesfläche Frankreichs kleinen Fläche leben immer mehr Menschen.

- Ermittlung der Flächenkästchen =
  (Fläche Paris : Fläche Frankreich):
  $12\,000\,km^2 : 550\,000\,km^2 \approx 0{,}02 \triangleq 2\,\%$.
  Von 100 Kästchen nimmt der Großraum Paris nur zwei Kästchen ein.
- Ermittlung der Einwohnerkästchen =
  (Einwohner Paris : Einwohner Frankreich):
  12,2 Millionen : 65,1 Millionen $\approx 0{,}19 \triangleq 19\,\%$
  Es müssen also 19 von 100 Kästchen gefärbt werden.

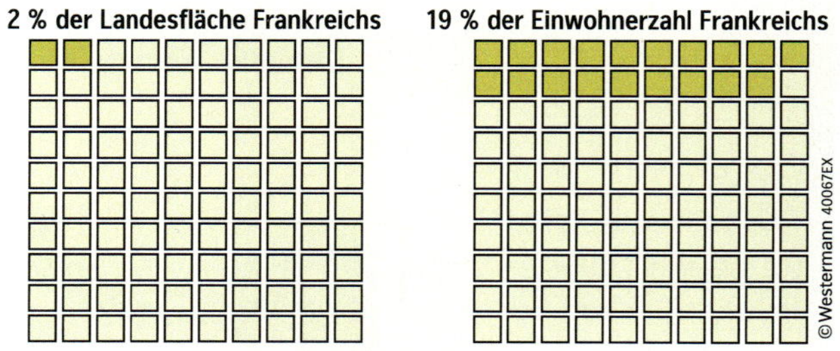

M2 Anteil des Ballungsgebiets Paris in Frankreich

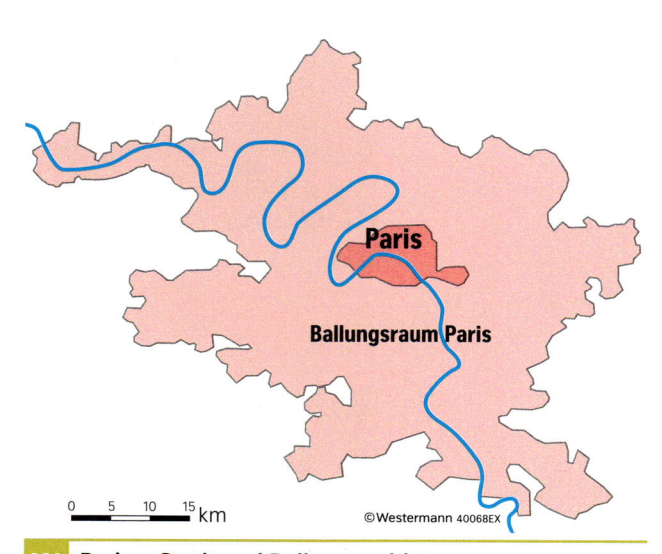

Jahr	Stadt Paris	Ballungsgebiet
1900	2,7 Mio.	keine Angaben
1930	2,9 Mio.	4,5 Mio.
1960	3,0 Mio.	8,5 Mio.
1990	2,2 Mio.	9,3 Mio.
1995	2,2 Mio.	10,9 Mio.
2000	2,1 Mio.	11,1 Mio.
2005	2,2 Mio.	11,4 Mio.
2010	2,2 Mio.	11,7 Mio.
2015	2,3 Mio.	12,0 Mio.
2020	2,2 Mio.	12,2 Mio.

M1 Paris – Stadt und Ballungsgebiet

M3 Entwicklung der Einwohnerzahlen in der Stadt Paris und im Ballungsgebiet Paris

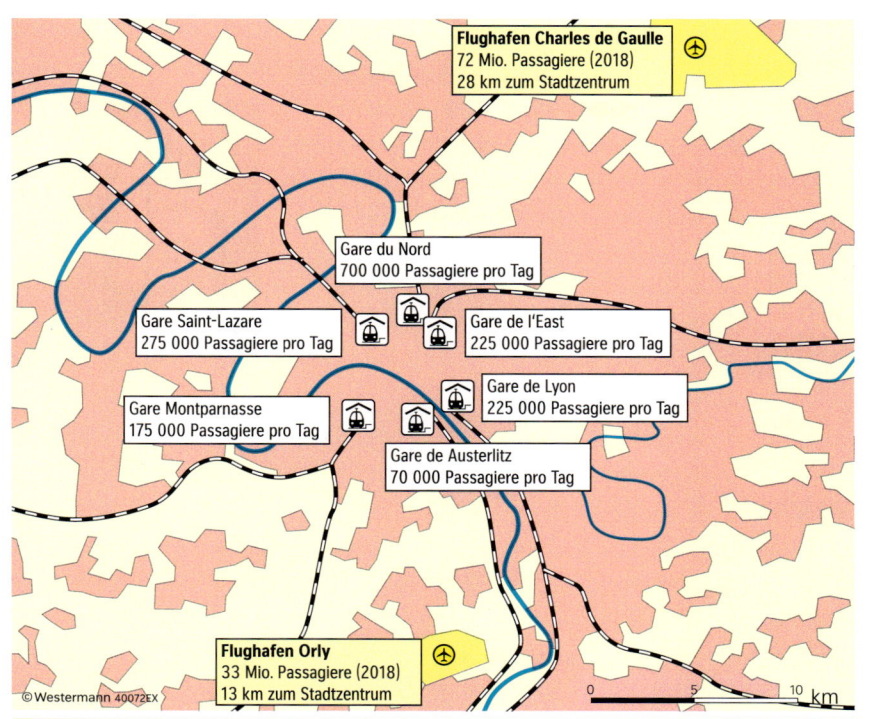

4. Europa zwischen Atlantik und Ural 69

M4 Paris – Eisenbahn und Flughäfen

Flughafen Charles de Gaulle
72 Mio. Passagiere (2018)
28 km zum Stadtzentrum

Gare du Nord
700 000 Passagiere pro Tag

Gare Saint-Lazare
275 000 Passagiere pro Tag

Gare de l'East
225 000 Passagiere pro Tag

Gare Montparnasse
175 000 Passagiere pro Tag

Gare de Lyon
225 000 Passagiere pro Tag

Gare de Austerlitz
70 000 Passagiere pro Tag

Flughafen Orly
33 Mio. Passagiere (2018)
13 km zum Stadtzentrum

Arbeitsplätze
Großraum Paris: 5,3 Mio.
Frankreich gesamt: 24 Mio.

Wirtschaftskraft
Großraum Paris: 669 Mrd. €
Frankreich gesamt: 2 150 Mrd. €

Unternehmen
Großraum Paris: 1,2 Mio.
Frankreich gesamt: 4,3 Mio.

Studierende an Universitäten
Großraum Paris: 380 000
Frankreich gesamt: 1,46 Mio.

M6 Paris im Vergleich zu Frankreich gesamt (2018)

Museum Louvre
etwa 9 Mio. Besucher pro Jahr

Triumphbogen
etwa 2 Mio. Besucher pro Jahr

Eiffelturm
etwa 7 Mio. Besucher pro Jahr

Centre Pompidou
etwa 3 Mio. Besucher pro Jahr

Disneyland Paris
etwa 15 Mio. Besucher pro Jahr

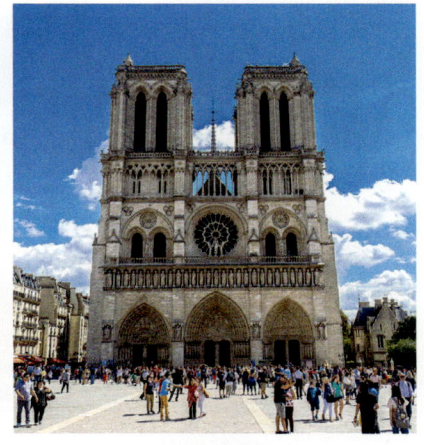

Notre-Dame
etwa 13 Mio. Besucher pro Jahr

M5 Paris – die am meisten besuchten Attraktionen

Moskau

Moskau ist die mit Abstand größte Metropole Europas. Eure Klasse erhält den Auftrag, die Stadt in einem kurzen Radiobericht vorzustellen.

1. Sammelt in Gruppen Informationen.
   Gruppe 1: Lage der Stadt in Russland (Atlas)
   Gruppe 2: Geschichte Russlands und wichtige Gebäude in Moskau (M1, M2, M4, M5)
   Gruppe 3: Metropole Moskau (M3, M6, M9)
   Gruppe 4: Die Moskauer Metro (M7, M8, M10)

2. Schreibt einen Text, den ihr in dem Radiobericht vorlesen werdet.

3. Wählt jeweils einen Sprecher aus und nehmt den Text auf.

4. Im Internet gibt es Möglichkeiten, Geräusche für Hörspiele zu nutzen. Sucht passende Töne (z. B. Verkehr, Menschen), die in den Reportagen genutzt werden können.

5. Die Entfernungen anderer russischer Orte zur Hauptstadt können sehr groß sein. Ermittelt die Entfernungen von Sankt Petersburg und Wladiwostok nach Moskau (Atlas).

6. In Russland werden kyrillische Schriftzeichen genutzt. Versuche, die Metrostationen auszusprechen (M8, M10).

INFO

Das Wappen von Moskau
Das Moskauer Stadtwappen zeigt den Helden Sankt George, der auf seinem Pferd sitzend mit einem goldenen Speer einen Drachen tötet.

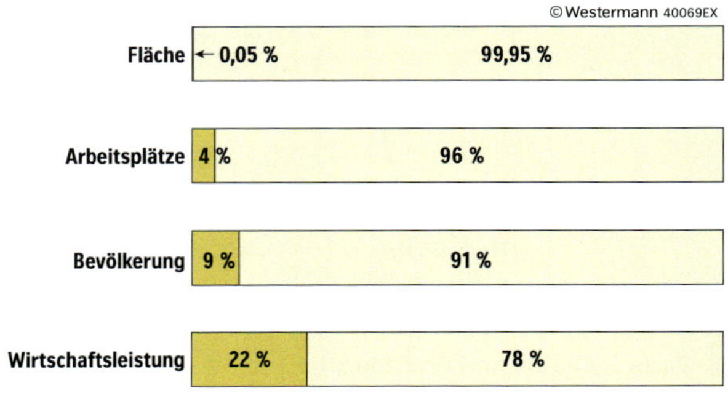

Fläche	← 0,05 %	99,95 %
Arbeitsplätze	4 %	96 %
Bevölkerung	9 %	91 %
Wirtschaftsleistung	22 %	78 %

M3 Anteil Moskaus an Russland

- 1147 erste schriftliche Erwähnung Moskaus
- ab 1550 Regierungssitz der Zaren (russische Kaiser) und Hauptstadt Russlands
- 1712 Zar Peter der Große legt fest, dass nicht mehr Moskau, sondern Sankt Petersburg Hauptstadt Russlands ist
- 1917 Zarenherrschaft durch eine Revolution beendet; Moskau wird wieder Hauptstadt
- 1935 Die Metro geht in Betrieb
- 2010 Baubeginn der neuen Moscow City

M4 Geschichte Moskaus

M1 Der Rote Platz mit der Basilius Kathedrale und der Kreml-Mauer

M2 Blick auf den Kreml – den ältesten Teil Moskaus – und den Fluss Moskwa

M5 Moscow City – das neue Bürozentrum Moskaus

4. Europa zwischen Atlantik und Ural

M6 Metropole Moskau

Legende:
- 1. Städtering bis 50 km Entfernung
- Stadt des 1. Städteringes
- 2. Städtering 50-120 km Entfernung
- Stadt des 2. Städteringes
- bebaute Fläche heute
- geplante Erweiterung (1460 km²)
- Autobahn
- Fernverkehrsstraße
- Hauptstraße
- Eisenbahn
- internationaler Flughafen
- nationaler Flughafen

M9 Entwicklung der Einwohnerzahl von Moskau

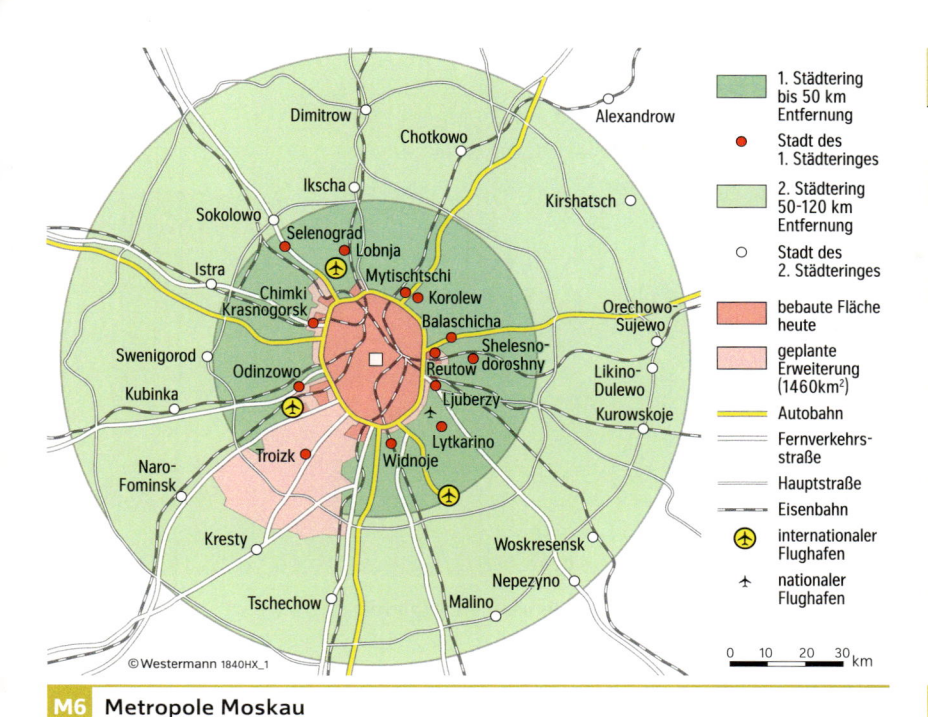

Jahr	Einwohnerzahl
1750	130 000
1800	250 000
1850	350 000
1900	1 175 000
1950	5 350 000
1970	7 100 000
1980	8 140 000
1990	8 900 000
2000	10 000 000
2010	11 500 000
2020	12 500 000

M7 Prachtvolle Metrostation

Die Moskauer Metro mit ihren in Marmor ausgekleideten und von Kronleuchtern verzierten Bahnhöfen gilt als schönste Untergrundbahn der Welt. 1935 fuhr der erste Zug die 11,5 km lange Strecke unter den Straßen der Hauptstadt. Heute gehört das U-Bahn-Netz zu den größten der Welt mit beeindruckenden Ausmaßen:

Gesamtlänge der Strecke: 381 km
Anzahl der Stationen: 223
Passagiere: pro Jahr: 2,4 Mrd. *pro Tag:* 4,8 Mio.
Anzahl der Metrolinien: 12 *tiefste Station:* 84 m unter der Erde
Anzahl der Rolltreppen: 772 *längste Rolltreppe:* 126 m
Anzahl der Mitarbeiter: 49 000 *Anzahl aller Waggons:* 5 672
Durchschnittliche Geschwindigkeit: 39,54 km
Abfahrtszeit: alle 90 Sekunden

M8 Metro in Moskau – Stand 2018

kyrillisch	deutsch
А	A
Б	B
В	W
Г	G
Д	D
Е	E, Je
Ж	Sch (weich)
З	S (weich)
И	I
К	K
Л	L
М	M
Н	N
О	O
П	P
Р	R
С	S
Т	T
У	U
Ф	F
Х	Ch (hart)
Ц	Z
Ч	Tsch
Ш	Sch
Ы	Ui
Я	Ja

Namen von Metrostationen:

1. АРБАТСКАЯ
2. НОВОКУЗНЕЦКАЯ
3. КИЕВСКАЯ

M10 Einige Buchstaben des kyrillischen Alphabets

Industriegebiete entstehen

1829 traten fünf verschiedene Lokomotiven im Wettrennen von Rainhill (England) gegeneinander an. Die von Robert Stephenson entwickelte „Rocket" war die schnellste und gewann das Preisgeld von 500 Pfund. Außerdem durfte er die Lokomotiven für die Eisenbahnstrecke Liverpool – Manchester liefern, die am 15.9.1830 feierlich eröffnet wurde. Seitdem sind die Einwohnerzahlen der beiden englischen Orte sprunghaft angestiegen. Gibt es hier einen Zusammenhang?

1. Beschreibe die Lage von Liverpool und Manchester und bestimme die Entfernung der beiden Städte (Atlas).
2. Beschreibe die Veränderungen in der Region Mittelengland zwischen 1790 und 1830 (M4).
3. Vom Wettrennen zum Eisenbahnnetz:
   a) Beschreibe die Loks, die am Wettrennen teilgenommen haben (M1, M2).
   b) „Die Entwicklung der Eisenbahn hat die Entwicklung des Mittelenglischen Industriegebiets erst richtig in Schwung gebracht." Begründe die Aussage (M1 – M8).
   c) Vergleiche die Entwicklung der Eisenbahn in England und Deutschland. Begründe die Unterschiede (M8).
4. Erkläre die Entwicklung der Einwohnerzahlen in Manchester und Veränderungen in der Stadt (M3, M5, M7).
5. Erstelle eine Karte, die die Entwicklung der alten Industriegebiete in Europa im 19. Jahrhundert darstellt (M6).

M2 Das Rennen von Rainhill

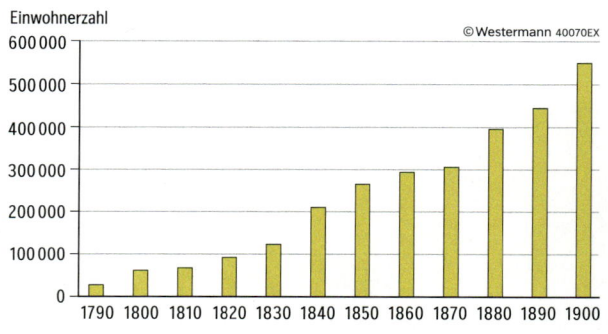

M3 Entwicklung der Einwohnerzahl von Manchester

INFO
Die industrielle Revolution
Bis Ende des 18. Jahrhunderts lebten die meisten Menschen von der Landwirtschaft, dem Bergbau und kleinen Handwerksbetrieben. Mit Erfindung der Dampfmaschine konnten Maschinen unabhängig von der Wasserkraft und mit viel mehr Kraft angetrieben werden. Es entstanden Fabriken, in denen große Mengen von Produkten hergestellt werden konnten. Die **industrielle Revolution** begann in Mittelengland und breitete sich anschließend in ganz Europa aus. Es entstanden weitere Industriegebiete.

The Rocket

The Novelty

The Sans Pareil

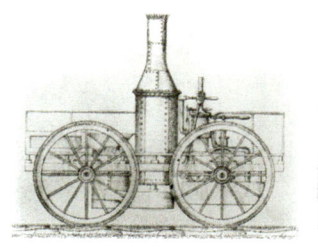

The Perseverance

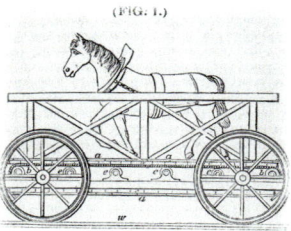

The Cyclopede

M1 Lokomotiven im Wettkampf von Rainhill, 1829

4. Europa zwischen Atlantik und Ural

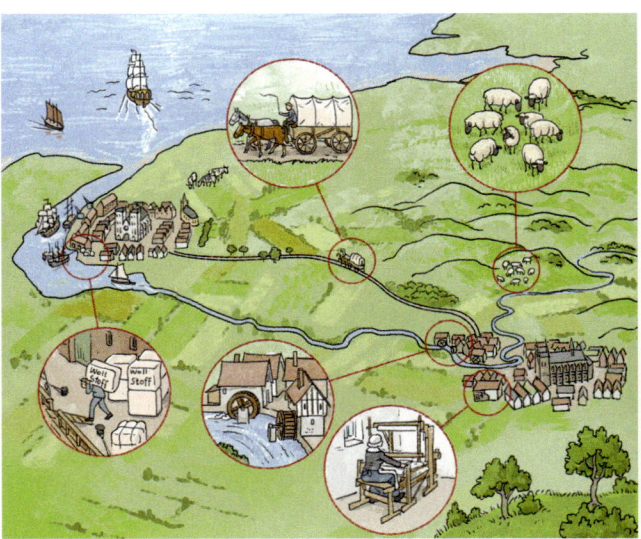

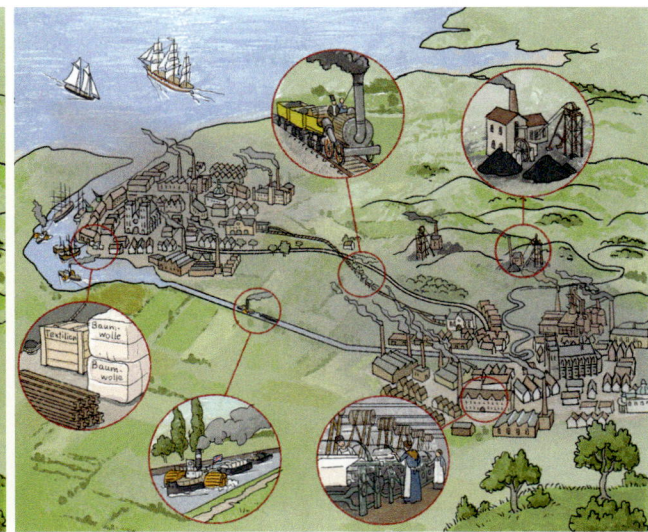

M4 Das Mittelenglische Industriegebiet vor 1790 und nach 1830

M5 Manchester um 1850

1870 zog Familie McGillen mit ihren sechs Kindern aus einem Dorf in den Highlands nach Manchester. Die Eltern fanden Arbeit in einer der vielen Baumwollspinnereien, in der sie täglich 12 bis 15 Stunden arbeiteten. Der Lohn reichte gerade für Nahrung und die Wohnung. Wie die meisten anderen Arbeiterfamilien lebten die McGillens in einem einzigen kleinen Raum mit einer Kochecke. Fließend Wasser gab es in den Mietshäusern nicht und zur Toilette musste man viele Stufen nach unten auf den Hof gehen. Die Kinder waren oft krank, denn die Stadtluft war vom Qualm aus den unzähligen Schornsteinen der Häuser und Fabriken verschmutzt.

M7 Die McGillens ziehen nach Manchester

Industriegebiet	Rohstoff	Industriezweig
vor 1850		
Mittelengland: Manchester, Liverpool, Leeds	Steinkohle, Eisenerz	Eisen- und Stahlerzeugung, Textilindustrie, Maschinenbau
Frankreich: Lille, Paris, Elsaß-Lothringen	Steinkohle, Eisenerz	Eisen- und Stahlerzeugung, Maschinenbau, Textilindustrie
nach 1850 entstanden		
Ruhrgebiet: Essen, Duisburg, Dortmund	Steinkohle, Eisenerz	Eisen- und Stahlerzeugung, Maschinenbau
Saarbrücken	Steinkohle	Eisen- und Stahlindustrie
Sachsen: Zwickau, Chemnitz	Steinkohle, Braunkohle, Erze	Textilindustrie, Maschinenbau
Polen: Kattowitz	Steinkohle, Eisenerz	Eisen- und Stahlerzeugung

M6 Industriegebiete in Europa im 19. Jahrhundert

Jahr	Industrieproduktion in Mio. Pfund	Länge Eisenbahnnetz in km
England		
1830	300	51
1850	410	10 500
1860	577	16 800
1890	870	32 300
Deutschland		
1830	90	0
1850	130	6 000
1860	310	11 600
1890	583	42 900

M8 England und Deutschland im Vergleich

Manchester musste sich wandeln

Broadstone-Mill war seit 1907 eine der unzähligen Spinnereien in Manchester. Hier wurde beste ägyptische Baumwolle zu Garn für die Textilindustrie gesponnen. Wie hat sich die Spinnerei im Laufe eines Jahrhunderts gewandelt und welche Auswirkungen hatte dies für die Arbeitnehmer und Bewohner der Stadt?

1. Broadstone-Mill hat sich verändert:
   a) Beschreibe die Veränderungen der Broadstone-Mill (M1).
   b) Erkläre anhand der Bilder den Begriff Strukturwandel (M1, Info).

2. Erstelle ein Lebensliniendiagramm der Familie McGillen (M3–M4).
   a) Zeichne das Diagramm in deinen Hefter (M4).
   b) Lies die Ereignisse der Familie McGillen. Trage die Nummern der Ereignisse auf der Zeit-Achse ein. Werte und entscheide, wie positiv (+5 = sehr gut) oder negativ (-5 = sehr schlecht) das Lebensgefühl zu diesem Zeitpunkt gewesen ist und markiere es mit einem Kreuz.
   c) Verbinde die Kreuze zu einer Lebenslinie und stelle deine Ergebnisse der Klasse vor.

3. Manchester in der Krise:
   a) Nenne Gründe, weshalb die Textilindustrie in Manchester zum Erliegen kam (M3).
   b) Nenne Auswirkungen der Schließung vieler Kohlezechen und Industriebetriebe (M3).

4. Manchesters Einwohnerzahl wächst, es ist eine moderne Stadt. Beschreibe, wie die Stadt den Strukturwandel geschafft hat (M2, M3).

5. „Manchester hat in den letzten 200 Jahren mehrere Strukturwandel erlebt." Erkläre diese Aussage.

INFO

Strukturwandel
Grundlegende Veränderungen in der Entwicklung eines Landes werden in der Geographie als **Strukturwandel** bezeichnet. Neue Erfindungen, wie z. B. die Dampfmaschine, können der Auslöser für einen Strukturwandel sein. Er hat z. B. Auswirkungen darauf,
- in welchen Berufen und Sektoren die Menschen überwiegend arbeiten,
- was, wie und wo produziert wird,
- wo und wie die Menschen leben.

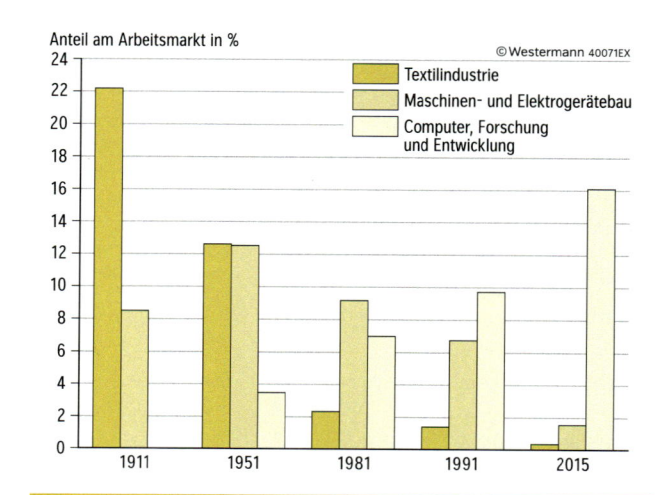

M1 Eine Spinnerei im Wandel

M2 Anteil der Arbeitnehmer in unterschiedlichen Wirtschaftsbereichen

4. Europa zwischen Atlantik und Ural

Das sind Anne und Bob McGillen mit ihren Eltern in Manchester. Sie sehen sich Fotos von ihrem Uropa Jack und Opa Eric an. Die Kinder merken schnell, dass sich viel verändert hat. Findet heraus, was ihre Großeltern in Manchester erlebt haben, wie die Stadt sich im Strukturwandel verändert hat und wie sich ihre Vorfahren dabei gefühlt haben.

Nr.	Jahr	Ergebnis
1	1950	Uropa Jack bekommt als Ingenieur eine feste Anstellung in der Broadstone-Mill.
2	1953	Die Arbeiter von Broadstone-Mill erhalten eine kräftige Lohnerhöhung. Uropa Jack heiratet Uroma Betty. Sie ziehen in ihre Wohnung in der sanierten Arbeiterwohnsiedlung.
3	1955	Immer öfter hören die McGillens, dass andere Länder, vor allem in Asien, Stoffe und Kleidung immer preiswerter produzieren. Dort sind die Löhne niedriger und es gibt weniger strenge Umweltgesetze als in England.
4	1957	August: Uropa Jack bekommt seinen letzten Monatslohn ausgezahlt. Die Broadstone-Mill beendet die Produktion von Baumwollgarn und schließt.
5	1963	Opa Eric McGillen wird geboren. Uropa Jack arbeitet in einer der letzten Spinnereifabriken in Manchester.
6	1965	Uropa Jack wird arbeitslos. Wie Zehntausend andere Bergleute, Textil- und Stahlarbeiter muss sich die Familie beim Arbeitsamt melden. Fast alle alten Betriebe sind geschlossen.
7	1967	Endlich hat Uropa Jack wieder einen Job als Hilfsarbeiter auf dem Bau gefunden.
8	1975	Die Familie denkt über einen Umzug nach London nach. Viele aus ihrer Straße sind schon weggezogen. Die Fabrikgebäude zerfallen, keiner kümmert sich darum.
9	1980	Die McGillens hören im Radio, dass der Manchester Flughafen zu einem internationalen Drehkreuz ausgebaut wird.
10	1982	In die leere Nachbarwohnung zieht die Familie von Professor Sinclair ein, der eine Stelle an der University of Manchester bekommen hat, die modernisiert wurde.
11	1985	Opa Eric bekommt die Zusage für ein Informatik-Studium an der Universität. Er lernt Mary kennen und sie heiraten. Wenig später kommt ihr Sohn zu Welt.
12	1990	Die britische Regierung beschließt gemeinsam mit der EU Geld für die Instandsetzung der Wohngebäude und Infrastruktur in Manchester zu investieren.
13	1995	Opa Eric hat Tickets für die Eröffnung der neuen Konzert- und Sporthalle mit über 15 000 Sitzplätzen bekommen.
14	2000	Zwei Jahre nach dem Tod von Uropa Jack stirbt Uroma Betty in Manchester.
15	2015	Familie McGillen zieht in ihr Eigenheim am Stadtrand von Manchester. Bobs Vater verdient mittlerweile im IT-Unternehmen, das eng mit der Universität zusammenarbeitet, sehr gutes Geld.

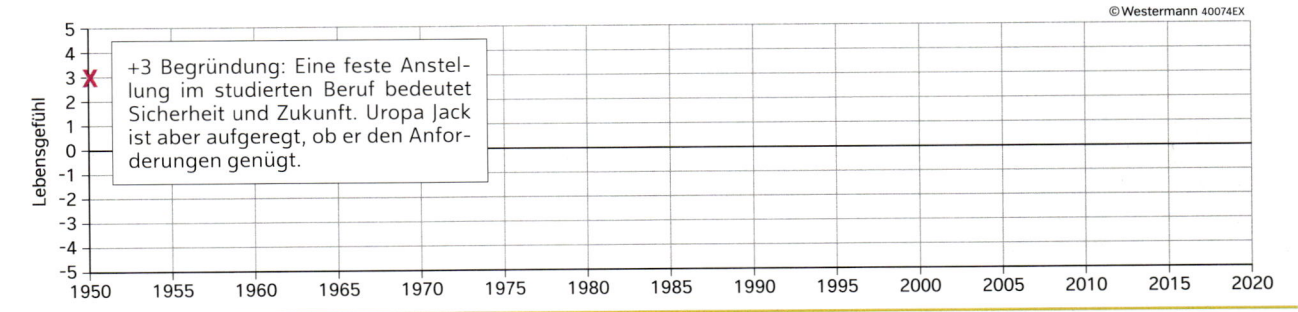

M3 Geschichte der Familie McGillen und Geschichte der Stadt Manchester

+3 Begründung: Eine feste Anstellung im studierten Beruf bedeutet Sicherheit und Zukunft. Uropa Jack ist aber aufgeregt, ob er den Anforderungen genügt.

M4 Vorlage für das Lebensliniendiagramm

Strukturwandel in Górny Śląsk

Ein Meter Eisenbahnschiene aus Stahl wiegt etwa 65 kg. Der Bau der Schienennetze während der Industrialisierung war auf die Stahlwerke der alten Industriegebiete angewiesen. In Polen spielte dabei das oberschlesische Gebiet Górny Śląsk eine bedeutende Rolle. Obwohl Stahl heute für viele Produkte gebraucht wird, wird er kaum noch in Europa hergestellt. Was bedeutete das für die Region Górny Śląsk? Und wie lief der Strukturwandel in Górny Śląsk ab?

1. Beschreibe die Lage des Industriegebietes Górny Śląsk in Polen. (M2).

2. Die Herstellung von Stahl:
   a) Beschreibe die Herstellung einer Eisenbahnschiene (M1).
   b) Nenne Teile der Stahlproduktion, die auf dem Foto zu erkennen sind (M3).

3. Strukturwandel in Górny Śląsk:
   a) Beschreibe, wie sich die Voraussetzungen, für die Produktion von Stahl im Industriegebiet verändert haben (M4).
   b) Ordne die Texte und Abbildungen auf den Zeitstrahl ein (M4).
   c) Begründe die Veränderungen, die im Zeitstrahl zu erkennen sind.

Ⓔ 4. Das Industriegebiet besitzt zwei Namen: Oberschlesisches Industriegebiet und Górny Śląsk. Suche nach geschichtlichen Gründen (Internet).

M2 Lage des Industriegebietes Górny Śląsk

M3 Stahlwerk

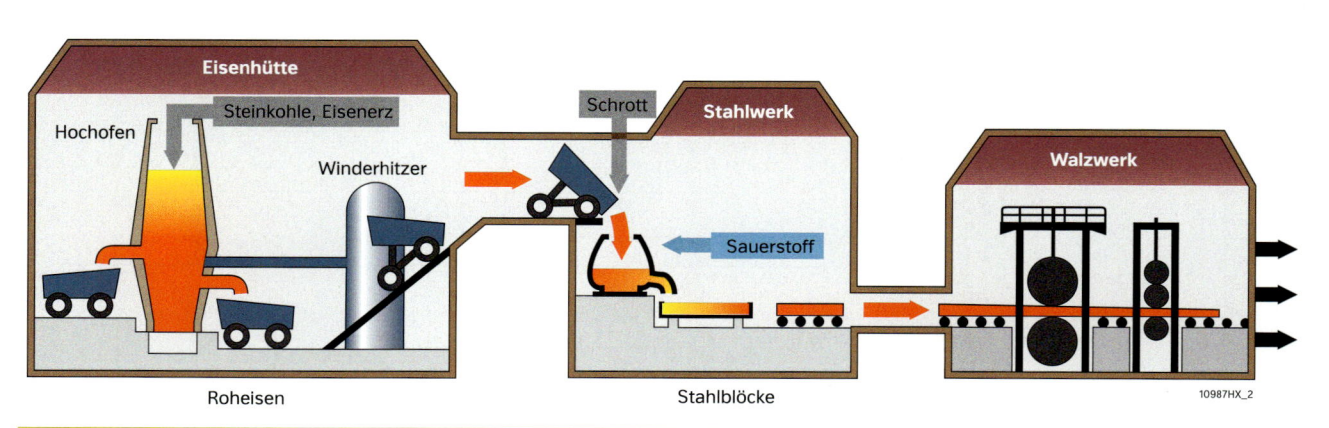

M1 Der Weg zur Eisenbahnschiene

4. Europa zwischen Atlantik und Ural

Ⓐ 1971 beschloss die polnische Regierung, ein neues Stahlwerk zu errichten. Gleichzeitig wurde die Eisenbahnstrecke in die Sowjetunion, im heute russischem Staatsgebiet, ausgebaut. Von dort wurde das neue Werk „Huta Katowice" mit russischem Eisenerz versorgt.

Ⓑ Einwohnerzahl der Stadt Kattowitz

Ⓒ Viele neue Betriebe, auch aus dem Ausland, siedeln ihre Produktionsstätten nun hier an.

Ⓕ Dort, wo früher Steinkohle gefördert wurde, befindet sich heute ein Kulturzentrum. Vom alten Förderturm haben Touristen einen schönen Ausblick.

Ⓓ Seit 1996 gibt es in der Region Sonderwirtschaftszonen. Unternehmen aus dem Ausland bekommen dort preiswerte Flächen mit einer guten Verkehrsanbindung und leistungsstarken Internetverbindungen angeboten. Das Land und die EU beteiligen sich an den Baukosten und die neuen Unternehmen müssen für einige Jahre weniger Abgaben zahlen.

Ⓖ Die Industrieanlagen sind veraltet. Es werden kaum neue Maschinen gekauft. Umweltschutztechnik fehlt. Die Einwohner im **Oberschlesischen Industriegebiet** leiden an der schlechten Luft und am schmutzigen Wasser.

Ⓗ Der größte Stahlkonzern der Welt, „Arcor Mittal", kauft das Stahlwerk „Huta Katowice". Viele andere Stahlwerke in Górny Śląsk wurden geschlossen.

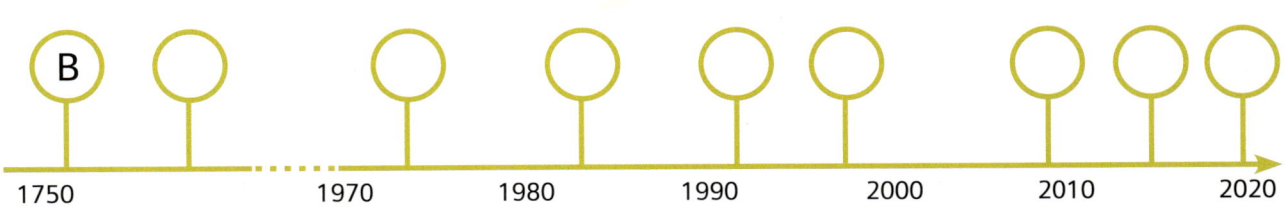

Ⓔ Arbeitslosigkeit und Wirtschaftskraft in Kattowitz

Zeitstrahl

1750 – Steinkohle und Eisenerz im Gebiet um Kattowitz leicht abbaubar

1970 – Die Eisenerzvorkommen in Górny Śląsk sind aufgebraucht. Steinkohle kann weiter in ausreichenden Mengen gefördert werden.

1980 – Im Stahlwerk fehlt das Geld, neue Maschinen zu kaufen. Die Anlagen sind veraltet.

1990 – Stahl wird in asiatischen Ländern viel günstiger als in Polen produziert. Es ist billiger, ihn von dort zu importieren.

2010 – Einrichtung einer Sonderwirtschaftszone. Unternehmen können hier preiswert Flächen mit modernen Straßen und schnellem Internet für ihren Betrieb bekommen.

M4 Strukturwandel in Górny Śląsk (Zeitstrahl)

Niederlande – ein Land unterm Meer

Es gibt kein Land in Europa, das so flach ist wie dieses. Da passt der Name gut: Niederlande. Hier gibt es kein Gebirge. Mehr als die Hälfte der Landesfläche ragt nicht weiter als einen Meter über den Meeresspiegel auf, große Teile des Landes liegen sogar tiefer. Damit ist aber die Gefahr von Überschwemmungen sehr hoch. Wie schützen sich die Niederländer davor?

1. Beschreibe, wie viel Prozent der Fläche der Niederlande unter Wasser stünden, wenn es keine Deiche gäbe (M1).
2. Sturmfluten bedrohen die Niederlande:
   a) Beschreibe, was in den Niederlanden 1953 geschah (M2, M3).
   b) Erkläre, warum die vielen Flussmündungen in den Niederlanden die Schäden der Sturmflut noch vergrößert haben (M1).
   c) Nenne Maßnahmen des Deltaplans (M3, M4, M5, M8).
   d) Erkläre die Funktionsweise des Sturmflutsperrwerks Maeslantkering. Recherchiere dazu auch im Internet und stelle die Ergebnisse vor (M6).
3. Folgen des Deltaplans:
   a) Nenne Vor- und Nachteile des Deltaplans (M8).
   b) Diskutiert: „Der Deltaplan – ein Erfolg oder ein Fehlschlag?!" (M8).
4. Der Meeresspiegel der Nordsee stieg in den letzten Jahren an. Die „Wasserhäuser" sind die Lösung! Diskutiert diesen Vorschlag (M7).

M2 Sturmflut 1953

Warum ist der 1. Februar 1953 für viele Niederländer ein besonderes Datum?
„In der Nacht dieses Tages gab es eine verheerende Sturmflut. An vielen Stellen hielten die Deiche der Wucht der Nordsee nicht stand und brachen. Meerwasser strömte durch die Flussmündungen ungehindert in das Hinterland. Riesige Flächen und Orte wurden überflutet. Zehntausende Tiere starben und fast 2 000 Menschen verloren ihr Leben."

Deshalb beschloss die Regierung den Deltaplan?
„Genau. Viele kleine Flussarme wurden mit Dämmen vom Meer abgeschlossen. An anderen Stellen entstanden große, bewegliche Wehranlagen, z.B. das Oosterschelde-Sturmflutwehr. Auf einer Länge von 3 km wurden zwischen den 40 m hohen Betonpfeilern stählerne Tore eingebaut, die bei Sturmflut geschlossen werden können. Die alten Küstendeiche wurden verstärkt und um über einen Meter erhöht."

M3 Interview zum Deltaplan

M1 Wie die Niederlande ohne Deiche aussähen

M4 Oosterschelde Sturmflutwehr

4. Europa zwischen Atlantik und Ural

1953
Küstenlinie AB = 800 km

heute
Küstenlinie AB = 80 km

Legende: überschwemmte Gebiete / seit dem Mittelalter neu gewonnenes Land / Süßwasser / Abschlussdamm / 1972 Fertigstellung / Sturmflutschleuse

M5 Sturmflutprojekt

Bewohnerin aus dem Ort Goes
Meine Großeltern haben das 1953 zerstörte Haus wieder aufgebaut. Wir fühlen uns mit den Schutzmaßnahmen jetzt hier sicher.

Bürgermeister von Vlissingen
Durch die neuen Straßen über die Deiche und Sperrwerke erreicht man Rotterdam viel leichter. Seitdem haben sich in unserem Ort viele Unternehmen angesiedelt und Arbeitsplätze geschaffen.

Ehemaliger Fischer
Als hier der Fluss vom Meer abgeriegelt wurde, gab es keinen Wasseraustausch mehr. Die Pflanzen- und Tierwelt des Wattenmeers wurde so komplett zerstört. Meine Arbeit als Muschel- und Austernfischer musste ich aufgeben.

Umweltaktivist
Die höheren Kosten für Maeslantkering haben sich gelohnt – die Natur wird kaum beeinträchtigt.

Landwirt
Meinetwegen hätten noch viel mehr Deiche gebaut werden können. Sie verhindern das Eindringen von Salzwasser und meine Böden haben sich verbessert.

M8 Der Deltaplan in der Diskussion

M6 Sturmflutsperrwerk Maeslantkering

Der Bau von Dämmen kostet viel Geld und beeinträchtigt die Natur. Aber ohne die Dämme droht ständig die Gefahr vor Überschwemmungen. Also hatte man eine ganz andere Idee, sich vor dieser Gefahr zu schützen: den Bau schwimmfähiger Häuser. Noch sind die Baukosten für solche Wohnungen hoch, aber es wird intensiv an preiswerten Möglichkeiten geforscht, sodass sich noch mehr Menschen so ein Haus leisten können.

M7 Zukunft „Wasserhäuser"?

Von der Zuiderzee zum Ijsselmeer

Die Niederlande halten einen weiteren Rekord: Fast die Hälfte der heutigen Landfläche haben die Menschen dem Meer abgerungen. Das ist beim Vergleich mit alten Karten gut erkennbar. Wie ist das gelungen?

1. Kleines Land mit vielen Menschen:
   a) Berechne die Bevölkerungsdichte der Niederlande (42 000 km², 17 230 000 Einwohner). Vergleiche diese mit der Bevölkerungsdichte von Deutschland. S. 038
   b) Beschreibe, vor welcher Herausforderung die Niederländer durch ihre hohe Bevölkerungsdichte stehen.

2. Polder – neues Land aus dem Meer:
   a) Erkläre, wie die Niederländer neues Land aus dem Meer gewinnen (M1, M3 – M5).
   b) „Wenn ein Gebiet erst einmal gepoldert ist, fallen keine Kosten mehr an." Beurteile diese Aussage (M1, M3).

3. Zuiderzee – Abschlussdeich – Ijsselmeer:
   a) Vergleiche die Karten von 1900 und 2000 (M2, M5).
   b) Beschreibe Zusammenhänge zwischen diesen drei Begriffen.
   c) Berechne die insgesamt im IJsselmeer trockengelegte Fläche und vergleiche mit der Staatsfläche (M5).

4. Nutzung der Polder:
   a) Werte das Satellitenbild aus (M8). S. 135
   b) Satellitenbilder sind heute im Internet leicht zu finden, z. B. mit Google Earth. Vergleiche damit die Nutzung der Polder (M9).

5. Begründe, warum der Polder Markerwaard nicht verwirklicht wurde (M7).

M2 Zuiderzee vor 1900

„Wir Niederländer haben schon immer dem Meer Land abgerungen. Zuerst bauen wir einen Ringdeich und pumpen das Meerwasser ab. Dann werden Entwässerungsgräben ausgehoben, sodass der Grundwasserspiegel weiter sinkt und sich der Salzgehalt des Bodens verringert. Nach wenigen Jahren können diese Flächen – die **Polder** – genutzt werden."

M3 Ein niederländischer Wasserbauer berichtet

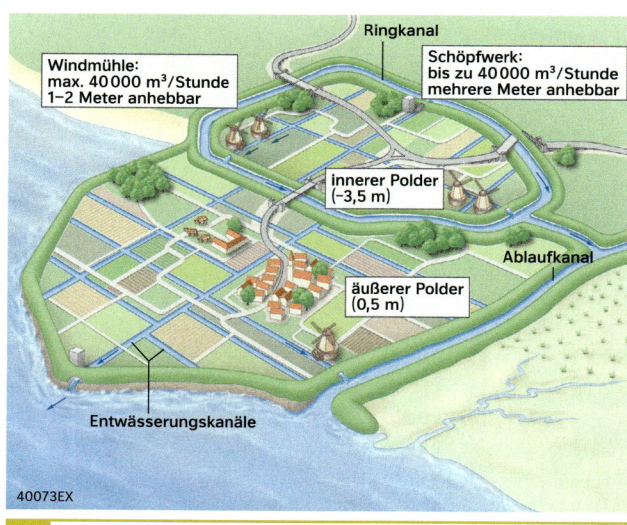

M1 Aufbau eines Polders

M4 Luftbild Polder

4. Europa zwischen Atlantik und Ural

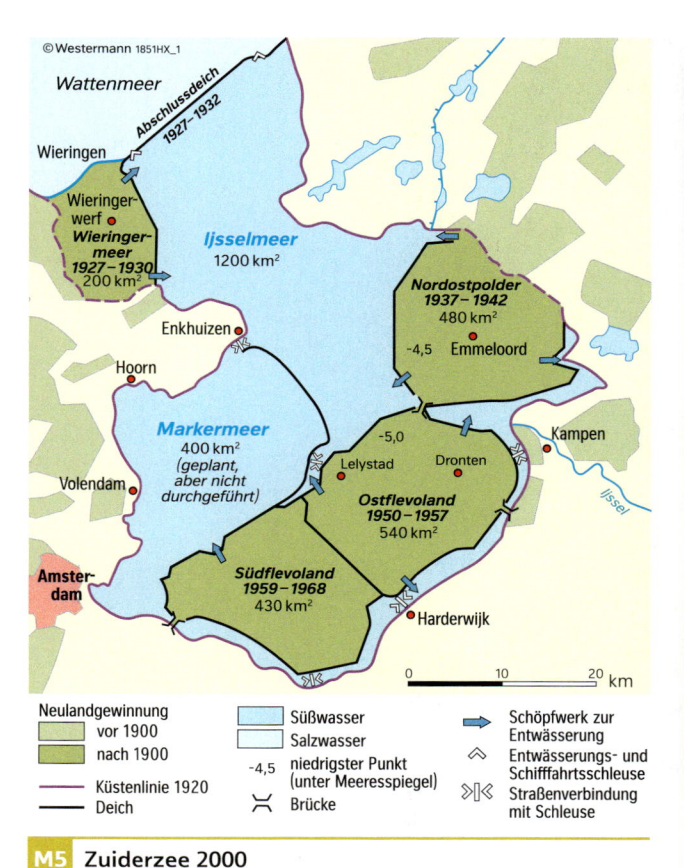

M5 Zuiderzee 2000

M8 Ijsselmeer 2010

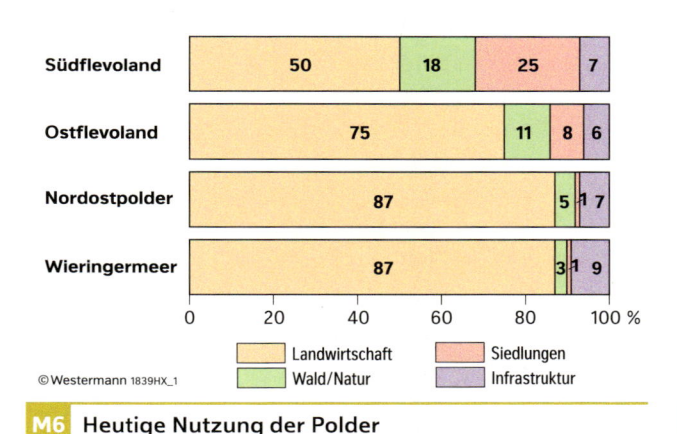

M6 Heutige Nutzung der Polder

Polder	Landwirtschaft	Wald/Natur	Siedlungen	Infrastruktur
Südflevoland	50	18	25	7
Ostflevoland	75	11	8	6
Nordostpolder	87	5	1	7
Wieringermeer	87	3	1	9

M9 Legende zum Satellitenbild

Satellit:	Landsat
Höhe:	735 km
schwarze Fläche:	Meer, Wasser
hellblaue Fläche:	Wattbereich bei Ebbe
hellgrüne Fläche:	Grünland / Ackerland
dunkelgrüne Fläche:	Wald
gelb, grün, rotbraun gesprenkelte Fläche:	Ackerland mit unterschiedlicher Nutzung
(dunkel)rote Fläche:	Siedlungen
helle Linien:	Deiche
dunkel Linien:	Flüsse/Kanäle/Straßen

M7 Streit um Markerwaards

Zwischen 1927 und 1986 gelang es, im Ijsselmeer vier große Polderflächen zu gewinnen. Ein fünfter Polder, der 40000 ha große Markerwaard, war geplant. Doch auch während der Abschlussdeich gebaut wurde, kam es immernoch zu heftigen Diskussionen, ob der neue Polder wirtschaftlich sinnvoll ist. Immerhin würde das Projekt etwa eine Milliarde Euro kosten! Dabei zeigte sich, dass die niederländische Landwirtschaft auf den schon vorhandenen Flächen ausreichend Lebensmittel für den Handel und Export produzieren konnte. Außerdem wächst die Bevölkerung der Niederlande immer langsamer als bislang angenommen. Befürworter des fünften Polders argumentierten, dass Markerwaard für einen neuen internationalen Flughafen genutzt werden sollte. Der könnte den stark benutzten Airport von Schiphol entlasten und würde außerdem viele neue Arbeitsplätze schaffen. Dieser neue Flughafen würde allerdings das wichtige Naherholungsziel der Amsterdamer zerstören. Naturschützer warnten, dass beim Bau des Polders eine weitere Wasserfläche des Ijsselmeeres als Lebensraum von Seevögeln und Fischen verloren ginge. Nach 20 Jahren Diskussion entschied die niederländische Regierung endgültig, Markerwaard nicht zu bauen. Der schon gebaute Abschlussdeich blieb erhalten und ist heute eine wichtige Straßenverbindung.

Europa – soll der Fehmarnbelt-Tunnel gebaut werden?

Der Verkehr zwischen den europäischen Ländern wächst: Immer mehr Europäer reisen, immer mehr Produkte werden ausgetauscht. Ein Tunnel durch die Ostsee kann die Transportmöglichkeiten zwischen Mittel- und Nordeuropa verbessern. Aber es gibt auch Argumente, die gegen den Bau des Fehmarnbelt-Tunnels sprechen. So wurde der Start des Projekts immer wieder verschoben. Soll der Tunnel gebaut werden – was denkst du?

1. Beschreibe das Projekt des Fehmarnbelt-Tunnels (M1 – M4).

2. Soll der Tunnel gebaut werden? Teilt dazu die Klasse in zwei Gruppen. Die Pro-Gruppe, die für den Bau des Tunnels ist und die Kontra-Gruppe, die gegen das Projekt ist. S. 136
   a) Sammelt in der jeweiligen Gruppe Gründe, die eure Position unterstützen (Pro-Gruppe M1 – M6/ Kontra-Gruppe M1 – M7).
   b) Findet ein Hauptargument für eure Position und schreibt einen kurzen Text dazu. Wählt einen Sprecher, der diesen zu Beginn der Diskussion präsentiert.
   c) Beginnt die Diskussionsrunde. Alle Schüler sind jetzt das Publikum. Die Sprecher verlesen den Text.
   d) Führt eine erste Abstimmung durch und notiert das Ergebnis an der Tafel.
   e) Setzt die Diskussion fort. Das Publikum darf jetzt weitere Gründe vortragen.
   f) Beendet die Diskussion. Jetzt stimmt noch einmal über den Bau des Tunnels ab.

M2 Lage des Tunnelprojekts im Verkehrsnetz

Schon seit über 150 Jahren verbindet die „Vogelfluglinie" Hamburg und Kopenhagen. Sie ist die kürzeste Verbindung zwischen den beiden Ballungsgebieten in Mittel- und Nordeuropa. Aber die Strecke verläuft über mehrere Inseln. Lange mussten die Züge und Autos die Ostsee mit Fährschiffen überqueren. Das war und ist umständlich und kostet viel Zeit. So wurden im Laufe der Zeit schon mehrere Brücken gebaut.
Heute gibt es nur noch die Meerenge des Fehmarnbelts, der mit großen Fähren überwunden werden muss. Das soll sich aber ändern. Der fast 18 km lange Fehmarnbelt-Tunnel soll Puttgarden auf der Insel Fehmarn und Rødby auf der Insel Lolland direkt verbinden. Für den Bau des Fehmarnbelt-Tunnels sind insgesamt rund achteinhalb Jahre Bauzeit geplant. Für die Arbeiten auf der Insel Fehmarn sind rund sechs Jahre geplant. Der Fehmarnbelt-Tunnel soll nach derzeitiger Planung 2028 eröffnen.

M3 Die „Vogelfluglinie"

Eine Zugfahrt dauert 7 Minuten
Eine Autofahrt dauert 10 Minuten
Die Geschwindigkeit der Züge beträgt 200 km/h
Die Höchstgeschwindigkeit für Autos im Tunnel beträgt 110 km/h

M1 Geplanter Tunnel in der Ostsee

4. Europa zwischen Atlantik und Ural 83

M4 Internetauftritt der Baufirma des Tunnels

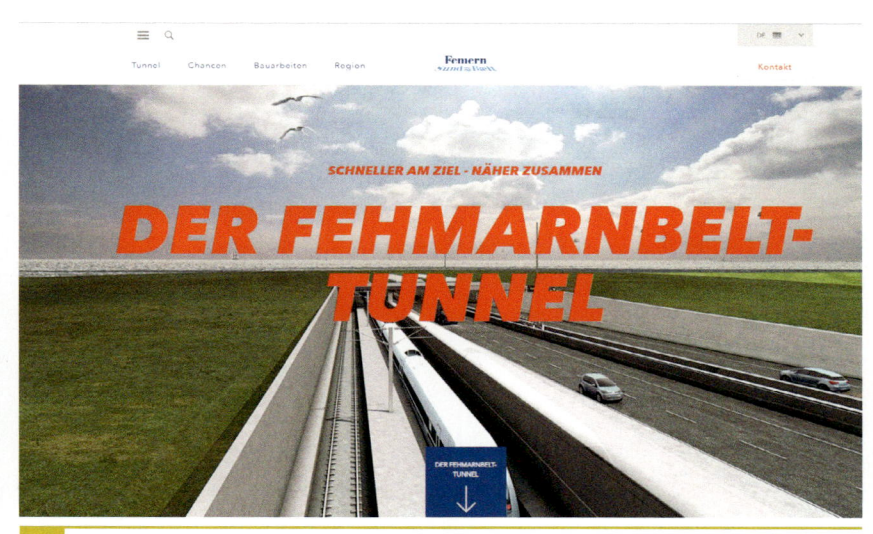

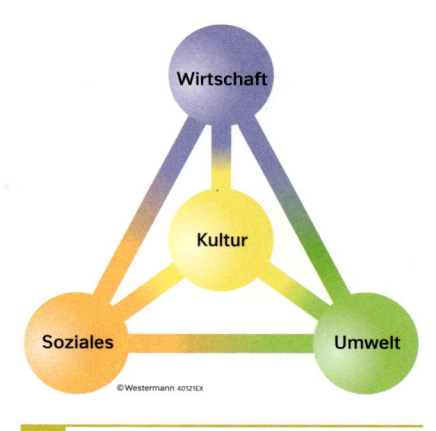

M6 Die Zusammenhänge der Nachhaltigkeit

- Mit dem Tunnel wird die Reisezeit für Autos und Eisenbahn deutlich verkürzt.

- Bei Sturm oder Eisgang muss der Fährverkehr eingestellt werden. Mit einem Tunnel kann die Verbindung auch bei schlechten Wetterbedingungen aufrechterhalten werden.

- Lange Wartezeiten an den Fähren, vor allem während der Ferienzeit, entfallen.

- Durch die schnellere und kürzere Verbindung können mehr Waren transportiert werden. Das fördert die Wirtschaft in beiden Regionen.

- Touristen können sicherer und einfacher in die Urlaubsregionen Nord- oder Mitteleuropas kommen.

- Mit dem Bau des Tunnels entstehen viele neue Arbeitsplätze. Die Erfahrungen, die dabei gesammelt werden, können bei weiteren derartigen Vorhaben eingesetzt werden.

- Die derzeit genutzte Eisenbahnstrecke verkürzt sich um 160 km. Die Linie wird elektrifiziert. So wird es leichter, Waren mit der Eisenbahn zu transportieren. Das hilft der Umwelt.

- Ein Tunnel ist umweltfreundlicher als eine Brücke.

- Die Baustelle auf Fehmarn wird hauptsächlich über den Seeweg und den extra angelegten Arbeitshafen auf dänischer Seite mit Baumaterialien beliefert.

- Der Tunnel ist Teil des europäischen Verkehrsnetzes. Europa wächst dadurch weiter zusammen.

M5 mögliche Argumente für den Bau des Fehmarnbelt-Tunnels

- Der Tunnelbau wird voraussichtlich sieben Milliarden Euro kosten. Das Geld sollte besser für die Erneuerung kaputter Straßen verwendet werden.

- Die Fähren sind im Durchschnitt nur zu 40 Prozent ausgelastet. Es gibt also genug Platz für die Fahrzeuge und Züge, die über den Fehmarnbelt fahren wollen.

- Der Meeresboden muss für den Tunnelbau aufgerissen werden. Das wirbelt Sand auf und könnte die Tier- und Pflanzenwelt in der Ostsee belasten.

- Der Fehmarnbelt ist eine stark befahrene Schifffahrtsstraße für Hochseeschiffe. Um das Risiko von Kollisionen mit Bauschiffen zu minimieren, müssen viele Verkehrsleit- und Überwachungssysteme bereitgestellt werden.

- Nach der Fertigstellung sollen Güterzüge von fast einem Kilometer Länge in raschem Takt durch die norddeutsche Urlaubsregion rattern.

- Die Menschen, die auf der Fähre und in den Häfen der Vogelfluglinie arbeiten, fürchten einen Arbeitsplatzverlust.

- Die Tunnelein- und ausfahrten benötigen viel Platz. Dafür müssen Felder und Weiden aufgegeben werden.

- Der Tunnel liegt unter dem Meeresgrund. Wie schnell kann bei einem Unfall geholfen werden?

- Während der Bauzeit sind die Bewohner und Touristen der Insel dem Lärm der Baufahrzeuge ausgesetzt.

M7 mögliche Argumente gegen den Bau des Fehmarnbelt-Tunnels

5. Im Alpenraum

Wetterstation auf der Zugspitze

85

Die Alpen – ein Überblick

Laura und Elias sitzen über Google Earth und kommen aus dem Staunen nicht raus. Das Satellitenbild der Alpen ist beeindruckend. Vieles ist anders als in den ihnen bekannten Mittelgebirgen. Welche Superlative und Besonderheiten bieten die Alpen?

1. Die Alpen sind Europas größtes Gebirge:
    a) Werte das Satellitenbild aus (M1). S. 135
    b) Beschreibe die Lage der Alpen in Europa und die Ausdehnung des Gebirges (M1, M7, Atlas).
    c) Bestimme die topographischen Objekte (M7).
    d) Beschreibe die Lage der Alpengipfel aus M4, M5 und M6 (M7, Atlas).

2. Übertrage die Höhenschichten der Karte auf ein Transparentpapier. Lege es anschließend auf das Satellitenbild. Beschreibe die Besonderheiten der höchstgelegenen Bereiche der Alpen (M1, M7).

3. Vergleiche die Reliefmerkmale des Hochgebirges mit denen der Mittelgebirge (M1, M4 – M6).

4. Welche Staaten haben Anteil an den Alpen?
    a) Ermittle den prozentualen Anteil der Alpen an der Gesamtfläche des jeweiligen Landes (M2).
    b) Bestimme den jeweils höchsten Berg der Länder (M7, Atlas).

5. Bestimme dicht besiedelte Täler der Alpen und benenne fünf Städte mit mehr als 100 000 Einwohnern (Atlas).

6. Bestimme die Gesteine in M3. Ordne dem Karwendel ein Gestein zu. Begründe deine Entscheidung. Aus welchen Gesteinen bestehen die anderen beiden Gipfel (M4 – M7, Atlas)?

Staat	Fläche (in km^2)	Alpenanteil (in km^2)
Österreich	84 000	60 000
Italien	301 000	55 000
Frankreich	544 000	35 000
Schweiz	41 000	25 000
Deutschland	357 000	7 000
Slowenien	20 300	7 000
Liechtenstein	160	160

M2 Die Alpenländer im Überblick

Granit, Gneis und Kalkstein – das sind die Hauptgesteine der Alpen. Du hast sie bereits in Klasse 5 kennengelernt. Granit ist ein sehr hartes Tiefengestein, Gneis ein gebändertes, hartes Metamorphit und Kalkstein ein eher weicheres Sedimentgestein mit vielen Fossilien. In den nördlichen und südlichen Alpen findet man vorwiegend Kalksteine – weswegen sie auch Kalkalpen genannt werden. Granit und Gneis sind vorwiegend in den Zentralalpen und im westlichen Teil der Alpen zu finden.

M3 Die Gesteine der Alpen

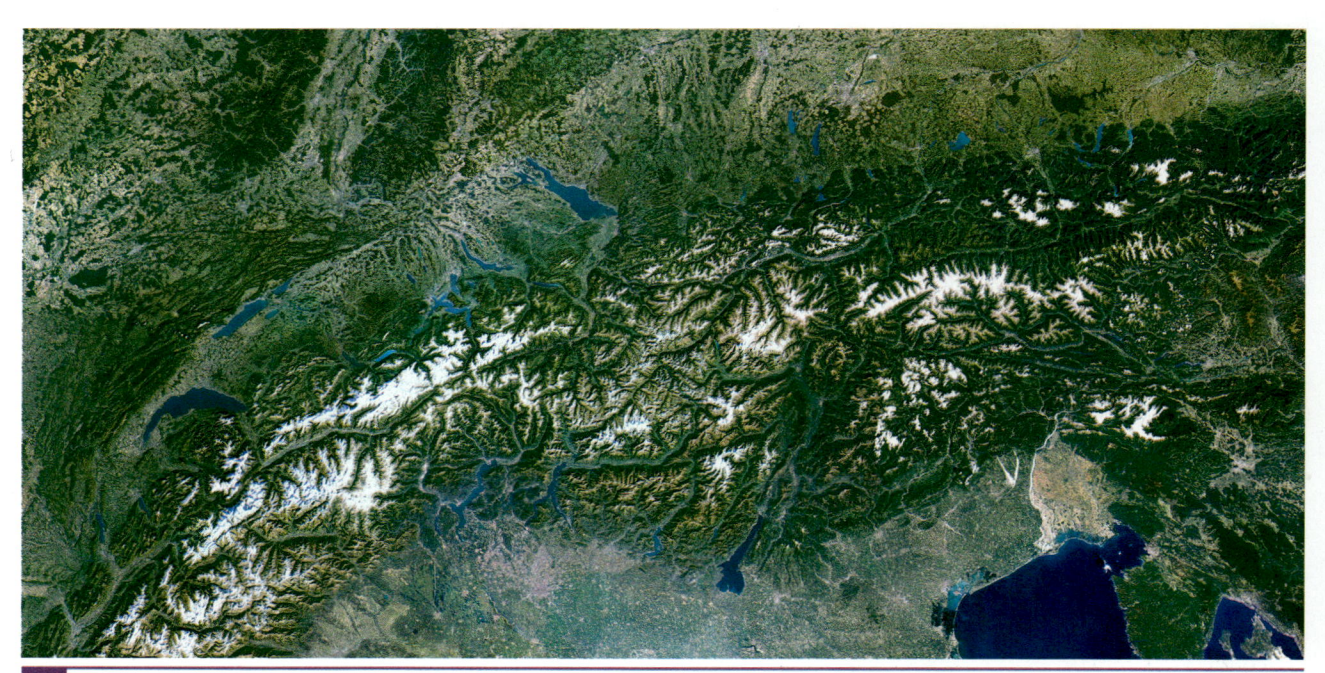

M1 Die Alpen im Satellitenbild

5. Im Alpenraum 87

M4 Mont Blanc (Frankreich)

M5 Karwendel (Bayern)

M6 Matterhorn (Schweiz)

PROBIER'S AUS!

Topographie-Quiz
Erstelle aus den topographischen Objekte in M7 ein Quiz. Es dürfen nur drei Informationen gegeben werden.

Beispiel Bodensee
Das gesuchte Objekt befindet sich im Grenzgebiet von Deutschland, Österreich und der Schweiz. Er liegt südlich der Donau und ist einer der größten Seen Deutschlands.

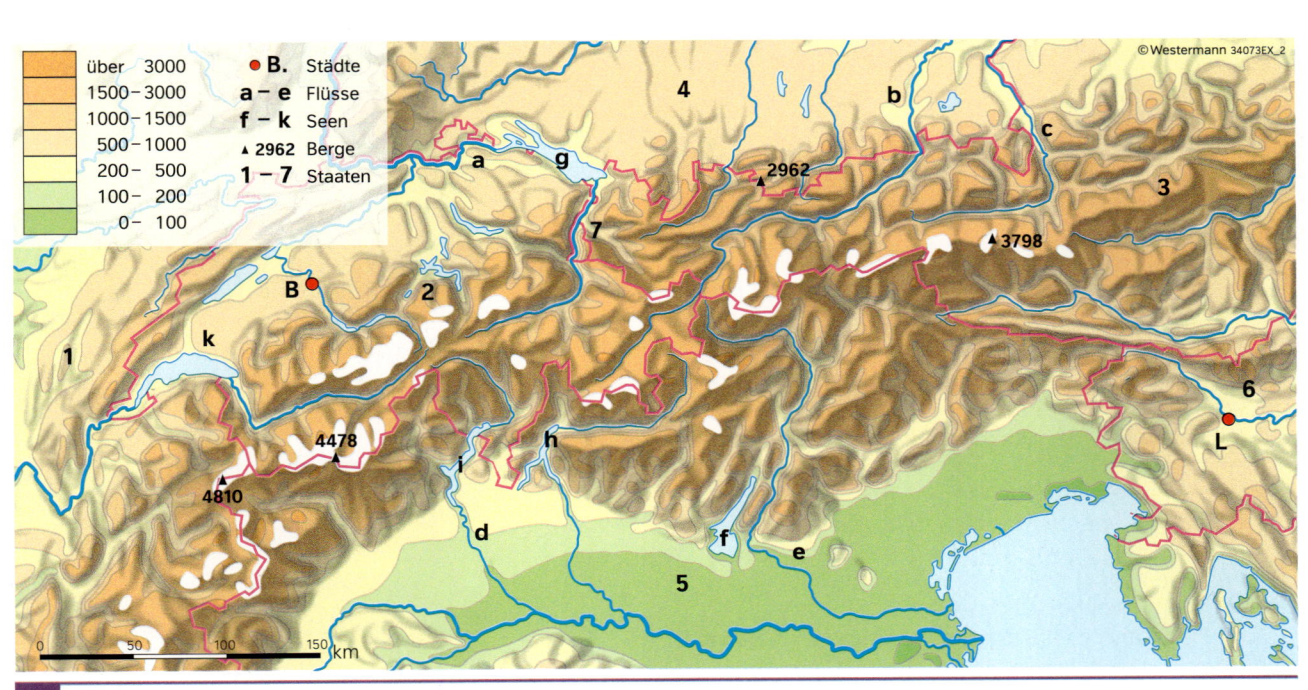

M7 Die Alpen (physisch)

Höhenstufen der Vegetation in den Alpen

Laura ist mit ihrer Familie auf einer Gipfeltour unterwegs. Es ist ein schöner warmer Tag und sie gehen im T-Shirt los. Nur der Rucksack voller Klamotten nervt. Doch je höher sie kommen, desto kälter wird ihnen. Mit ihrer Freundin Sophie chattet Laura während der Tour. Was hat sie wohl alles zu berichten?

1. Hoppla – im Chat ist einiges durcheinandergeraten:
   a) Ordne die Fotos den richtigen Stellen im Chat zu (M1).
   b) Erkläre, was die Familie bei der Tourplanung alles beachten muss.
2. Beschreibe die Veränderungen der Temperatur, des Reliefs und der Vegetation, die Laura auf der Tour beobachten kann (M1, M2, Info).
3. Erkläre, warum es Höhenstufen der Vegetation in den Alpen gibt (Info).
4. Beschreibe, wie die Vegetationsstufen von den Menschen genutzt werden können.

INFO

Höhenstufen
Durch die Änderung des Klimas mit der Höhe (besonders die Abnahme der Temperatur um etwa 1°C je 100 m Höhe) verändern sich die Vegetation und die Nutzung der Gebirge. Man unterscheidet mit zunehmender Höhe verschiedene **Höhenstufen** der Vegetation.

PROBIER'S AUS!

Höhenstufen der Vegetation zeichnen
- Lege Transparentpapier auf das Foto M2 und zeichne die Umrisse der Berglandschaft nach.
- Finde die einzelnen Bereiche der Höhenstufen der Vegetation und zeichne diese mit den dazugehörigen Grenzen ein.
- Nutze geeignete Signaturen und Farben für die entsprechenden Vegetationsmerkmale.
- Notiere die Höhen an die rechte Seite und lege eine Legende an.

Laura: Auf gehts
Sophie: Wo seid ihr?
L: In den Alpen. Und Du?
S: Ostsee.
L: Cool.
S: Was macht ihr heute?
L: Wandern – alles schon gepackt. Essen, Jacke... ganz schön schwerer Rucksack. Na mal sehen...

①
S: Na Du schreibst ja gar nichts mehr?
L: Ja ... war anstrengend. Aber jetzt sind wir am Gipfelkreuz – 2 403 m! Viel Schutt und keine Pflanzen. Ganz schön kalt hier oben. Ringsherum noch höhere Berge – wow: da liegt noch Schnee!!!
S: nice

②
S: Hey – wir waren grad am Strand unterwegs. Wie geht's euch?
L: Endlich Rast – sind an einer Almhütte auf 2 000 m Höhe. Kein Wald mehr – nur noch niedrige „Krüppelbäume". **Baumgrenze** also erreicht. „Alpine Matten" nennt Papa die Wiesen und Moose.
S: Und sonst?
L: 9 °C – Jackenalarm!!!

③
S: Wie ist das Wetter?
L: Super. Total warm. Keine Ahnung, warum wir so viele Klamotten mitnehmen...
S: Und – wie ist es?
L: Waldwege – erst nur Laub- und Mischwald. Jetzt nur Nadelwald – wie langweilig. Die Hänge sind aber schon ganz schön steil. Die Wälder heißen **Bannwälder** – sagt Mama.
S: ??? und was bedeutet das?
L: Na, die schützen die Orte in den Tälern vor **Lawinen**.

M1 Chat von Laura und Sophie

5. Im Alpenraum

M2 Die Höhenstufen in den Alpen

- 3000 m — −1 °C
- Schnee, Gletscher
- 2500 m — Schneegrenze — +4 °C
- Almwiesen, Matten, Fels, Schutt
- 2000 m — Baumgrenze — +9 °C
- Nadelwald
- 1500 m — Voralm — +14 °C
- Laub- und Mischwald
- 1000 m — Ackerbaugrenze — +19 °C
- 800 m — +21 °C
- 500 m — +24 °C

Gletscher in den Alpen

Auf einer weiteren Tour ist Laura mit ihrer Familie an einem Gletscher unterwegs. Aber was ist denn hier los – so viele Menschen? Wurde hier etwas gefunden? Ein Schatz? Nein – „nur" ein alter Rucksack kam am Gletschertor zum Vorschein. Trotzdem soll er untersucht werden, denn er enthält Gegenstände und ein sehr altes Tagebuch. Wie kommt der Rucksack da hin? Wieso hat der Gletscher diesen Rucksack wieder „freigegeben"?

1. Im Kapitel 3 hast du die Entstehung und den Aufbau von Inlandgletschern kennengelernt:
   a) Vergleiche den Aufbau eines Gebirgsgletschers mit dem von Gletschern des Inlandeises (M5, M6). S. 047
   b) Ordne die Fachbegriffe (a–i) in M6 den Zahlen in M5 und M6 zu.

2. Der alte Rucksack wurde am Gletschertor gefunden:
   a) Erkläre die Bezeichnung Gletschertor (M3, M4).
   b) Schreibe einen Zeitungsartikel über den spektakulären Fund und den möglichen Weg des Rucksackes im Gletscher (M2–M6).
   c) Stelle Vermutungen an, warum die Dinge im Rucksack so gut erhalten geblieben sind.

3. Erkläre, warum Wanderungen auf einem Gletscher gefährlich sein können (M2, M3).

4. Beschreibe die Entstehung und den Aufbau eines Trogtales (M1, M3, M5).

5. Erkläre die Unterschiede zwischen einem Trogtal in den Alpen und einem Fjord in Skandinavien (M1). S. 043

M2 Wandergruppe in den Alpen, 1962

Bei Tagesanbruch waren wir mit unserem Bergführer aufgebrochen. Unser Tagesziel war die Besteigung eines Gipfels in fast 4000 m Höhe. Von unserer Hütte aus mussten wir über 600 Höhenmeter überwinden. Vor uns lag der Gletscher — mit seinen Spalten ein gefährliches Hindernis. Zunächst wateten wir durch den eisigen Gletscherbach. Das Wasser sprudelte aus dem Gletschertor. Der Bergführer erzählte: „Das Gletschereis bewegt sich pro Jahr rund 50 m talwärts. Der Schnee, der oben am Gletscher zu Eis wird, kommt erst viele Jahre später am Gletschertor an. Am Gletscherrand schmilzt das Eis ab und speist Flüsse oder bildet Seen." Nach einer Rast holten wir Eispickel und Seile aus den Rucksäcken. Wir setzten Schneebrille und Helm auf, bevor wir den Gletscher betraten.

M3 Auszug aus dem gefundenen Tagebuch

M1 Vom Gletscher geformte Landschaft: das Trogtal

M4 Gletschertor

5. Im Alpenraum 91

M5 Tschierva-Gletscher (am Piz Bernina, an der Grenze zwischen Italien und der Schweiz)

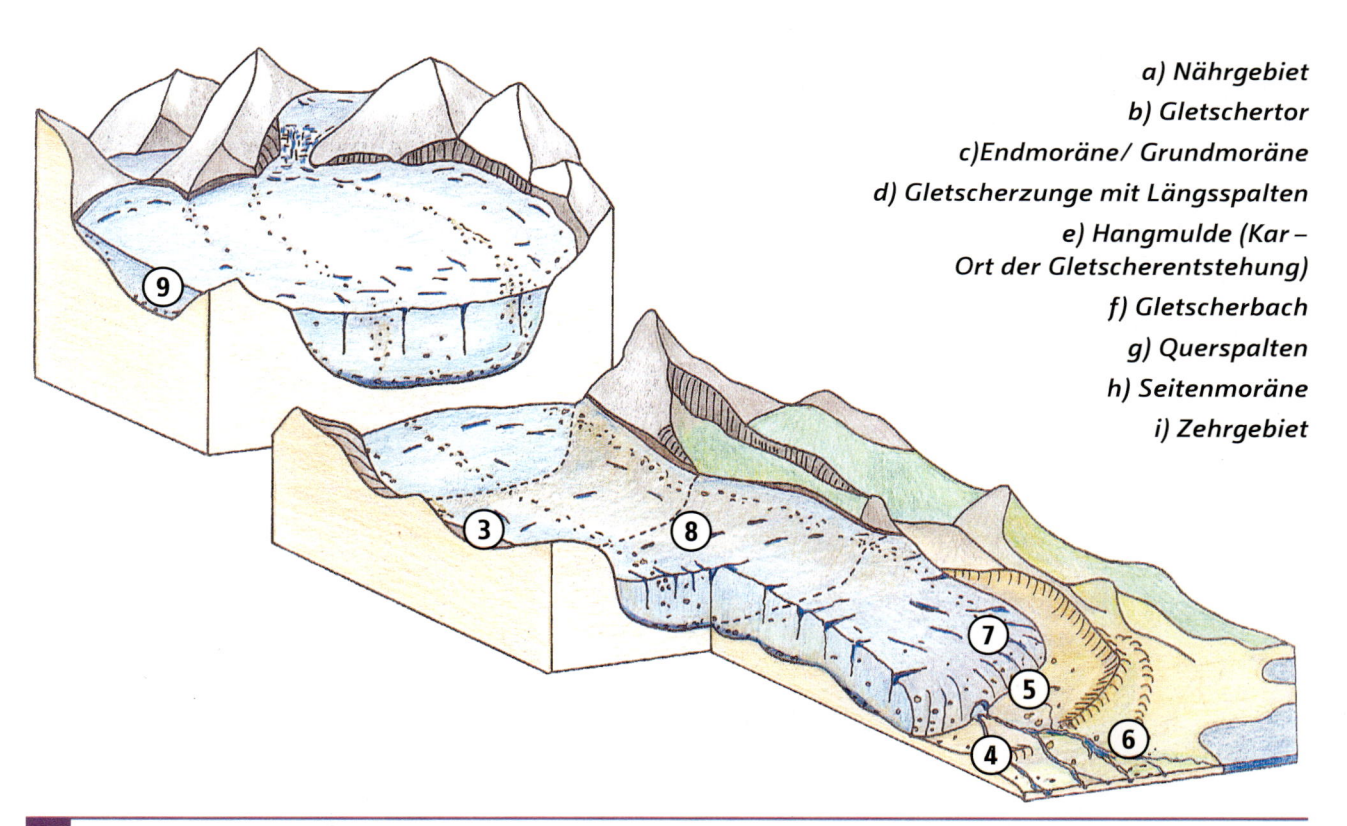

a) Nährgebiet
b) Gletschertor
c) Endmoräne/ Grundmoräne
d) Gletscherzunge mit Längsspalten
e) Hangmulde (Kar – Ort der Gletscherentstehung)
f) Gletscherbach
g) Querspalten
h) Seitenmoräne
i) Zehrgebiet

M6 Profil eines Gletschers

Gletscher in den Alpen

Schmelzende Gletscher geben manchmal sensationelle Funde wie Ötzi frei. Aber das Abschmelzen ist auch kritisch zu betrachten – es ist ein Indiz für den Klimawandel. Zwar findet man in den Alpen noch etwa 4 000 kleinere und größere Gletscher, diese schmelzen aber größtenteils weiter ab. Wie verändern sich Gletscherflächen und welche Folgen hat das Abschmelzen dieser Eismassen? Und was sollen eigentlich diese großen weißen Planen auf dem Gletscher?

1. Nenne Beispiele für die größten vergletscherten Gebiete der Alpen (Atlas). S. 086

2. Der Fund der Gletschermumie Ötzi war 1991 eine Sensation:
   a) Beschreibe die Fundstelle in den Ötztaler Alpen (Atlas, Internet).
   b) Gestalte ein Poster zur Gletschermumie Ötzi (M2, Internet). S. 140

3. Die Pasterze ist einer der größten Gletscher in Österreich:
   a) Beschreibe die Veränderung des Gletschers Pasterze (M1, M3).
   b) Erkläre mögliche Auswirkungen, die die Veränderung des Gletschers für die Natur und die dort lebenden Menschen hat (Info).

4. Auf manchen Gletschern versucht man, mit hellen Schutzplanen die Gletscherschmelze einzudämmen – auf anderen Gletschern kann man im Sommer Ski fahren:
   a) Beschreibe die Schutzmaßnahmen (M4).
   b) Bewerte das Sommerskifahren unter dem Aspekt der Nachhaltigkeit (M5, M6).

Vor etwa 5 000 Jahren war ein Mann in den Ötztaler Alpen ohne Proviant unterwegs. In eisiger Höhe ereilte ihn der Tod. Unvorstellbar lange Zeit später wird er als eine Mumie geborgen und unter dem Namen „Ötzi" weltweit bekannt. Am 19. September 1991 gab das Gletschereis wieder frei, was es Jahrtausende konserviert hatte – nicht nur den Körper des Mannes, sondern auch seine Ausrüstungsgegenstände und Teile seiner Kleidung. Diese erzählen uns vom Leben in der **Jungsteinzeit**. Ötzi war für das Leben im Hochgebirge damals perfekt ausgerüstet. Ein knielanger Fellmantel schützte ihn gegen Wind und Kälte. Bei Regen und Schnee legte er einen kunstvoll geflochtenen Grasmantel um seine Schultern. Auf diese Weise perlten die Regentropfen ab. Die Bärenfellmütze schützte vor der Kälte. Auch die Schuhe waren raffiniert konstruiert und ideal für lange Wanderungen durch unwegsames Gelände.

M2 Ötzi – der Mann aus dem Eis

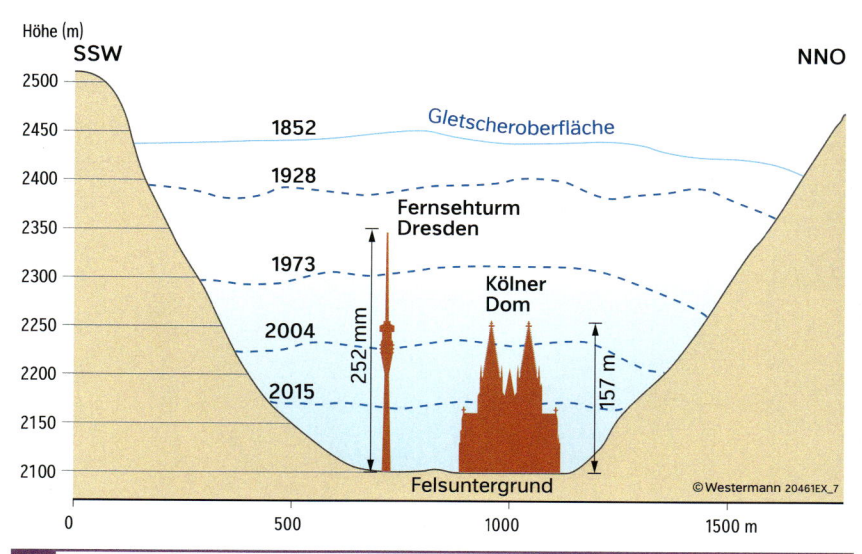

M1 Querschnitt durch die Pasterze in verschiedenen Jahren

M3 Ein Bergsteiger auf dem Weg zum Gletscher Pasterze, 2019

5. Im Alpenraum 93

M4 Schutzplanen am Gletscher

INFO
Wenn Gletscher schmelzen, leiden Natur und Mensch
- Felswände und Moränenschutt werden vom Gletschereis nicht mehr gehalten. Erdrutsche, Fels- und Bergstürze können Alpendörfer und Verkehrswege bedrohen.
- Reißende Gletscherbäche, die Eis und Geröll mitführen, gefährden Alpenseen und Rückhaltebecken.
- Gletscher sind eine wichtige Trinkwasserreserve. Es kann zu Wassermangel kommen. Wasserkraftwerke werden nicht mehr ausreichend mit Wasser versorgt.

Der Tourismus in den Alpen steht ordentlich unter Druck. Die Tourismusentwicklung geht klar dem Trend nach: größer und spektakulärer. Immer neue Anreize mussten geschaffen werden, um die Touristen auch im Sommer anlocken zu können: Aussichtsplattformen, Hängebrücken, Seilrutschen, künstliche Erlebniswelten und Funparks. Das Problem: Durch solch riesige Konstruktionen wird die natürliche alpine Landschaft beschädigt. Um diese zu bewahren, muss ein Tourismuskonzept angestrebt werden, das weniger vom Skitourismus abhängig ist. Geht die ursprüngliche Landschaft verloren, verlieren die Tourismuszentren der Alpen ihre Attraktivität.

M6 Nachhaltigkeit – ein Spagat

M5 Hintertuxer Gletscher im Sommer

Veränderungen der Alpen durch Tourismus

Die Alpen sind ganzjährig eines der attraktivsten Tourismusgebiete Europas. In Sölden steigen die Übernachtungszahlen kontinuierlich und überschreiten mittlerweile die Zahl von zwei Millionen Übernachtungen pro Jahr. Sollte diese Entwicklung so weitergehen?

1. Nenne Gründe, warum die Alpen im Sommer und im Winter ein Touristenmagnet sind (M1 – M3, M6).
2. Sölden liegt im Ötztal in Österreich. Plane die Anreise von deinem Heimatort nach Sölden. Nenne die größten Städte und Alpentäler, die du passierst (Atlas).
3. Der Ort Sölden hat sein Gesicht verändert:
   a) Beschreibe die Entwicklung der Einwohnerzahl des Ortes (M4).
   b) Beschreibe die Entwicklung der Touristenzahlen (M4, M7).
   c) Erläutere die Veränderung des Ortsbildes (M1, M6, M8).
4. Überprüfe, ob man in Sölden von Massentourismus sprechen kann (M2, M4 – M8, Info).
5. Suche Lösungsansätze, um die negativen Auswirkungen des Tourismus in Sölden minimieren zu können (M5).

M2 Saison-Opening in Sölden

M3 Sommeraktivitäten in Sölden

INFO

Tourismus in den Alpen

Im 19. Jahrhundert begann mit der bergsteigerischen Erschließung der Fremdenverkehr im Alpenraum, zunächst vorrangig im Sommer. Ab 1900 entwickelte sich der Wintertourismus, der durch den Bau von Bergbahnen und Liften schnell zunahm. Heute haben die Menschen mehr Freizeit. Viele unternehmen regelmäßige Reisen in die Berge. Hier erholen sie sich vom Alltag oder gehen einer der zahlreichen Sportmöglichkeiten nach. Wenn in Fremdenverkehrsgebieten sehr viele Touristen Urlaub machen, spricht man vom **Massentourismus**. Typisch sind Pauschalreisen, die Konzentration auf wenige Urlaubsorte und die Anpassung der Anbieter an die Gewohnheiten der Touristen.

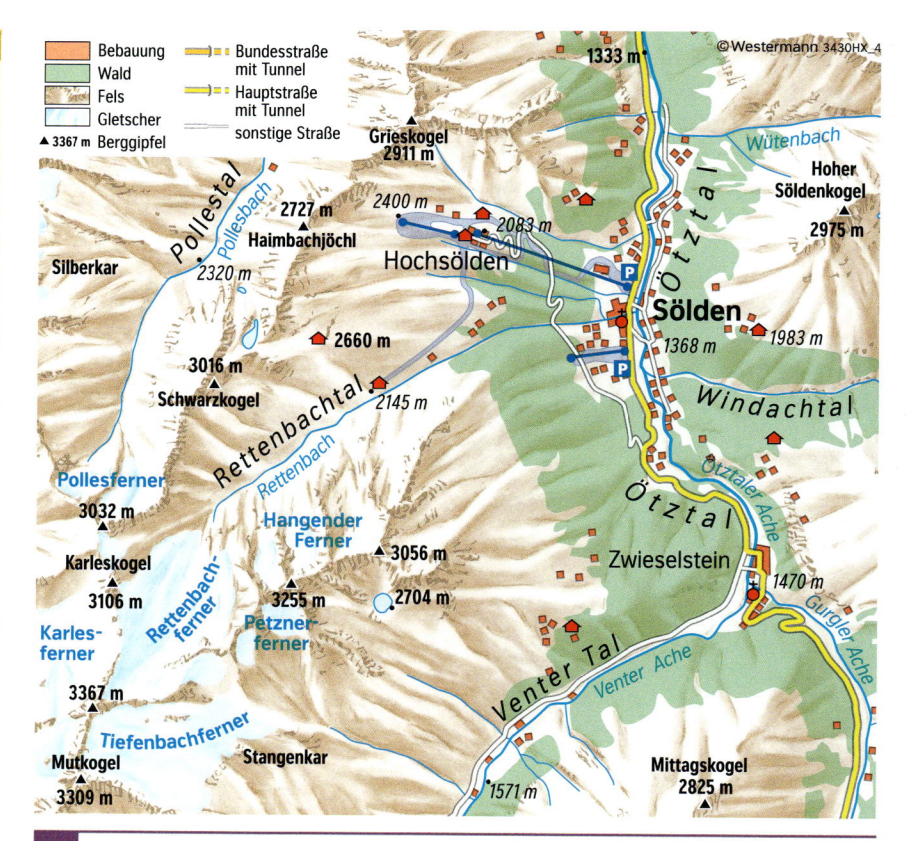

M1 Sölden in den Ötztaler Alpen, 1955

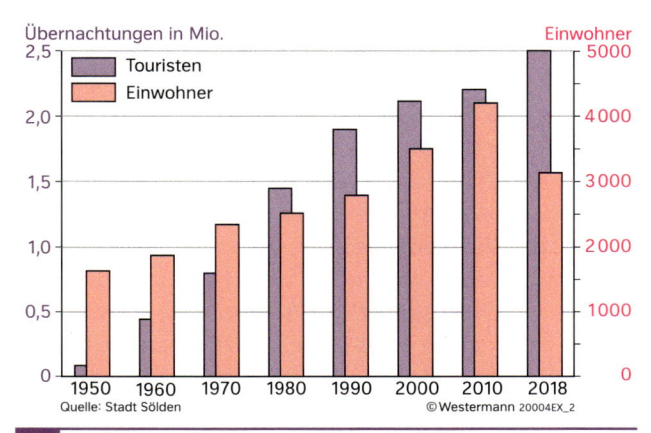

5. Im Alpenraum

M4 Entwicklung der Einwohnerzahl und der Zahl der Touristenübernachtungen in Sölden

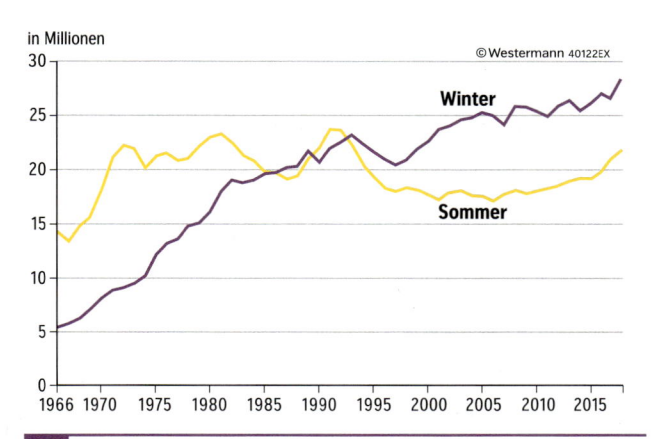

M7 Entwicklung der Übernachtungszahlen in Tirol im Sommer und im Winter

Verursacher	Folge
Straßen- und Liftbauten	zerstören Wälder an Steilhängen (Bannwälder), die Wintersportorte in den Tälern vor Lawinen schützen.
Pistenraupen	beschädigen/ zerstören die Pflanzendecke, die den Boden festhält. Schmelzwasser spült dann den Boden ab.
Tiefschneefahrer	können Lawinen auslösen.
Schneekanonen, Skipisten	lassen Pflanzen unter der gepressten Schneedecke absterben.
Mountainbiker, Motocrossfahrer	reißen mit groben Reifenprofilen die dünne Rasendecke auf.
Wanderer, die Wege verlassen	zertreten die Gras- und Krautschicht, die oberhalb 1800 m Höhe jährlich nur einen Millimeter wächst.

M5 Folgen des Tourismus und ihre Verursacher

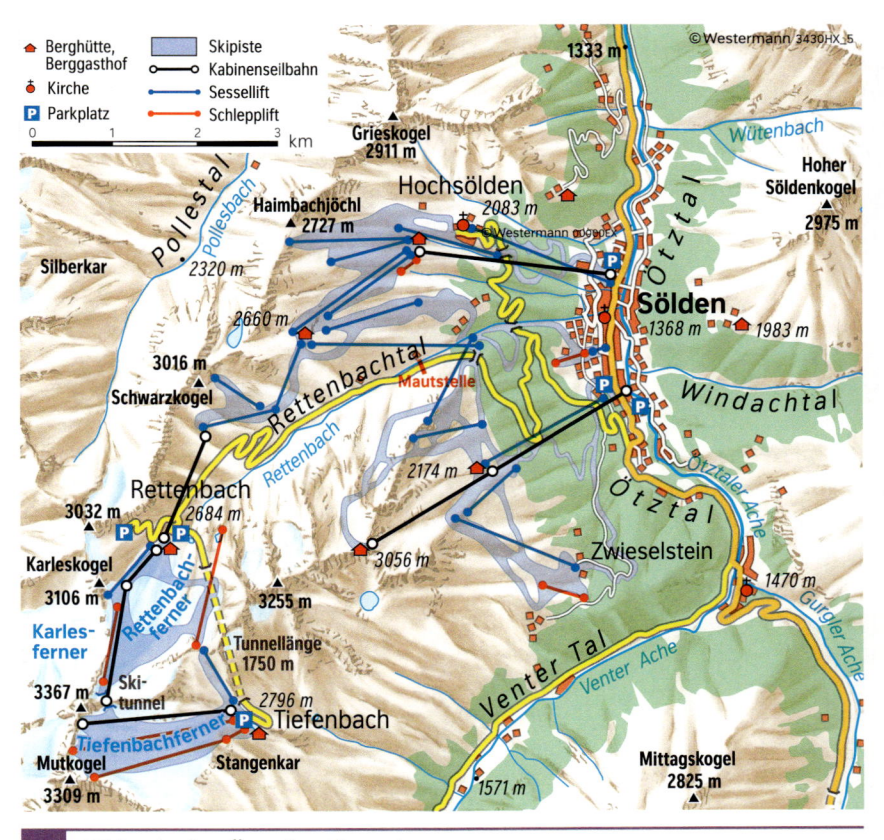

M6 Sölden in den Ötztaler Alpen, heute

M8 Sölden 1910 und heute (Der Pfeil markiert die Kirche.)

Ein möglicher Weg – sanfter Tourismus

In den vergangenen Jahrzehnten wurde zunehmend klar: Die Gästezahlen in den Alpen steigen immer schneller, aber der Tourismus hat seine Grenzen. Im Villnösstal spielt man da nicht mit und geht einen anderen Weg – den des sanften Tourismus. Ist das aber spannend für die Urlauber? Warum sollten sie dahin fahren und nicht ins benachbarte Grödnertal? Wo würdest du hinfahren?

1. Villnöss geht den Weg des sanften Tourismus:
   a) Nenne Anforderungen an den sanften Tourismus (M1 – M5, M7, Info).
   b) Vergleiche die Entwicklung im Villnösstal und im Grödnertal (M1, M2, M5).

2. Arbeitet in Gruppen:
   a) Erstellt eine Mindmap zum Thema sanfter Tourismus. S. 142
   b) Erstellt eine Mindmap zum Thema Massentourismus. S. 094 S. 142

3. In M6 sind die Auswirkungen des Massentourismus abgebildet:
   a) Stelle die Auswirkungen des sanften Tourismus auf eine Region dar.
   b) Diskutiert in der Klasse, ob der sanfte Tourismus eine Möglichkeit ist, die Naturlandschaft und den Tourismus nachhaltig in Einklang zu bringen (M5).

4. Im Villnösstal wird überlegt, trotz des nachhaltigen Tourismuskonzeptes neue Skipisten anzulegen. Dabei müsste intensiv in die Landschaft eingegriffen werden. Führt eine Pro- und Kontra-Diskussion zu dieser Problematik durch (M1 – M6). S. 136

INFO

Sanfter Tourismus
Der **sanfte Tourismus** ist eine Form des Fremdenverkehrs, der die Umwelt weniger belastet und auf das Leben und die Kultur der Einheimischen bewusst Rücksicht nimmt. Es werden ausschließlich die bereits bestehende Infrastruktur und die regionalen Einrichtungen der Einheimischen genutzt. Maßnahmen des sanften Tourismus sind zum Beispiel Sperrungen für den Autoverkehr, Bauverbote für Hochhäuser und Begrenzung der Skipisten.

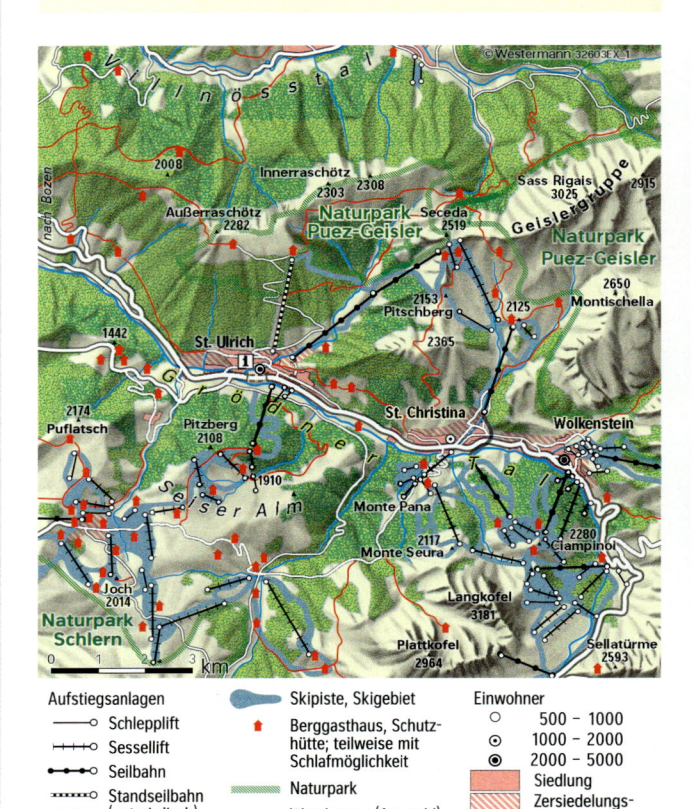

M2 Villnösstal und Grödnertal

Der Boom im Grödnertal setzte mit der Ski-WM 1970 ein. Ab da stiegen die Übernachtungszahlen stetig. Heute sind es knapp drei Millionen Gäste pro Jahr. Das ist mehr als das Sechsfache der Urlauberzahlen im Villnösstal. Probleme bestehen vor allem in den Umweltbelastungen und der Überprägung der einst bäuerlichen Kulturlandschaft hin zu einer touristischen Erholungslandschaft. Die Orte des Grödnertals werden immer weiter ausgebaut und die Infrastruktur wird verdichtet. Auch die Verkehrsbelastung steigt. Die Gemeinden haben des Weiteren mit einem enormen Müllaufkommen und erhöhter Lärmbelastung zu kämpfen. Die Erhaltung der Wasserqualität ist sehr kostenintensiv.

M1 Entwicklung im Grödnertal

Alpine pearls – Natürlich sanfter Urlaub

Um Teil des Netzwerks Alpine pearls zu sein, müssen Ferienorte bestimmte Kriterien erfüllen. Dazu gehören z.B:
1. Möglichkeit einer umweltfreundlichen An- und Abreise
2. Ausrichtung auf erneuerbare Energien
3. Nähe zu einem Naturpark
4. Verpflichtung, vor allem regionale Produkte zu verwenden
5. Erhalt der regionalen, kulinarischen und kulturellen Besonderheiten einer Urlaubsregion

M3 Villnöss als Mitglied der Alpine pearls

5. Im Alpenraum 97

M4 Villnösstal (Südtirol, Italien)

In Südtirol (Italien) liegt die Gemeinde Villnöss mit etwa 2 600 Einwohnern im gleichnamigen Tal. Sie wird aus sechs kleinen Orten gebildet, von denen St. Peter die größte Siedlung ist. Der Talboden und seine Hänge werden landwirtschaftlich genutzt. Auch der Tourismus ist eine wichtige Einnahmequelle. Es gibt Hotels, Pensionen und die Möglichkeit, auf dem Bauernhof Ferien zu machen. Am Ende des Tals befindet sich der Naturpark Puez-Geisler, der Teil des UNESCO-Weltnaturerbes Dolomiten ist.

Die Gemeinde Villnöss gehört zum Netzwerk Alpine pearls, einem Zusammenschluss von über 20 Urlaubsorten in den Alpen. Dieser Weg zum sanften Tourismus hat sich gelohnt, denn bislang wurde die Landschaft im Villnösstal für die Touristen nur wenig verändert. Die einzigartige Schönheit des Tals wurde erhalten.

M5 Steckbrief: Das Villnösstal – ein Beispiel für den sanften Tourismus

M7 Hinweisschild im Villnösstal

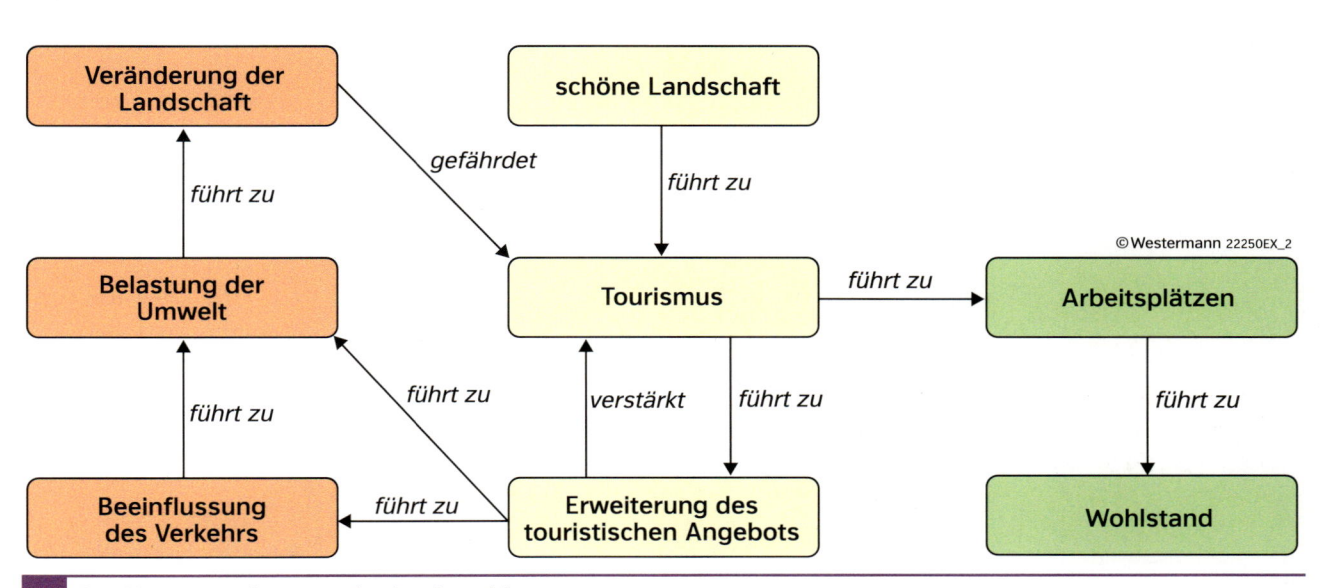

M6 Der Massentourismus und seine Auswirkungen

Verkehr in den Alpen

Beginnt die Ferienzeit, häufen sich auch wieder die Staus im Alpenraum. Etwa 40 Millionen Menschen verbringen ihren Sommer- oder Winterurlaub in den Alpen. Dabei sind die ganzen Wochenendbesucher noch nicht mal mit eingerechnet. Doch die Alpen sind auch Transitstrecke für Fahrten und Transporte von Nord- bzw. Mitteleuropa in den Süden. Durch die Alpen führen Straßen und Eisenbahnstrecken, die in ihrer Gesamtlänge fast zehnmal um die Erde reichen würden. Wie entwickelte sich der Transitverkehr und welche Folgen hat er für die Region?

1. Beschreibe, mit welchen Problemen die Menschen bei einer Alpenüberquerung früher und heute zu kämpfen haben (M1, M2, M3, M6).
2. Interpretiere die Karikatur (M3). S. 137
3. Ein Pkw fährt auf dem kürzesten Weg von Mailand nach Zürich. Durch welche Tunnel bzw. über welche Pässe wird er fahren (M1, M4, Atlas)?
4. Werte die Entwicklung des Personen- und Güterverkehrs am Brenner aus (M5, M6).
5. Vom Saumweg zum Basistunnel. Erläutert die Entwicklung des Transitverkehrs über die Alpen (M6).
6. Der Verkehr über die Alpen verursacht zunehmend Probleme:
   a) Erläutere Probleme für Mensch und Umwelt (Info).
   b) Beurteile, ob eine verstärkte Verlagerung des Gütertransports auf die Schiene eine Lösungsmöglichkeit wäre.

M2 Vor 2000 Jahren – ein echtes Wagnis

M3 Die Alpen – ein Hindernis

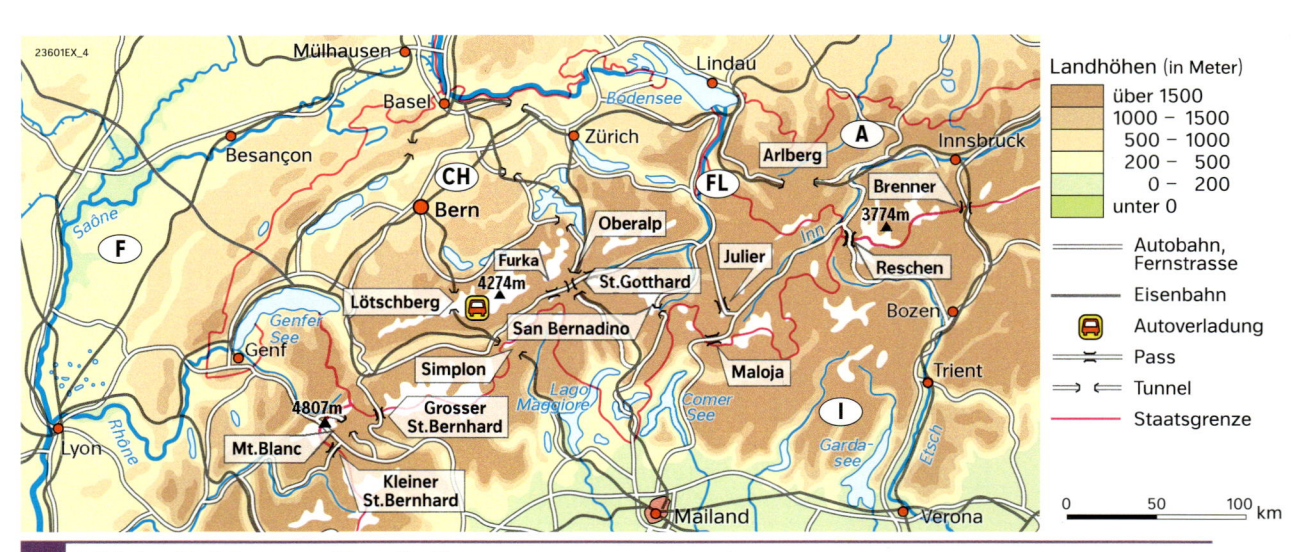

M1 Wichtige Verkehrswege über die Alpen

5. Im Alpenraum

Ausgewählte Alpenübergänge	Passhöhe	Tunnellänge	Tunnellänge
Pass oder Tunnel		Straßentunnel	Eisenbahntunnel
Mont Blanc-Tunnel	–	11,6 km	–
Großer St. Bernhard	2469 m	5,8 km	–
St. Gotthard	2108 m	16,3 km	15,0 km
Arlbergtunnel	1793 m	14,0 km	10,2 km
Reschen	1506 m	–	–
Brenner	1374 m	–	–
Felbertauerntunnel	–	5,2 km	–
Tauerntunnel	–	–	8,6 km
Radstätter Tauerntunnel	1738 m	6,4 km	–

M4 Ausgewählte Alpenübergänge in Zahlen

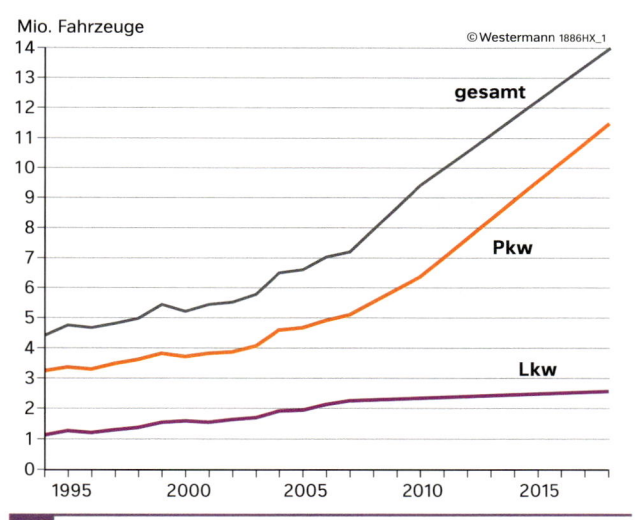

M5 Verkehr auf der Brennerautobahn

INFO

Verkehrsaufkommen in den Alpen

Die Alpen sind von einer sehr hohen Belastung durch **Transitverkehr** und Freizeitpendler betroffen. Das Relief des Gebirges verstärkt die Luftverschmutzung und die Lärmbelastung – zusätzlich sind seltene Pflanzen und Tiere bedroht. Besonders schwierig ist die Situation in den Tälern, durch die sich der Verkehr zieht. In den engen Tälern kann die Luft nur schwer erneuert werden, Schadstoffe bleiben im Tal und belasten Mensch und Natur. Durch das hohe Verkehrsaufkommen entstehen in den Tälern, an den **Pässen** und Tunneln oft kilometerlange Staus. Eine Verlagerung auf die Schiene könnte Entlastung bringen.

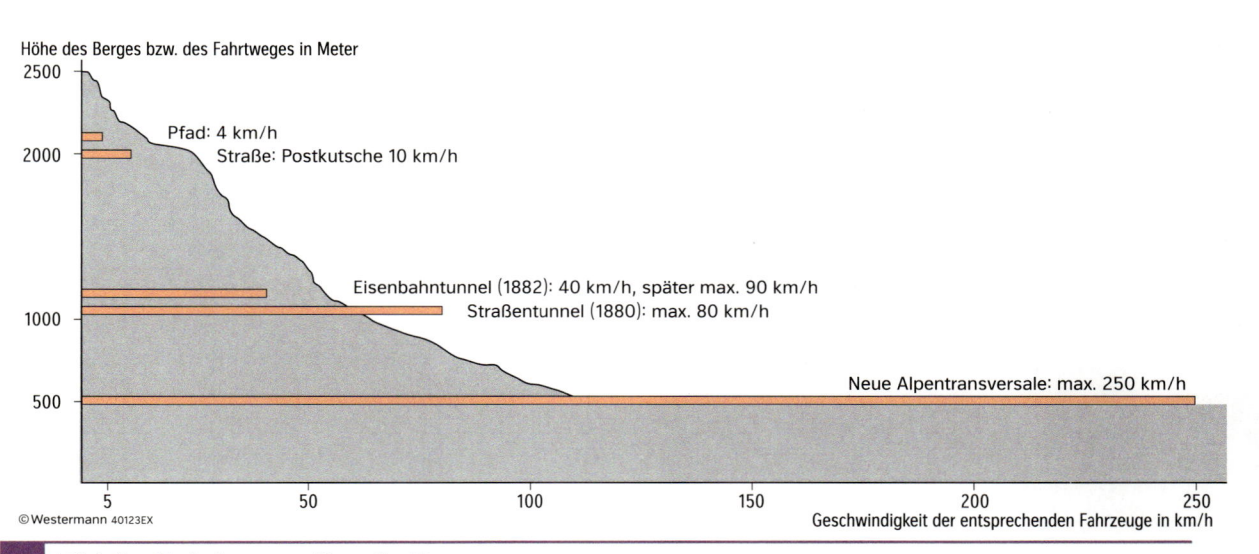

M6 Wichtige Verkehrswege über die Alpen

Der Sankt-Gotthard-Basistunnel

Schon im Mittelalter gehörte der Sankt Gotthard zu den wichtigsten Alpenpässen. Um den Verkehr bewältigen zu können, wurden die Wege beständig ausgebaut – 1882 der Eisenbahntunnel und 1980 der Autotunnel. 2017 wurde der Basistunnel fertiggestellt, um die Scheiteltunnel und den Pass zu entlasten. Ist dies nun die beste Lösung? Wie viele Tunnel vertragen die Alpen noch?

1. Beschreibe die Lage des Sankt-Gotthard-Basistunnels (Pilotkarte, Atlas).

2. Der Sankt Gotthard ist schwer zu überwinden:
   a) Erkläre die Probleme, die es früher am Sankt-Gotthard-Pass und dem Autotunnel gab (M1 – M3).
   b) Nenne Gründe für die Notwendigkeit des Basistunnels (M1 – M4, Info).
   c) Erkläre, warum der Basistunnel eine technische Meisterleistung ist (M4, M5, M7, M8).

3. Der Sankt-Gotthard-Basistunnel soll die Lösung aller Probleme sein:
   a) Diskutiert in der Klasse, inwiefern durch ein solches Projekt die Umwelt weniger beansprucht wird.
   b) Diskutiert mögliche Probleme, die zukünftig entstehen könnten (M6).

M2 Eisenbahntunnel durch den Sankt Gotthard, 1882

M3 Überquerung des Sankt-Gotthard-Passes, 1962

M1 Stauaufkommen am Sankt Gotthard

INFO
Der Sankt-Gotthard-Basistunnel
Bisher fuhren jährlich etwa sieben Millionen Pkw und über 1,5 Millionen Lkw durch den Gotthard-Autobahn-Tunnel. Die Leidtragenden waren vor allem die Bewohner des Bergkantons Uri, durch deren Tal täglich bis zu 160 000 Fahrzeuge rollten. Im neuen, elf bis zwölf Milliarden Euro teuren Sankt-Gotthard-Basistunnel kommt der Verkehr auf die Schiene. Im 5-Minuten-Takt flitzen Personenzüge durch den längsten Eisenbahntunnel der Welt und die Reisezeit von Zürich nach Mailand wird um eine Stunde verkürzt. Nun benötigt ein Lkw von Basel/Schweiz bis Como/Italien nur noch vier statt sieben Stunden. Europas Hochgeschwindigkeitszüge wie der ICE oder der TGV konnten die Alpen bisher nicht durchqueren, da die Steigungen zu groß und die Kurven zu eng waren. Mit dem neuen Tunnel ändert sich das.

5. Im Alpenraum 101

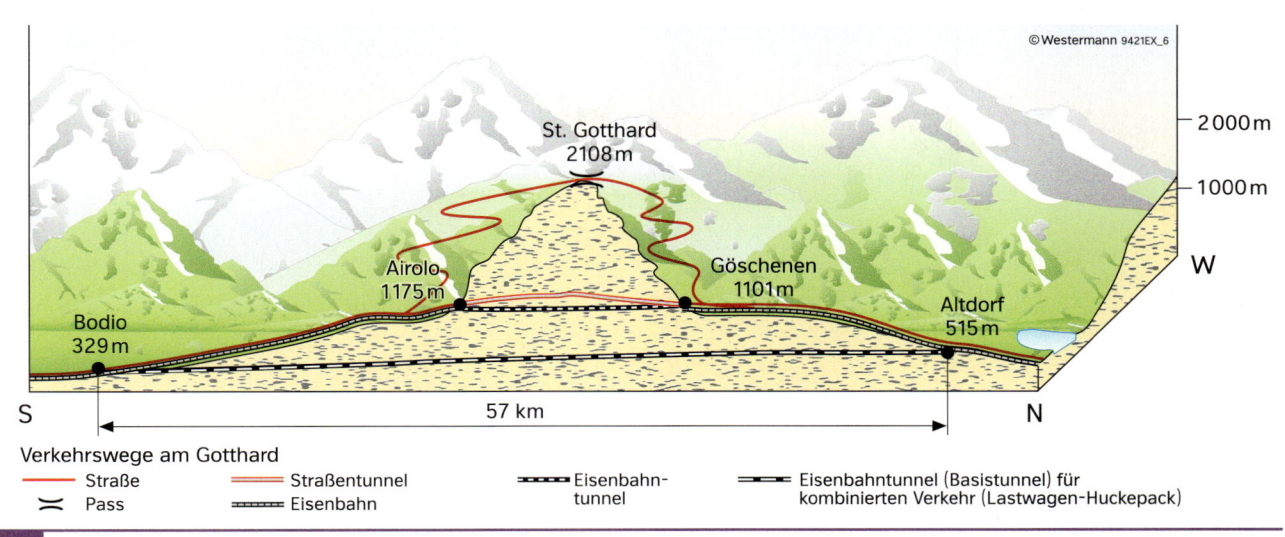

M4 Verkehrswege am Gotthard-Massiv

M5 Durchbruch durch das Gotthard-Massiv

„Heidi": Länge: 441 m, 4 750 PS-Motoren, vollautomatisches Bohren, Sichern der Röhre und Abtransportieren des Gesteins, Vortrieb pro Tag: bis zu 20 m, Bohrkopf: 9 m Durchmesser

M7 „Heidi" – eine der weltgrößten Tunnelbohrmaschinen

Nicht alle sind von den Tunnelprojekten (Basistunnel und neuer Autotunnel ab 2020) am Sankt Gotthard begeistert. Die Tunnelgegner registrieren immer wieder Probleme mit dem „rollenden Material" – defekte, fehlende oder überfüllte Züge. Letzteres könnte bei einem Unglück und einer folgenden Evakuierung des Tunnels zu erheblichen Sicherheitsproblemen führen.

Auch im Tessin (Südschweiz) steht man dem Tunnelbau mit Zweifeln gegenüber. Grund ist die Sorge, dass kleinere Orte durch den Tunnelbau nicht mehr an das Bahnnetz angebunden werden könnten. Auch der geplante zweite Autotunnel stößt zum Teil auf wenig Gegenliebe. Die Autoverkehrsbelastung im Tessin würde erheblich ansteigen. Es wird auch beklagt, dass andere Regionen der Schweiz die Gelder für Verkehrsprojekte viel nötiger hätten.

M6 Tunnelgegner schlagen Alarm

Platz	Tunnel (Land)	Länge
1	Sankt-Gotthard-Basistunnel (Schweiz)	57,1 km
2	Brenner-Basistunnel (Österreich)	55,4 km
3	Seikan-Tunnel (Japan)	53,9 km
4	Eurotunnel (Frankreich und England)	50,5 km
5	Lötschberg-Tunnel (Schweiz)	34,6 km
6	Koralm-Tunnel (Österreich)	32,8 km
7	New-Guanjiao-Tunnel (China)	32,6 km
8	Guadarrama-Tunnel (Spanien)	28,4 km
9	West-Quinling-Tunnel (China)	28,2 km
10	Taihang-Tunnel (China)	27,9 km
...		
44	Landrückentunnel (Deutschland)	10,8 km

M8 Die längsten Eisenbahntunnel der Welt

6. Im Süden Europas

Blick auf den Ätna, Sizilien

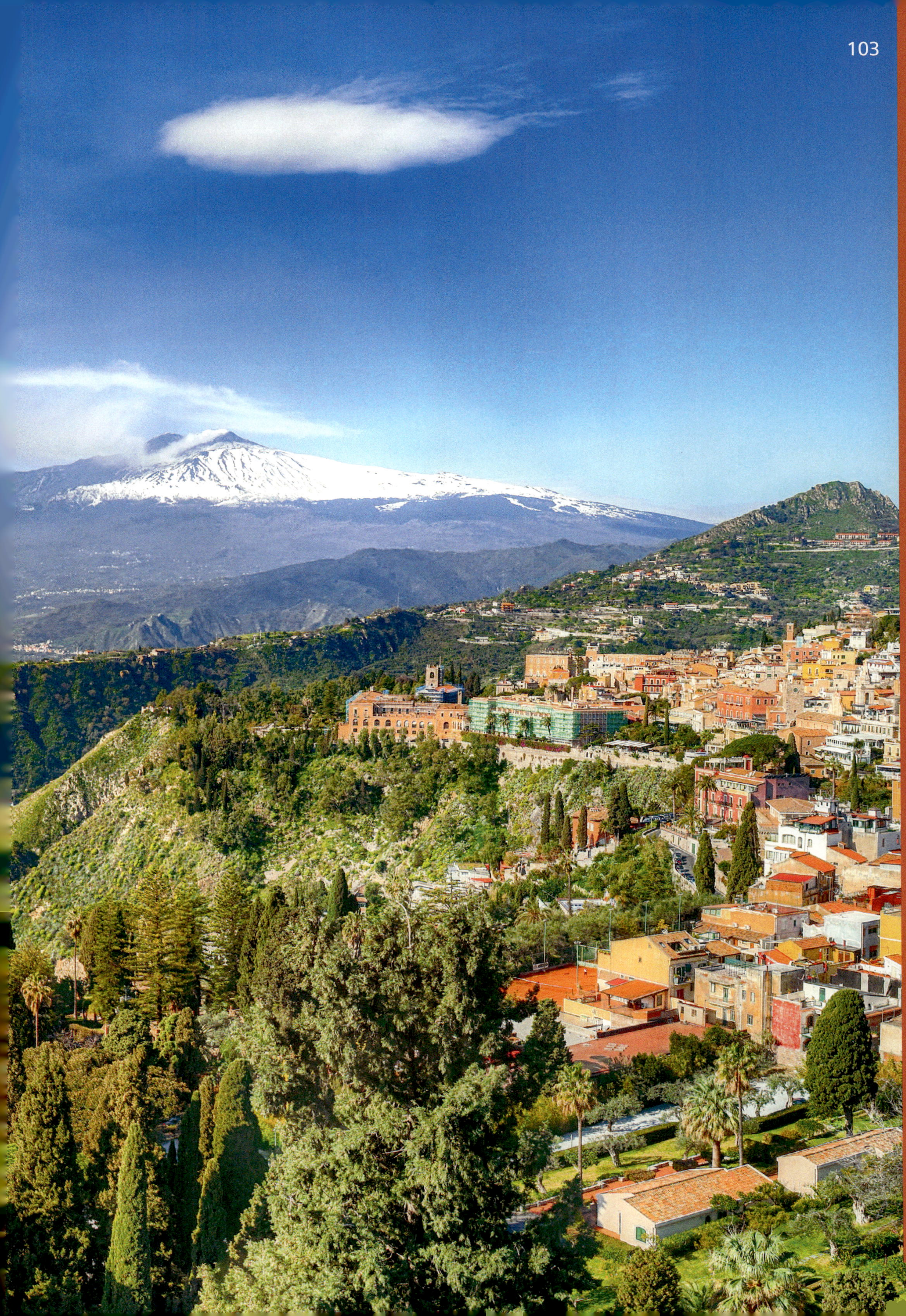

Der Süden Europas im Überblick

Kaum eine andere Region Europas ist bei Touristen so beliebt wie der Mittelmeerraum. Das zeigte auch eine Umfrage in der Klasse 6a zu ihren Reisezielen der vergangenen Jahre. Viele Kinder waren schon einmal im Urlaub in Südeuropa. Dazu gestalteten sie auch eine Pinnwand in ihrem Klassenraum.
Aber warum zieht es so viele Menschen in den Süden Europas?

1. Orientierung in Südeuropa:
   a) Nenne
   • nach den Touristenzahlen geordnet die Länder Südeuropas sowie deren Hauptstädte,
   • die Zwergstaaten Südeuropas (M1, Atlas).
   b) Bestimme die in M1 markierten Gebirge und Flüsse (Atlas).
   c) Ordne die Inseln und Halbinseln den Ländern zu (M1, Atlas).

2. Finde Gründe für die große Beliebtheit des Mittelmeerraumes bei Touristen (M2, M3).

3. Reiseziele der Kinder der Klasse 6a:
   a) Lokalisiere die auf der Anzeigetafel ausgewiesenen Reiseziele im Süden Europas (M2, Atlas).
   b) Verorte die Reiseziele der Kinder in einer Karte (M1, M4, Atlas).
   c) Beschreibe Besonderheiten der einzelnen Urlaubsorte (M4).
   d) Fertige einen Pinnwand-Beitrag zu deinem oder einem möglichen Reiseziel in Südeuropa an (M2, M4, Internet, Reiseprospekte).

```
020  NICE              BOARDING
021  GRAN CANARIA      BOARDING
022  PALMA DE MALLORCA BOARDING
023  TENERIFE          BOARDING
024  LISBOA            BOARDING
025  FARO              BOARDING
026  ROME              BOARDING
027  PISA              BOARDING
028  DUBROVNIK         BOARDING
029  VENICE            BOARDING
030  BARCELONA         BOARDING
031  IBIZA             BOARDING
032  PARIS             BOARDING
```

M2 Mit dem Flugzeug nach Südeuropa

Rund 200 Millionen Touristen machten 2018 Urlaub in Südeuropa. Die Gründe sind sehr vielfältig. Das subtropische Klima mit seinen sehr warmen und trockenen Sommern bietet beste Voraussetzungen für einen Badeurlaub an den vielen Stränden des Mittelmeeres. Auf Ausflügen können die Urlauber reizvolle Landschaften erkunden sowie zahlreiche antike Stätten der Griechen und Römer besichtigen. Der Süden Europas gilt als Wiege der europäischen Kultur. Bereits in der Antike entstanden prachtvolle und bedeutende Bauwerke, wie zum Beispiel die Akropolis in Athen oder das Kolosseum in Rom. Die Olympischen Spiele erhielten ihren Namen nach dem Ort Olympia, wo man bereits im antiken Griechenland Wettkämpfe ausgetragen hat. Viele Ausgrabungsstätten zeugen von der antiken Kunst und Kultur sowie dem damaligen Leben der Menschen.

M3 Ab in den Süden

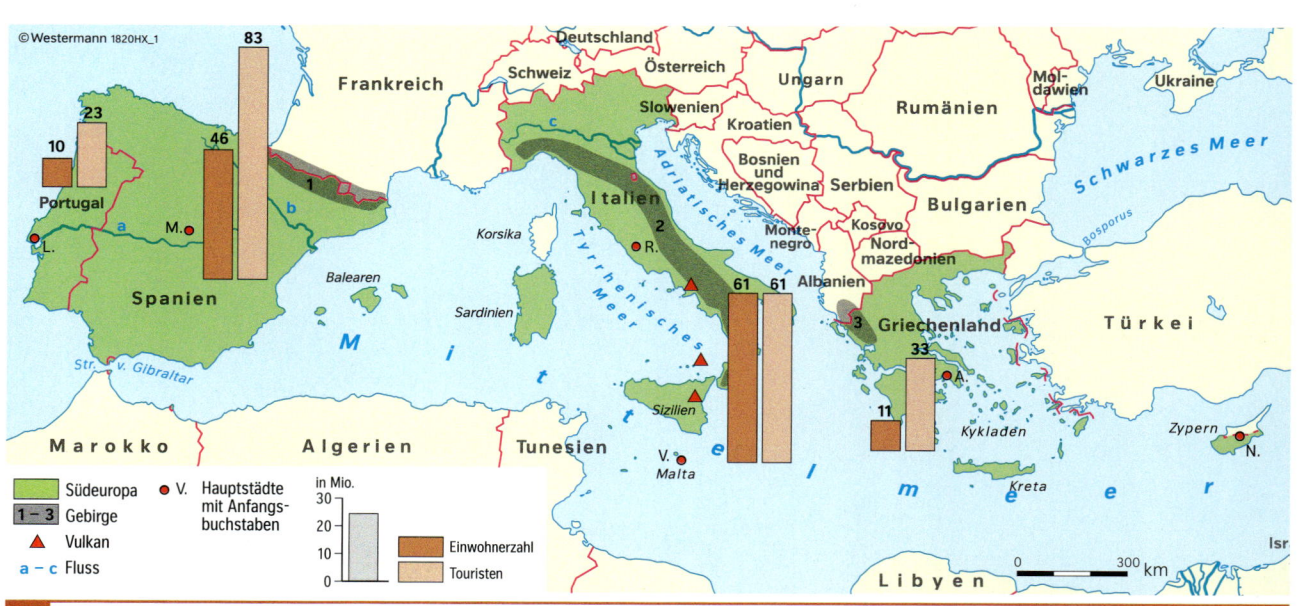

M1 Südeuropa im Überblick

6. Im Süden Europas 105

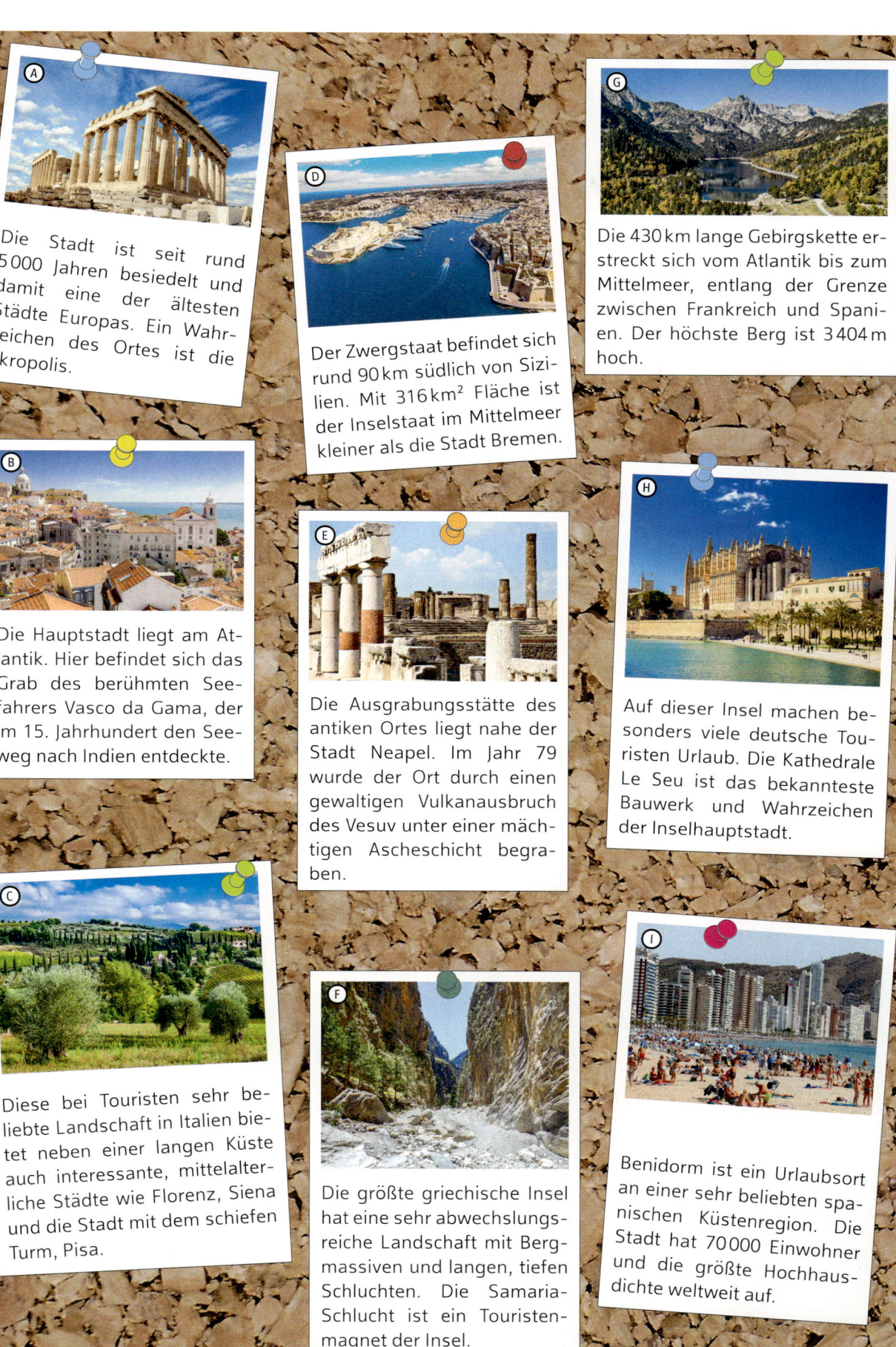

A Die Stadt ist seit rund 5000 Jahren besiedelt und damit eine der ältesten Städte Europas. Ein Wahrzeichen des Ortes ist die Akropolis.

D Der Zwergstaat befindet sich rund 90 km südlich von Sizilien. Mit 316 km² Fläche ist der Inselstaat im Mittelmeer kleiner als die Stadt Bremen.

G Die 430 km lange Gebirgskette erstreckt sich vom Atlantik bis zum Mittelmeer, entlang der Grenze zwischen Frankreich und Spanien. Der höchste Berg ist 3404 m hoch.

B Die Hauptstadt liegt am Atlantik. Hier befindet sich das Grab des berühmten Seefahrers Vasco da Gama, der im 15. Jahrhundert den Seeweg nach Indien entdeckte.

E Die Ausgrabungsstätte des antiken Ortes liegt nahe der Stadt Neapel. Im Jahr 79 wurde der Ort durch einen gewaltigen Vulkanausbruch des Vesuv unter einer mächtigen Ascheschicht begraben.

H Auf dieser Insel machen besonders viele deutsche Touristen Urlaub. Die Kathedrale Le Seu ist das bekannteste Bauwerk und Wahrzeichen der Inselhauptstadt.

C Diese bei Touristen sehr beliebte Landschaft in Italien bietet neben einer langen Küste auch interessante, mittelalterliche Städte wie Florenz, Siena und die Stadt mit dem schiefen Turm, Pisa.

F Die größte griechische Insel hat eine sehr abwechslungsreiche Landschaft mit Bergmassiven und langen, tiefen Schluchten. Die Samaria-Schlucht ist ein Touristenmagnet der Insel.

I Benidorm ist ein Urlaubsort an einer sehr beliebten spanischen Küstenregion. Die Stadt hat 70000 Einwohner und die größte Hochhausdichte weltweit auf.

M4 Pinnwand zu Urlaubszielen der Klasse 6a in Südeuropa

Erdbebengefahr in Italien

Erik war in den vergangenen Ferien mit seinen Eltern in Italien, zunächst im mittleren Teil, in den Apenninen. Er erlebte diese herrliche Berglandschaft auf Wanderungen. Aber er sah auch teilweise stark zerstörte Ortschaften, wie zum Beispiel Amatrice. Was war dort passiert?

1. Beschreibe die Lage von Amatrice (M2, Atlas).

2. Zerstörungen in Amatrice:
   a) Erkläre die Zerstörungen in Amatrice (M3, M4, M6).
   b) Vergleiche das Aussehen des Ortes vor und nach dem Erdbeben (M1, M4).

3. Überlebende des Erdbebens berichten:
   a) Beschreibe, wie Salvatore und Maria das schwere Erdbeben erlebten (M5).
   b) Versetze dich in Salvatores und Marias Lage. Erkläre Probleme, vor denen sie und ihre Familien standen (M4, M5, M7).
   c) Beschreibe Maßnahmen zur Unterstützung der Menschen im Erdbebengebiet (M7, M9).

4. Erdbebengefahr in Südeuropa:
   a) Erkläre, warum die italienische Bevölkerung mit der Erdbebengefahr leben muss (M6).
   b) Nenne weitere, von Erdbeben gefährdete Gebiete im Mittelmeerraum (M6, Atlas).

5. Verhalten bei Erdbeben:
   a) Beschreibe Verhaltensweisen bei einem Erdbeben (M8).
   b) Gestalte selbst ein Piktogramm als Verhaltenshinweis bei einem Erdbeben (M8).

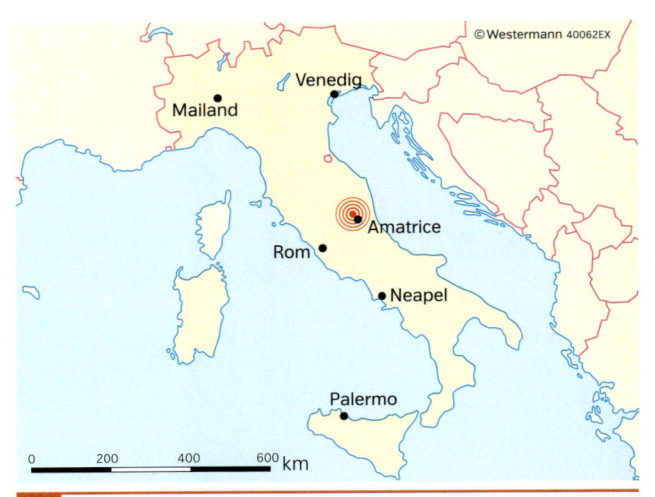

M2 Lage von Amatrice und das Erdbeben vom 24.8.2016

Schweres Erdbeben in Mittelitalien
24. August 2016, 3:36 Uhr: Amatrice und die umliegende Region wurden von einem starken **Erdbeben** erschüttert. Der **Erdbebenherd** lag in einer Tiefe von vier Kilometern. Das Gebiet stärkster Erschütterungen an der Erdoberfläche, das sogenannte **Epizentrum**, befand sich zehn Kilometer nördlich von Amatrice.
Es war der Beginn einer ganzen Bebenserie, die bis Oktober 2016 anhielt. Innerhalb von nur zehn Sekunden wurden Amatrice und weitere kleine Dörfer fast völlig zerstört. 299 Menschen starben, davon 249 allein in Amatrice. Rund 2 000 Menschen verloren ihre Häuser.
Da die Region um Amatrice bei Touristen sehr beliebt ist, befanden sich auch Urlauber unter den Erdbebenopfern.

M3 Zeitungsbericht zum Erdbeben in Mittelitalien 2016

M1 Amatrice vor dem Erdbeben

M4 Amatrice nach dem Erdbeben im August 2016

6. Im Süden Europas

Salvatore: „Ich wurde von den Erschütterungen aus dem Schlaf gerissen. Regale und Schränke fielen um. Dann stürzte eine Wand auf mich. Ich konnte mich nicht mehr bewegen. Mein Bruder hat mich nach einer Stunde befreien können. Es war ein Albtraum."

Maria: „Mich hat ein heftiger Erdstoß aus dem Bett geworfen. Dann hörte ich meine Eltern panisch nach mir rufen. Wir flohen in Schlafsachen aus dem Haus. Draußen sahen wir die zerstörten Häuser in unserer Straße. Wenig später stürzten auch Teile unseres Hauses ein. Den Anblick werde ich nie vergessen. Ich habe nur geweint."

M5 Augenzeugen berichten

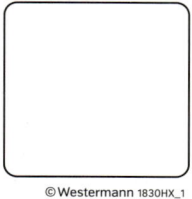

M8 Verhaltensweisen bei einem Erdbeben

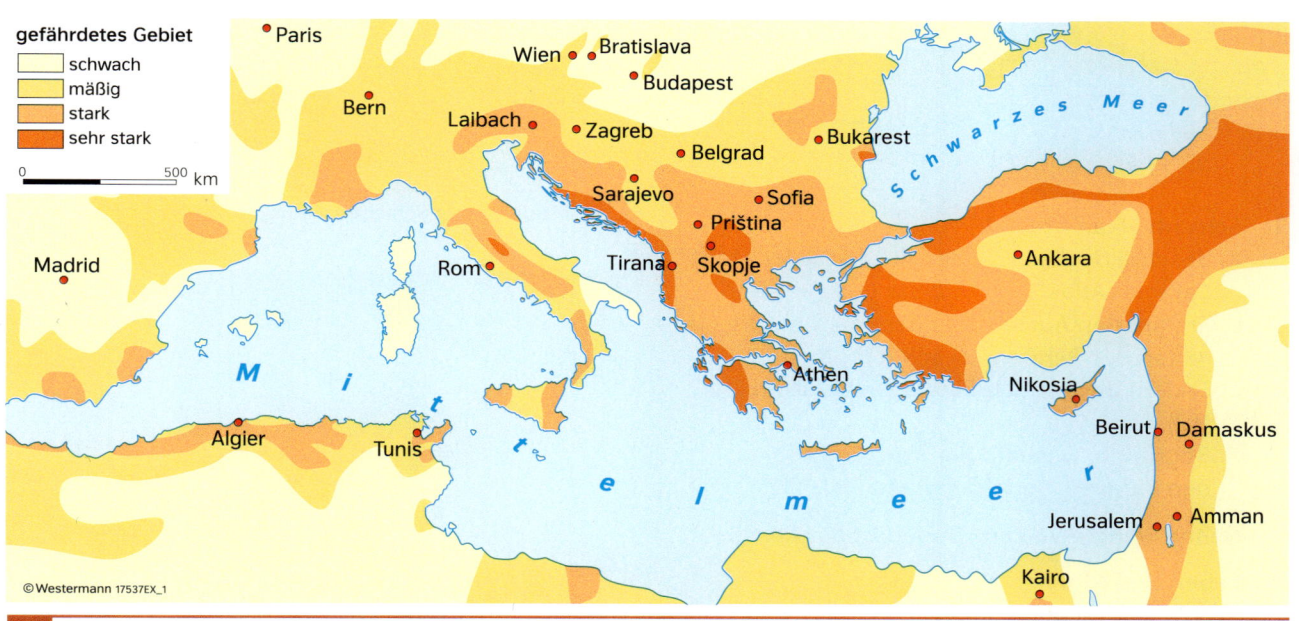

M6 Erdbebengefahr im Mittelmeerraum

Nach dem Erdbeben waren Rettungskräfte Tag und Nacht im Einsatz, um Menschen aus den Trümmern zu bergen und Gebäude zu sichern. Dabei erhielten sie auch seitens der EU Unterstützung. So konnte beispielsweise der EU-Satellitenbilder-Dienst zur besseren Lagebeurteilung im Katastrophengebiet genutzt werden. Zwei zur Verfügung gestellte Flug- und Bodenroboter lieferten 3D-Innenaufnahmen von einsturzgefährdeten Baudenkmälern wie Kirchen. Diese Bilder dienten einerseits als Grundlage für die Planung der Einsätze der italienischen Rettungskräfte. Andererseits halfen sie, weitere Schäden an diesen wichtigen Kulturgütern zu vermeiden.
Der Wiederaufbau von Amatrice wird Jahrzehnte dauern. Deutschland beteiligt sich finanziell am Bau eines erdbebensicheren Krankenhauses.

M7 Rettungskräfte im Einsatz

M9 Hilfe für Amatrice

Vulkanismus auf Sizilien

Eigentlich wollte Eriks Familie die letzte Urlaubswoche auf Sizilien verbringen. Doch es kam zunächst anders.

Erik saß mit seinen Eltern auf dem Flughafen von Rom fest, weil alle Flüge nach Catania gestrichen wurden – wegen eines Vulkans!

Einige Stunden später wurde die Route für den Flugverkehr wieder freigegeben und die Familie konnte ihre Reise fortsetzen.

Bei der Landung auf Sizilien, überlegte Erik, warum trotz der Gefahren so viele Menschen am Ätna leben.

1. Schichtvulkan Ätna:
   a) Beschreibe die Lage des Ätna und der Stadt Catania (Atlas).
   b) Erkläre den Aufbau und das Ausbruchverhalten des Schichtvulkans (M1, M2).
   c) Erkläre die Bezeichnung Schichtvulkan (M1, M2).
   d) Begründe, weshalb der Ätna Einfluss auf den Flugverkehr haben kann (M1, M2).

2. Nenne weitere Vulkane Südeuropas (Atlas).

3. Leben und Arbeiten am Vulkan:
   a) Nenne Siedlungen im Umland des Ätna (M3, Atlas).
   b) Arbeitet in Kleingruppen (M3).
      1. Diskutiert, wo die Bewohner im Gebiet des Ätna am wahrscheinlichsten ihre Arbeit ausüben können.
      2. Begründet eure Meinung.
      3. Legt eure Bleistifte so auf die Karte, dass die Spitzen genau auf eure Orte zeigen.

4. Leben mit der Gefahr:
   a) Begründe die Angst der Bewohner vor einer großen Eruption des Ätna (M1 – M3).
   b) Erkläre, weshalb die Menschen trotz der Gefahren in der Nähe des Ätna leben möchten (M3).
   c) Beurteile, ob ein Schutz der Bevölkerung vor Vulkanausbrüchen möglich ist (M3).

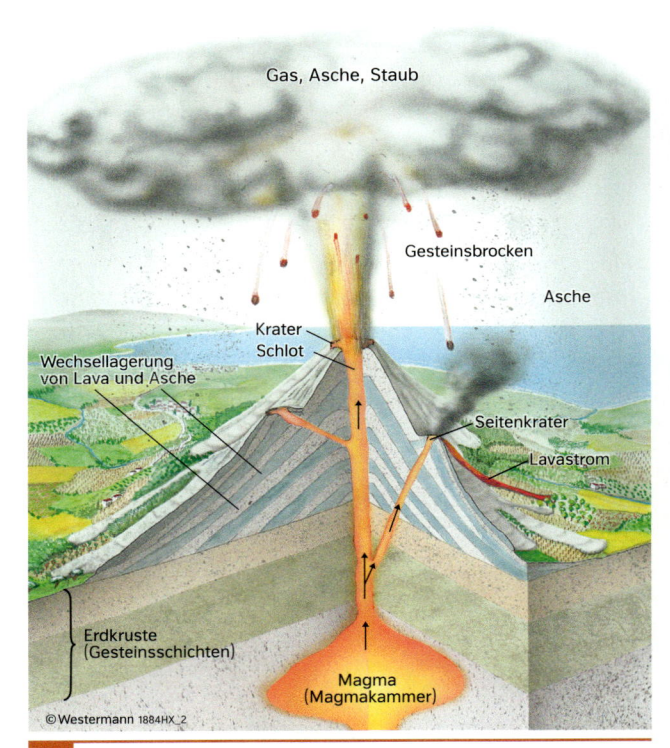

M1 Modell eines Schichtvulkans

Vor einem Ausbruch des Ätna sammelt sich unter ihm in der Magmakammer eine bis zu 1200°C heiße Gesteinsschmelze an. Die im **Magma** enthaltenen Gase treiben die Schmelze empor. Wenn der **Schlot** durch aufsteigendes Magma verstopft wird, reichern sich die Gase an. Der Druck im Inneren erhöht sich. Es kommt schließlich zum explosionsartigen Entweichen der angestauten Gase und des Magmas. Dabei werden große und kleine Gesteinsbrocken sowie Asche emporgeschleudert. **Lava** strömt aus dem **Krater** aus und erkaltet später. Während seiner aktiven Phase baut sich der **Schichtvulkan** aus Lava- und Ascheschichten selbst auf. Eine **Eruption** ist häufig mit Erschütterungen der Erde im Bereich des Vulkans verbunden.

M2 Der Ätna bricht aus

6. Im Süden Europas 109

A Sofia überwacht den Ätna am vulkanologischen Observatorium. Messstationen rund um den Vulkan registrieren Veränderungen der Temperatur und der Luftzusammensetzung durch den Austritt von Gasen. So lassen sich Ausbrüche besser vorhersagen.

C Am Fuße des Ätna bauen Lorenzo und seine Kollegen Basalt in Steinbrüchen ab. Das vulkanische Gestein dient beispielsweise zur Herstellung von Baumaterial für den Straßen- und Hausbau nicht nur in der Region.

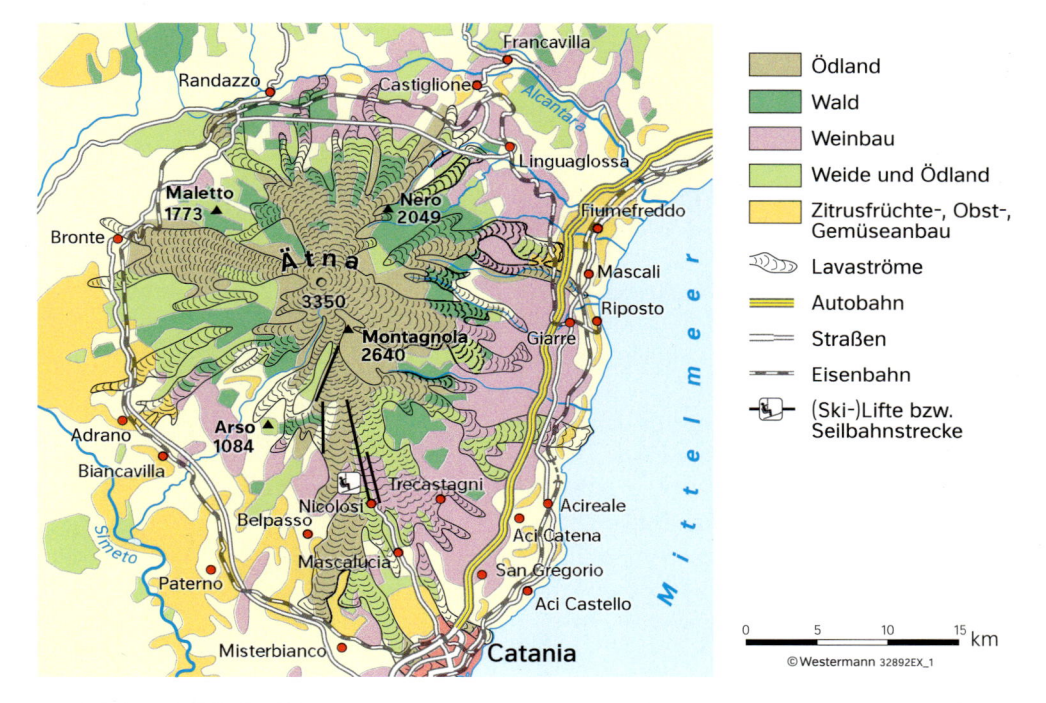

Legende:
- Ödland
- Wald
- Weinbau
- Weide und Ödland
- Zitrusfrüchte-, Obst-, Gemüseanbau
- Lavaströme
- Autobahn
- Straßen
- Eisenbahn
- (Ski-)Lifte bzw. Seilbahnstrecke

B Landwirt Alfio baut Zitrusfrüchte und Wein an. Wegen des günstigen Klimas und des fruchtbaren Vulkanbodens erzielt er gute Ernteerträge. Aber in den letzten Jahren war er von einem Ausbruch des Ätna betroffen. Teile der Anbaufläche wurden von den Lavaströmen zerstört. Doch Wegziehen kommt für ihn nicht infrage. Er sagt immer: „Was uns der Ätna nimmt, gibt er uns auch wieder."

D Von der Tourismusstation Ätna-Süd aus beginnt Bergführerin Greta mit vielen Urlaubern aus dem Ausland ihre Erlebnistouren auf den höchsten aktiven Vulkan Europas. Sie umrunden den Krater und laufen über erkaltete Lavaströme und Aschefelder. Greta ist immer wieder glücklich über ihren abwechslungsreichen Job in dieser besonderen Vulkanlandschaft.

M3 Leben und Arbeiten am Ätna

Trockenfeldbau in Spanien

Sommerzeit bedeutet Beginn der Erntezeit bei uns in Deutschland. Im spanischen Hochland und in anderen Regionen im Süden Europas sieht das anders aus. Da sind die Felder längst geerntet. Nur die Reihen der Olivenbäume heben sich als grüne Streifen von der trockenen Landschaft ab. Woran liegt das?

1. Olivenbaum – Kulturpflanze in Südeuropa:
   a) Erkläre, warum der Olivenbaum im Süden Europas so gut gedeihen und sehr alt werden kann (M3, M6).
   b) Beschreibe die Bedeutung dieser Kulturpflanze für die Menschen der Region (M1, M2, M4).

2. Trockenfeldbau in Südeuropa:
   a) Erkläre, warum der Trockenfeldbau eine den klimatischen Bedingungen angepasste Bewirtschaftungsform in Südeuropa ist (M5, M6, M8).
   b) Begründe, weshalb
      • die Landwirte ihre Anbauflächen zeitweise brach liegen lassen,
      • einige Bauern die Brachezeit entfallen lassen (M9).
   c) Erkläre, warum sich Sonnenblumen für das Umgehen der Brachezeit besonders eignen (M5, M7 – M9, Internet).
   d) Berichte aus Sicht eines spanischen Bauern, wann er welche Tätigkeiten laut Anbaukalender erledigen muss (M7).

M2 Bei der Olivenernte

Der Olivenbaum wird im östlichen Mittelmeerraum schon seit 5000 Jahren als Wirtschaftspflanze genutzt. Ein Olivenbaum kann mehr als 1000 Jahre alt werden. Das liegt an der guten Anpassung an die klimatischen Verhältnisse der subtropischen Klimazone.

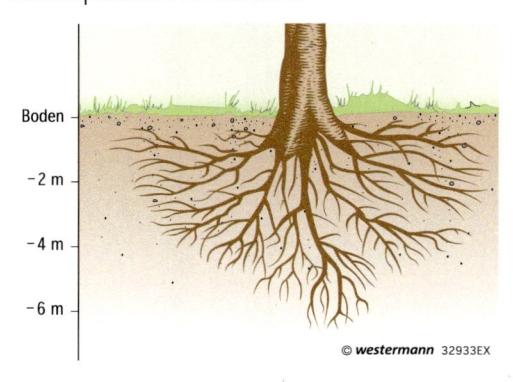

M3 Olivenbaum – eine der ältesten Kulturpflanzen der Welt

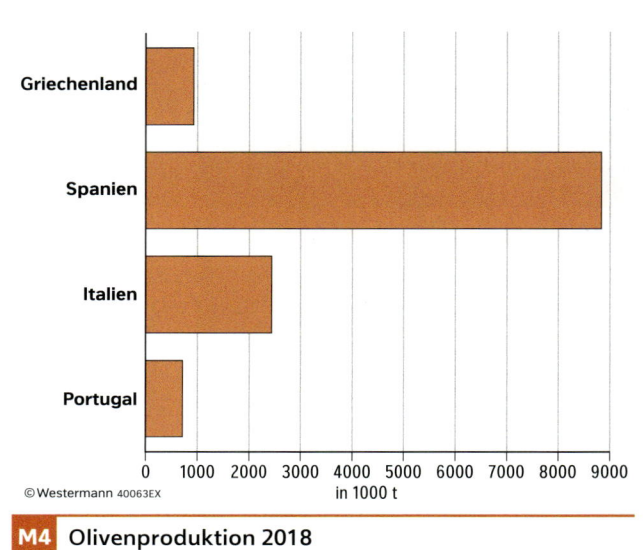

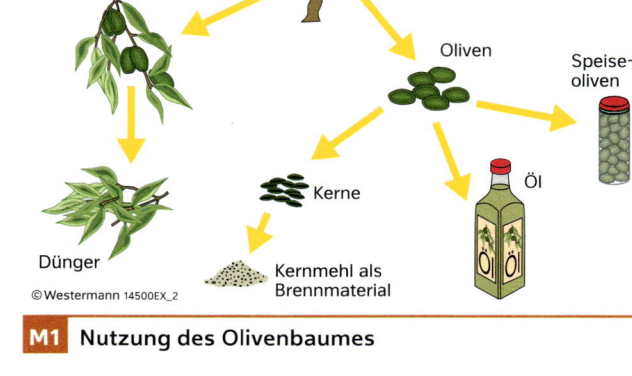

M1 Nutzung des Olivenbaumes

M4 Olivenproduktion 2018

6. Im Süden Europas 111

M5 Trockenfeldbau im spanischen Hochland

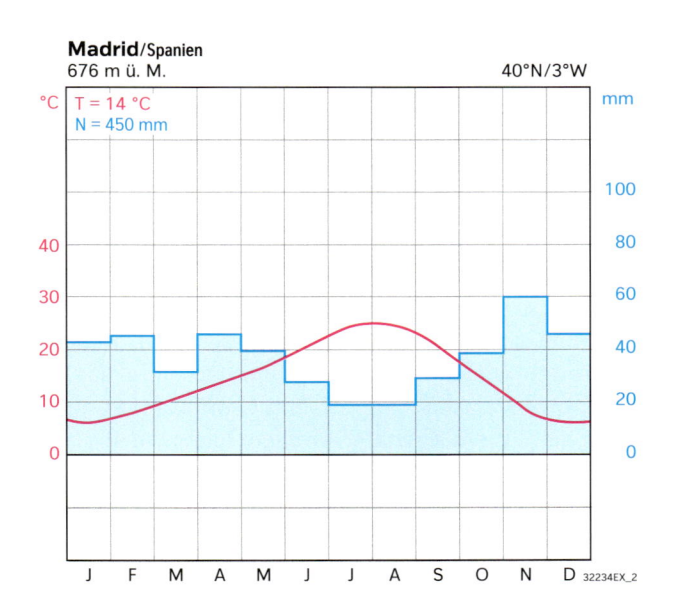

M6 Klimadiagramm Madrid

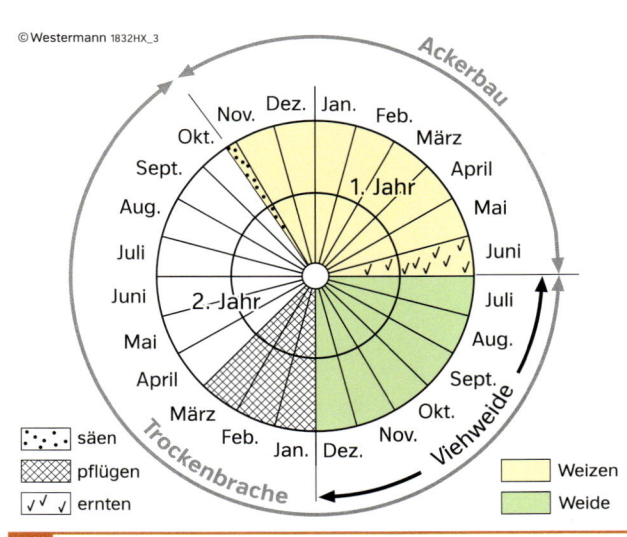

Madrid/Spanien
676 m ü. M. 40°N/3°W
T = 14 °C
N = 450 mm

M8 Trockenfeldbau im Inneren Spaniens

Auf den Hochflächen im Inneren Spaniens bauen die Landwirte neben Olivenbäumen auch Weinreben und einjährige Anbaukulturen wie Weizen und Gerste an. Sie bearbeiten ihre Ackerflächen im **Trockenfeldbau**. Es ist eine den klimatischen Verhältnissen angepasste Bewirtschaftungsform. Das bedeutet, dass die Bauern nur das Niederschlagswasser des regenreichen Winterhalbjahres nutzen und ihre Felder im Sommer nicht zusätzlich bewässern. Die **Wachstumszeit** der Pflanzen liegt somit in den milden und feuchten Wintermonaten. In dieser Zeit führen Westwinde feuchte Luft vom Atlantischen Ozean heran. Das Niederschlagswasser reichert sich im Boden an und sorgt so für die nötige Bodenfeuchte. Die Reifephase und Erntezeit fallen auf den Frühsommer.

M7 Anbaukalender eines spanischen Bauern

M9 Brachezeit im Trockenfeldbau

Da die Regenfälle jährlich schwanken, bebauen die Landwirte ihre Felder oft nur alle zwei Jahre. Während der dazwischenliegenden **Brache**zeit kann der **Boden** wieder Wasser und Nährstoffe ansammeln. Seine Speicherfähigkeit wird durch das Pflügen zu Beginn der Trockenbrache erhöht. Auf den unbearbeiteten Anbauflächen wachsen teilweise Gras und Unkräuter nach. Es entsteht eine Grünbrache, die oft als Weidefläche für Schafe und Ziegen dient. Die Tiere fressen Pflanzenreste und Unkräuter und liefern natürlichen Dünger für die Felder. Um ihre Einnahmen zu erhöhen, umgehen manche Bauern die Brachezeit mit dem Anbau von Sonnenblumen.

Bewässerungsfeldbau in Spanien

Während ihres Urlaubs an der Ostküste Spaniens machte Clara mit ihren Eltern einen Ausflug nach Valencia. Dort tagte mittags gerade das Wassergericht. Verwundert fragte sie ihre Eltern, nach dem Sinn dieses eigenartigen Gerichtes. Ihre Eltern meinten, dass es etwas mit der Landwirtschaft in der Region zu tun hat. Aber warum ist so ein Wassergericht überhaupt nötig?

1. Verorte die Lage von Valencia und der Region Almería in einer Karte (Atlas).
2. Beschreibe die Aufgabe des Wassergerichtes im spanischen Valencia (M2, M3).
3. Vergleiche den Bewässerungsfeldbau mit dem Trockenfeldbau hinsichtlich Funktionsweise und Anbaukulturen (M3, M5 – M10). **S. 111**
4. Nachhaltigkeit des Bewässerungsfeldbaus:
   a) Ordne in einer Tabelle die ausgewählten Merkmale des Bewässerungsfeldbaus in M8 nach Pro- und Kontra-Argumenten bezüglich der Nachhaltigkeit.

Pro Nachhaltigkeit	Kontra Nachhaltigkeit

   b) Notiere ein weiteres Pro- und Kontra-Argument (M3 – M10).
   c) Beurteile mithilfe der Tabelle die Nachhaltigkeit des Bewässerungsfeldbaus.
   d) Bewerte das Einkaufsverhalten deiner Familie bei Obst- und Gemüseprodukten hinsichtlich seiner Nachhaltigkeit (M1).
5. Formuliere für Clara eine Erklärung zur Notwendigkeit des Wassergerichtes in Valencia im Zusammenhang mit dem Bewässerungsfeldbau (M1 – M10).

M2 Das Wassergericht in Valencia tagt

Das Wassergericht im spanischen Valencia gibt es bereits seit mehr als 1000 Jahren. Es tagt donnerstags und soll Streitigkeiten unter den Bauern und Grundbesitzern der Region über die Bewässerung ihrer Felder schlichten.

Da Clara nicht verstehen konnte, worüber das Wassergericht mit den Bauern sprach, fragte sie beim Reiseleiter nach. Er erklärte: „Die Bauern der Region betreiben **Bewässerungsfeldbau** und können so mehrmals im Jahr ernten und höhere Erträge erzielen. Dafür benötigen sie aber ganzjährig viel Wasser. Neben dem Grundwasser nutzen die Bauern deshalb vor allem Flusswasser. Wasser ist in Spanien schon immer ein wertvolles Gut. Die Nutzung des Wassers führte deshalb früher wie heute häufig zu Konflikten. Gerade in der spanischen Landwirtschaft wird Wasser in großen Mengen verbraucht, gegenwärtig rund 85 Prozent des Trinkwassers des Landes."

M3 Clara erfährt etwas über den Bewässerungsfeldbau

M1 Etikett vom Einkauf Februar 2019

Avocados 1500 l
Tomaten 110 l
Zitronen 360 l
Erdbeeren 280 l
Orangen 400 l
Gurken 350 l
Melone 200 l

M4 Wasserbedarf ausgewählter Anbaukulturen pro Kilogramm

6. Im Süden Europas

M5 „Plastikmeer" um El Ejido (Almería) heute

M6 Ein Huertano bewässert sein Feld

M7 Tröpfchenbewässerung

M9 Satellitenbild um El Ejido (Almería) 1974

Auf der Weiterfahrt nach Almería sah Clara die riesigen, mit Plastikgewächshäusern und Folientunneln überzogenen Flächen landwirtschaftlicher Großbetriebe. Sie erfuhr, dass dort das benötigte Wasser seit einigen Jahren computergesteuert über Schläuche direkt zu den Pflanzen geleitet wird. Die angebauten Erdbeeren, Tomaten, Paprika, Artischocken und Melonen sind vorwiegend für den europäischen Markt bestimmt. Auch das meiste Obst und Gemüse, das ihre Eltern das ganze Jahr daheim im Supermarkt kaufen können, stammt aus diesem Gebiet.

M10 Veränderungen im Bewässerungsfeldbau

- Tröpfchenbewässerung möglich
- hoher Wasserbedarf
- Boden stark beansprucht
- Einsatz von Schädlingsbekämpfungs- und Pflanzenschutzmitteln
- Landschaftszerstörung
- Geldeinnahmen durch Verkauf der Produkte
- mehrere Ernten im Jahr
- viel Verpackungsmüll und Folienabfälle

M8 Merkmale des Bewässerungsfeldbaus

S'Arenal – vom Fischerdorf zur Tourismushochburg

Jedes Jahr strömen mehrere Millionen Touristen nach Mallorca. Besonders beliebt ist bei den Urlaubern der Ferienort S'Arenal. Auch Laura war im Sommer mit ihren Eltern in diesem Ferienort auf der Baleareninsel. Die Familie fand den Urlaub super. Aber an einem Tag begegnete Laura Einheimischen mit großen Plakaten, die gegen die Touristen protestierten. Warum haben die Bewohner das getan?

1. S'Arenal früher und heute:
   a) Beschreibe die Veränderungen in S'Arenal seit den 1960er-Jahren (M1 – M4).
   b) Begründe die Beliebtheit des Ortes bei Touristen (M1, M3, Atlas).

2. Beschreibe die Entwicklung der Touristenzahlen auf Mallorca im Vergleich zu den Einwohnerzahlen (M4).

3. Trage in einer Tabelle Vor- und Nachteile des stark gestiegenen Tourismus in S'Arenal zusammen (M1, M3, M5).

Tourismus in S'Arenal	
Vorteile	Nachteile

4. Begründe, dass S'Arenal als Ort des Massentourismus bezeichnet werden kann (M1 – M6).

5. Begründe, weshalb die Einheimischen gegen die Touristen auf Mallorca protestieren (M1 – M6).

M2 S'Arenal um 1960

M3 S'Arenal heute

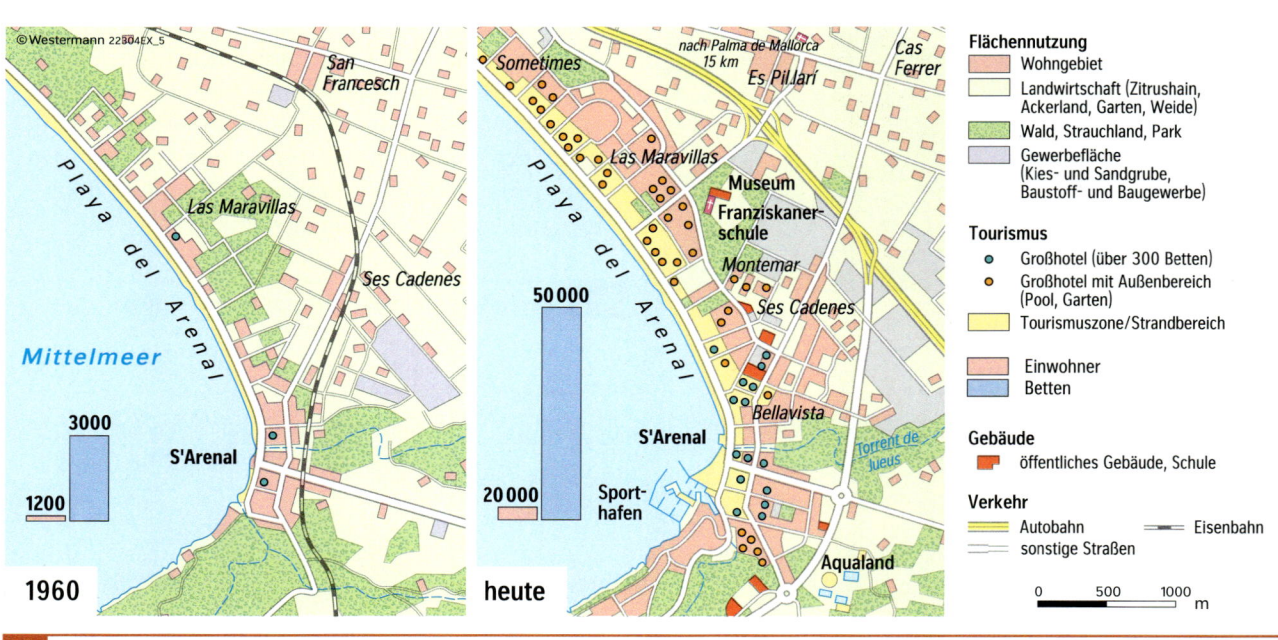

M1 S'Arenal – ein Ort wandelt sich

6. Im Süden Europas 115

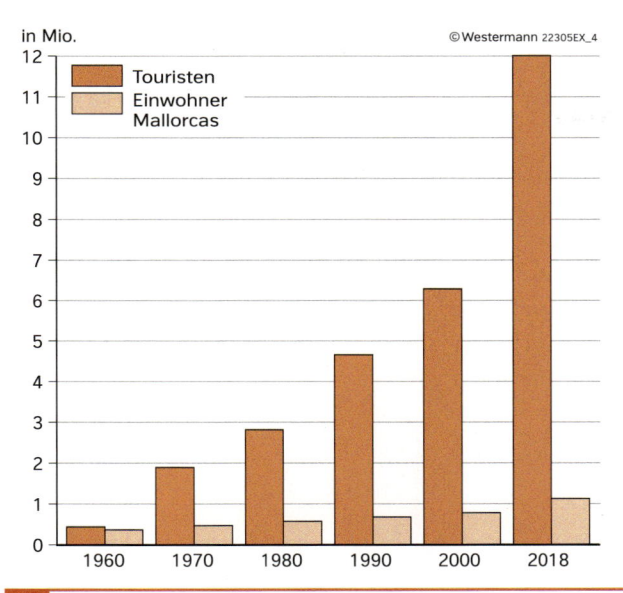

M4 Touristenankünfte und Einwohnerzahl von Mallorca (in Mio.)

M6 Proteste gegen Massentourismus auf Mallorca

> Die Stadt gehört denen, die darin wohnen — nicht denjenigen, die sie besuchen.

Kommunalpolitiker:

Der Massentourismus brachte unserem Ort zunächst einen gewissen Wohlstand und für viele Einwohner Arbeit im Fremdenverkehr. Aber in den letzten Jahren kämpften wir zunehmend gegen die Schattenseiten des stark gestiegenen Tourismus. Im Sommer kommt es zu Engpässen in der Wasserbereitstellung. Auch die Beseitigung der großen Müllmengen und die Abwasseraufbereitung sind eine enorme Herausforderung.

Boutiquebesitzerin:

Bis vor vier Jahren habe ich in einem großen Hotel gearbeitet und gut verdient. Deshalb konnte ich mir meinen Traum von einer eigenen Boutique erfüllen. Die läuft dank der vielen Touristen richtig gut. Ich ärgere mich aber manchmal über das rücksichtslose Benehmen einiger Urlauber, die ihren Müll überall liegenlassen und lärmend durch die Straßen ziehen. Deshalb fahre ich in meiner knappen Freizeit mit den Kindern ins ruhigere Hinterland.

Umweltaktivistin:

Seit einigen Jahren müssen Urlauber eine Tourismusabgabe zahlen. Damit sollen Umweltprojekte und ein nachhaltiger Tourismus gefördert werden. Das ist auch dringend notwendig. Die Naturlandschaft entlang der Küste wurde zerstört. Der Strand und das Wasser sind zum Teil verschmutzt.
Mit Protestaktionen und Plakaten wollen wir auf die Probleme des Massentourismus aufmerksam machen.

Pensionierter Eisverkäufer:

Ich war früher Eisverkäufer. Damals war es kein Problem, einen Schattenplatz für meinen Eiswagen an der Uferstraße zu bekommen. Heute gibt es dort viele Kioske, die Straßen sind zugeparkt und die Touristen liegen am Strand wie die Ölsardinen in der Dose. Auch die höheren Preise in den Geschäften während der Urlaubssaison machen mir zu schaffen. Wir haben alle nicht geahnt, was aus unserem Ort werden würde.

M5 Licht- und Schattenseiten des Massentourismus in S'Arenal

7. Wahlthemen

Europa bei Nacht

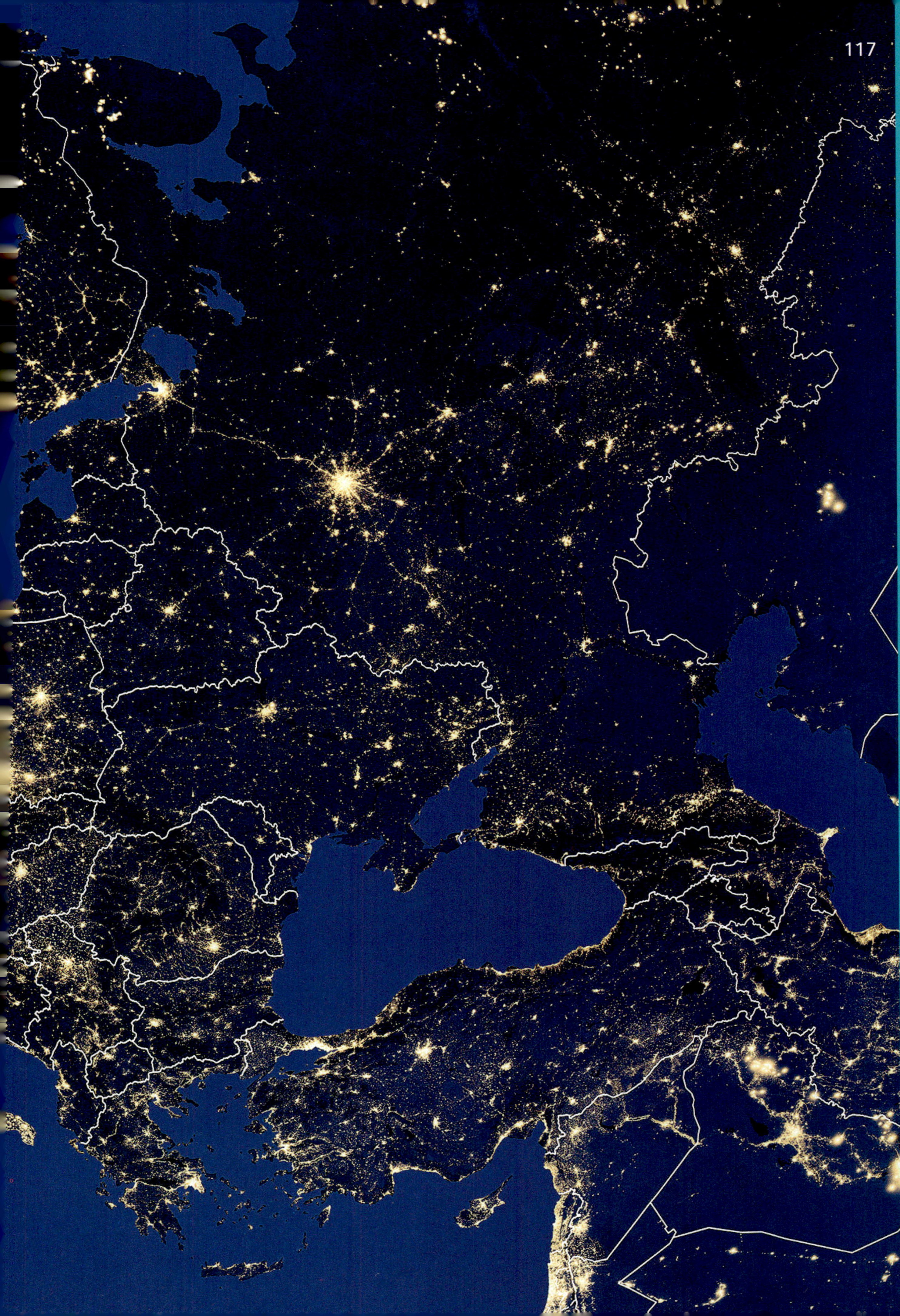

Die EU im Weltall

Europas Raumfahrtindustrie musste einen langen und schwierigen Weg zurücklegen, um die Raketenfamilie „Ariane" zu entwickeln. Für die Unabhängigkeit der europäischen Wirtschaft war es ein wichtiger Schritt. Warum sind an diesem Projekt so viele Länder beteiligt?

1. Die Serie europäischer Trägerraketen wird im Auftrag der Europäischen Raumfahrtorganisation (ESA) entwickelt und produziert:
   a) Recherchiere über die Geschichte der ESA und ihre heutigen Mitgliedsstaaten und trage deine Ergebnisse vor (M1, M2, Internet).
   b) Fertige ein Poster zur Entwicklung der Ariane-Serie an. Berücksichtige dabei auch die beteiligten europäischen Staaten (M2, M3, M5, Info, Internet). S. 140
2. Beurteile die Bedeutung des Programms für die europäischen Staaten (M2, Info).
3. Ermittle die Staaten, die mit ihren Firmen an der Produktion der neuen Ariane 6 beteiligt sind (M3).
4. Die Raketen werden in Kourou/ Französisch-Guyana gestartet. Beschreibe den Aufbau und erläutere die Gründe für die Lage des Weltraumbahnhofes (M4, Atlas).

Im Jahr 1960 fanden in Europa auf Initiative von Großbritannien und Frankreich die ersten Gespräche über den Bau eigener Trägerraketen mit dem Ziel des unabhängigen Zugangs zum Weltraum statt. Der Wettlauf ins All hatte längst begonnen und die Europäer hatten Angst, den Anschluss zu verlieren. Mit der Zusammenarbeit mehrerer europäischer Staaten konnte man die Kosten für die Teilnehmer begrenzen. Um die europäischen Raumfahrtaktivitäten besser koordinieren zu können, wurde 1975 die ESA gegründet. Der Name Ariane steht für eine Serie europäischer Trägerraketen, die im Auftrag der Europäischen Weltraumorganisation entwickelt wurden. Sie ermöglichen es, schwere Nutzlasten, wie z.B. Wetter- und Kommunikationssatelliten, in die Erdumlaufbahn zu befördern. Damit sind die Europäer unabhängig von amerikanischen und russischen Raketen.

M2 Entwicklung der Ariane

M1 Mitgliedsländer der ESA und die wichtigsten Zentren (Auswahl)

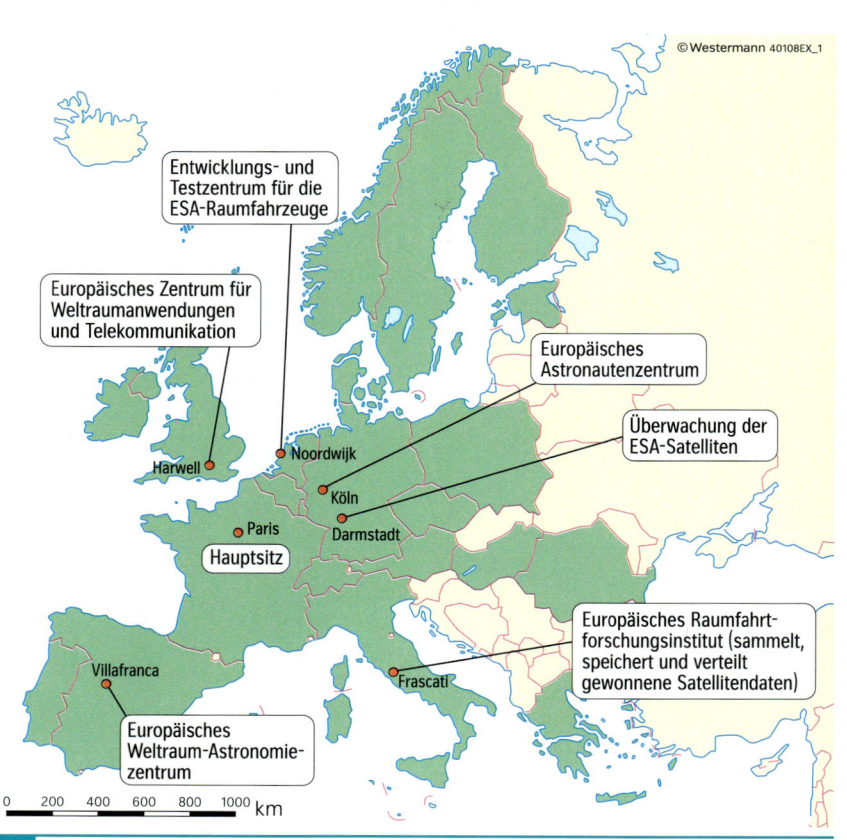

M3 Modell der Ariane 6 und beteilite Staaten am Bau (Auswahl, stark vereinfacht)

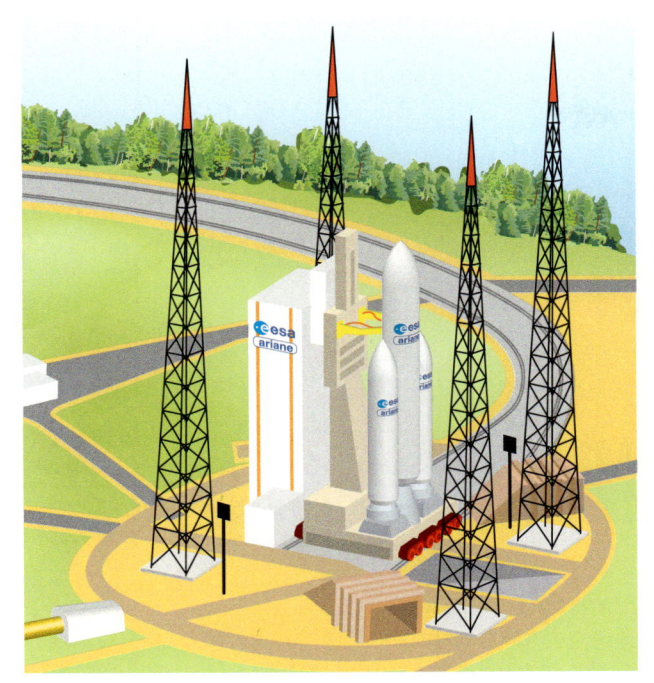

7. Wahlthemen

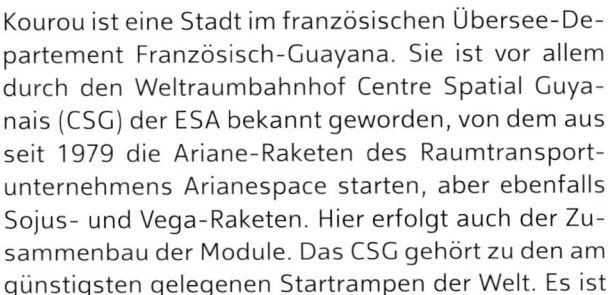

Kourou ist eine Stadt im französischen Übersee-Departement Französisch-Guayana. Sie ist vor allem durch den Weltraumbahnhof Centre Spatial Guyanais (CSG) der ESA bekannt geworden, von dem aus seit 1979 die Ariane-Raketen des Raumtransportunternehmens Arianespace starten, aber ebenfalls Sojus- und Vega-Raketen. Hier erfolgt auch der Zusammenbau der Module. Das CSG gehört zu den am günstigsten gelegenen Startrampen der Welt. Es ist etwa fünf Breitengrade vom Äquator entfernt. Die dort höhere Rotationsgeschwindigkeit der Erde als in anderen Breiten bringt einen gewaltigen energetischen Vorteil, der 15 Prozent weniger Treibstoffbedarf bedeutet. Zudem besteht keine Risiko von Naturgefahren wie Erdbeben oder tropischen Wirbelstürmen. Ein weiterer Vorteil ist, dass die Route zu den wichtigsten Umlaufbahnen für Satelliten über den Atlantik führt.

M4 Weltraumbahnhof Kourou

	Ariane 5 ECA	Ariane 5 ES Galileo	Ariane 6
Erststart	2002	2008	2020 (geplant)
Startmasse	780 t	760 t	900 t
max. Nutzlast*	10,0 t	3,4 t	abhängig vom Typ

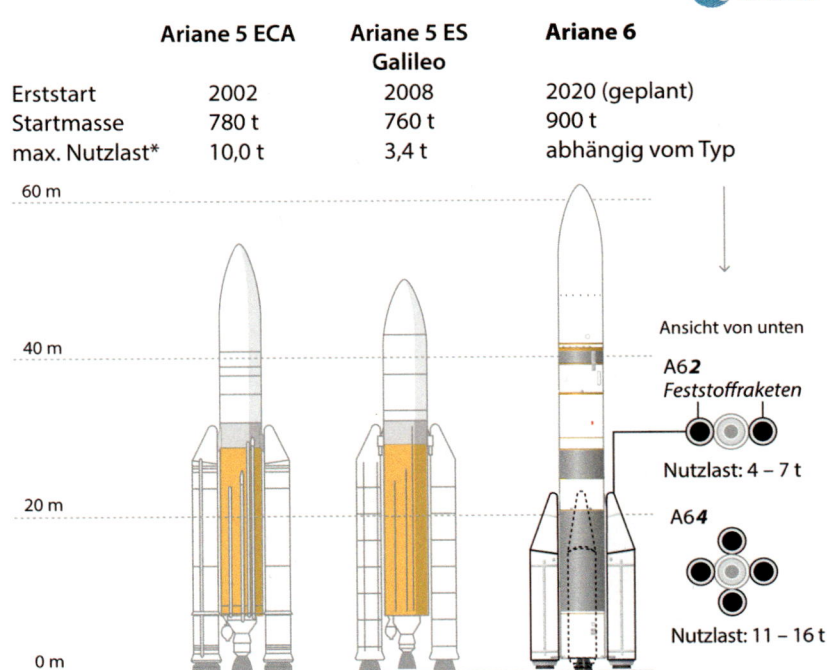

Ansicht von unten

A6**2**
Feststoffraketen

Nutzlast: 4 – 7 t

A6**4**

Nutzlast: 11 – 16 t

M5 Die europäische Trägerrakete Ariane

INFO
Das Ariane Programm
1973 begannen die Arbeiten an der Ariane 1 und im Dezember 1979 erfolgte der erste Start. Zurzeit ist die Ariane 5 als bisher leistungsfähigste europäische Trägerrakete im Einsatz. Gegenwärtig wird die neue Ariane 6 entwickelt. 2020 soll sie das erste Mal in das All starten und sowohl einen unabhängigen Zugang zum Weltraum sichern als auch die Wettbewerbssituation z. B. gegenüber China, Indien oder auch privaten Unternehmen verbessern. Dabei spielen die Zuverlässigkeit und Flexibilität der Raketen sowie die Kosten eine Rolle. Bei der Ariane 6 sollen die Kosten des Transport von einem Kilogramm Nutzlast in einen geostationären Orbit gegenüber der Ariane 5 reduziert werden.

Ein Nachbarland Deutschlands – die Republik Polen

Ein Blick auf die Karte Mitteleuropas zeigt uns die Nachbarstaaten unseres Landes. Im Osten grenzt Deutschland an die Republik Polen. Die gemeinsame Grenze hat eine Länge von 469 km. Polen gehört zu den ältesten Staaten Europas. Seine mehr als 1000-jährige Geschichte ist geprägt von Machtwechseln und Grenzverschiebungen. Dabei ist sie immer wieder mit der des deutschen Nachbarn verbunden. Was wissen wir über unseren östlichen Nachbarn?

1. Skizziere für das Land Polen eine Karte. Trage die Nachbarländer, die größten Städte und Flüsse ein (M1, Atlas). **S. 143**

2. Verorte ausgewählte Rekorde in deiner Karte (M3, Atlas).

3. Das Land hat einen abwechslungsreichen Naturraum:
   a) Erarbeite dir einen Überblick über die Merkmale des Naturraumes (M1, Atlas).
   b) Beschreibe die Lage der Landschaften in den Großräumen (M4 – M11).
   c) Finde Regionen in Deutschland, die vergleichbare Merkmale aufweisen (Atlas).

4. Beurteile die Möglichkeiten, die sich in Polen für den Tourismus bieten (M4 – M11, Atlas).

E 5. Erstelle eine Länderanalyse zu einem anderen europäischen Land deiner Wahl. **S. 138**

M2 Warschau ist seit 1596 die Hauptstadt Polens

Wusstest du, dass...
- es in Polen mehr als 9 300 Seen gibt?
- die mächtigsten europäischen Wanderdünen an der polnischen Ostseeküste bis zu zehn Meter pro Jahr wandern?
- in Sopot die längste Seebrücke Europas besucht werden kann?
- in der Nähe von Krakau eine Kirche unter Tage zugänglich ist?
- es auf der Insel Usedom die längste Strandpromenade Europas gibt?
- die Marienburg (Malbork) die größte Backsteinfestung unseres Kontinents ist?

M3 Polen – Rekorde

M1 Gliederung des Naturraumes

Der Slowinzische Nationalpark befindet sich an der mittleren Ostseeküste in der Nähe des Ortes Leba. Bekannt ist er vor allem für seine Wanderdünen. Die höchste ist 42 Meter hoch und umfasst 300 Hektar. Aufgrund der Wanderdünen wird der Nationalpark auch polnische Sahara genannt. Aber auch der außerordentlich schöne Strand an der Ausgleichsküste, der sich über viele Kilometer erstreckt, lockt mit seinem feinen Sand die Menschen an.

M4 Küstenlandschaft

M8 Wanderdüne bei Leba

Der größte Teil Polens liegt unterhalb von 200 m NN in der osteuropäischen Ebene. Dieser Teil wurde wie das norddeutsche Tiefland während der Eiszeiten geformt. Die Formen der glazialen Serie prägen auch hier die Landschaft.
Das Gebiet der Masuren ist eine weitgestreckte Naturlandschaft mit vielen Seen und ausgedehnten Waldflächen. Die Region liegt im ehemaligen Ostpreußen, im Norden des Landes. Sie bietet den Wanderern, Rad- oder Wassersportlern paradiesische Verhältnisse.

M5 Tiefland

M9 Masurische Seen

Im Südwesten und Süden schließen sich die Mittelgebirgszüge der Sudeten und Beskiden an.
Die Sudeten verbinden das Erzgebirge mit den Karpaten und verlaufen großteils im polnisch-tschechischen Grenzgebiet. Am bekanntesten ist das Riesengebirge mit der Elbquelle.
Die Beskiden sind ein Gebirgszug der Karpaten. Sie sind größtenteils mit Mischwäldern bewachsen und laden zum Wandern und Wintersport ein. Es gibt außerdem mehrere Stauseen, auf denen Wassersport getrieben werden kann.

M6 Mittelgebirge

M10 Riesengebirge

An der Grenze zur Slowakei hat Polen zu einem Drittel Anteil an der Hohen Tatra. Sie gehört zum Karpatenbogen und gilt flächenmäßig als kleinstes Hochgebirge der Welt. In beiden Ländern ist sie Teil eines Nationalparks und steht unter besonderem Schutz.
Das Gebirge bietet eine Fülle von Naturschönheiten und ist ein Tipp für Wanderer, Kletterer und Wintersportler. Auf polnischem Gebiet befinden sich die größten der zahlreichen Gletscherseen der Hohen Tatra.

M7 Hochgebirge

M11 Hohe Tatra

Polen – Wirtschaft und Verkehr

Im Jahr 2004 wurde Polen Mitglied der EU. Seitdem konnte ein durchgängig positives Wirtschaftswachstum verzeichnet werden. Die Arbeitslosenquote sank. Welche Voraussetzungen bietet das Land für diese Entwicklung?

1. Polen ist in Europa ein wichtiges Transitland. Beschreibe das Verkehrsnetz des Landes unter diesem Aspekt (M2, M4 – M6, Atlas).

2. Das Ballungsgebiet Górny Śląsk hast du bereits kennengelernt. Nenne weitere Ballungsgebiete in Polen (M1, Atlas).

3. Neben der Industrie spielt in Polen auch die Landwirtschaft eine wichtige Rolle:
   a) Beschreibe die Bedeutung und Entwicklung der polnischen Landwirtschaft (M7 – M9).
   b) Nenne die wichtigsten Anbauprodukte (M1, Atlas).

M2 Autobahn A4 bei Zabrze in Schlesien

INFO
Bruttoinlandsprodukt (BIP)
Das Bruttoinlandsprodukt gibt den Gesamtwert aller Waren und Dienstleistungen an, die während eines Jahres innerhalb eines Landes hergestellt werden.

Wirtschaftssektor	Bruttoinlandsprodukt (BIP)	Arbeitskräfte
primärer	3,2 %	10,3 %
sekundärer	32,9 %	31,1 %
tertiärer	63,9 %	58,6 %

M3 Anteile der Wirtschaftssektoren, 2018

M1 Wirtschaftsraum Polen

Durch die zentrale Lage in Europa hat Polen günstige Verbindungen zu vielen Ländern des Kontinents. Der Transport von Personen und Waren erfolgt vor allem auf der Straße und Schiene. Das Straßen- und Eisenbahnnetz wird auch mithilfe von Fördermitteln der EU verstärkt ausgebaut und modernisiert. Knapp 400 Mio. Euro sind für den Ausbau des Straßenverkehrs in den nächsten Jahren geplant. Damit sollen die Straßensicherheit erhöht und die Reisezeiten innerhalb des Landes verkürzt werden.

Ebenso spielten die Binnen- und **Hochseeschifffahrt** eine wichtige Rolle. In Polen gibt es 3 812 km befahrbare Wasserstraßen. Bedeutende Seehäfen befinden sich in Danzig, Gdynia, Swinemünde und Stettin. Der Hafen in Danzig ist eine wichtige Verbindung zwischen den skandinavischen Ländern und Süd- und Mitteleuropa.

M4 Die Rolle des Verkehrs

M5 Ausbau des Straßennetzes

M6 Hafen von Danzig

Knapp 50 Prozent der Gesamtfläche Polens wird landwirtschaftlich genutzt. Ein Großteil des Landes ist Tiefland und bietet gute Bedingungen für den Ackerbau. Auch für die Viehzucht sind die Voraussetzungen gut. Besonders die Milchviehwirtschaft spielt eine große Rolle. Noch gibt es viele kleine und oft technisch veraltete Betriebe mit einer Fläche bis zu fünf Hektar. Sie produzieren hauptsächlich für den Eigenbedarf. Nur knapp zwei Prozent haben eine Größe von über 50 Hektar. Die Anzahl dieser meist modernen Unternehmen nimmt aber ständig zu.

Die ökologische Landwirtschaft hat derzeit einen Anteil von nur vier Prozent der Gesamtanbaufläche und wird hauptsächlich für den Export betrieben. Sie gewinnt allerdings zunehmend an Bedeutung. Der Agraraußenhandel macht rund 13,5 Prozent aller polnischen Exporte aus.

M7 Die Rolle der Landwirtschaft

M8 Anbauflächen im Tiefland

M9 Einsatz moderner Technik

Eine Reise nach Griechenland

Im Deutschunterricht hast du Sagen kennengelernt. Viele von ihnen stammen aus der griechischen Antike. Aufgrund seiner Rolle in der Antike wird Griechenland heute auch oft als Wiege der westlichen Zivilisation bezeichnet. Eure nächste Urlaubsreise soll in dieses geschichtsträchtige Land gehen. Wie kannst du mit deiner Familie diese Reise planen?

1. Beschreibe die Lage von Griechenland in Europa (Atlas).
2. Zähle dir bekannte griechische Sagen auf. Suche die wichtigsten Orte der griechischen Mythologie auf der Karte (M2, Atlas).
3. Fasse in einer Liste deine Erwartungen an das Urlaubsland zusammen (M2 – M7).
4. Informiere dich über den Naturraum:
   a) Nenne Merkmale, die den Urlaubswunsch bekräftigen.
   b) Bestimme die Jahreszeit, in der die Reise stattfinden könnte.
5. Erstelle einen Entscheidungsbaum, der bei der Reiseplanung helfen soll. Erweitere das Schema um die Kriterien Verkehrsmittel und Unterkunft (M3).
   Du kannst den Entscheidungsbaum beliebig erweitern. Begründe jeweils die Entscheidung.

Als erstes solltet ihr überlegen, was euch im Urlaub wichtig ist. Stehen Erholung, Sport oder Kultur und Geschichte am Anfang der Wunschliste? Findet ihr das Meer toll oder eher das Gebirge? Auch eine Rundreise ist eine Option, wenn man viel erleben möchte. Von Bedeutung sind außerdem Reisedauer und Jahreszeit sowie nicht zuletzt die Kosten.

Steht das Ziel fest, muss man sich über Besonderheiten des Reiseziels informieren und zum Beispiel nötige Personaldokumente, Impfungen oder Zollbestimmungen überprüfen. Unerlässlich sind zudem Informationen über das Verhalten als Tourist im jeweiligen Land.

M1 Reiseplanung – eine schwierige Angelegenheit?

Zu Griechenland gehört der Süden des Balkan mit der Halbinsel Peleponnes, die durch den Bau des Kanals von Korinth vom Festland getrennt wurde. Zahlreiche Inseln wie Kreta, die Ägäischen und Ionischen Inseln gehören ebenfalls dazu.

Größere Flüsse, die ganzjährig Wasser führen, gibt es überwiegend im Norden.

Die Natur ist vielfältig – hohe, imposante Gebirgsmassive, fruchtbare Täler, zerklüftete Küsten und wunderschöne Strände locken zu Ausflügen.

Es herrscht mediterranes Klima mit heißen, trockenen Sommern und milden, regenreichen Wintern. An der Küste sind die hohen Temperaturen auch im Sommer erträglich. Im Landesinneren werden die Unterschiede zwischen den Jahreszeiten größer. Hier kann es im Winter auch starke Schneefälle geben. Da Griechenland sehr gebirgig ist, ist Wintersport in über 20 Skigebieten möglich.

Den Großteil der Vegetation machen immergrüne Hartlaubgewächse aus. Es wachsen viele Baumarten wie Eukalyptusbäume, Zypressen, Pinien und Tannen. Für die Wirtschaft wichtig und bekannt sind die Olivenbäume sowie Feigen- und Granatapfelbäume. Viele Wälder wurden seit der Antike gerodet, um Flächen für die Landwirtschaft und das Holz zu gewinnen. Die Landwirtschaft machte 2018 knapp vier Prozent des Bruttoinlandsprodukts aus. Die Touristeneinkünfte hatten einen Anteil von rund neun Prozent am Bruttoinlandsprodukt.

M2 Griechenland – Überblick

Urlaubsplanung

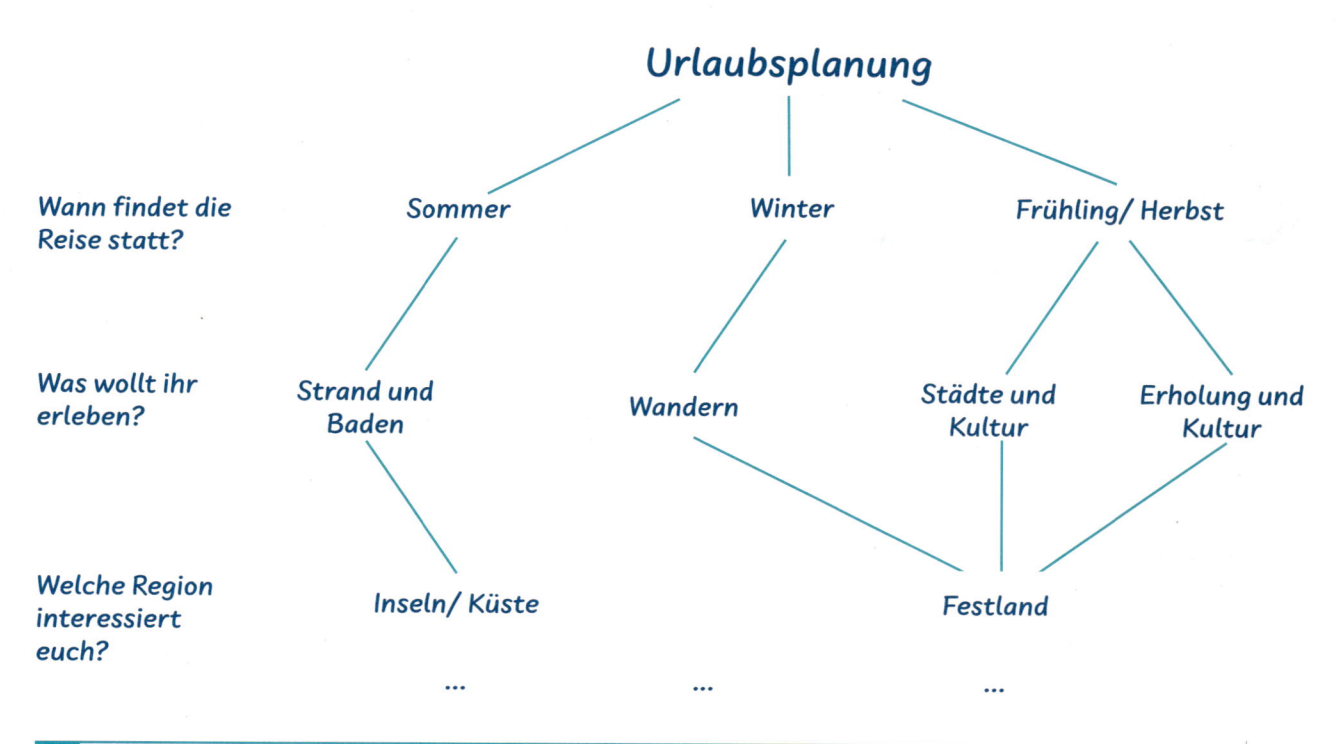

Wann findet die Reise statt?	Sommer	Winter	Frühling/ Herbst
Was wollt ihr erleben?	Strand und Baden	Wandern	Städte und Kultur / Erholung und Kultur
Welche Region interessiert euch?	Inseln/ Küste	Festland	Festland
	...	...	...

M3 Vorschlag für einen Entscheidungsbaum

M4 Insel Lefkos

M6 Meteora-Klöster

M5 Ruinen im antiken Delphi

M7 Santorin (Caldera)

Verkehr in Europa – der Eurotunnel

Am 4. August 2019 flog der Franzose Franky Zapata mit seinem Flyboard Air über den Ärmelkanal. Für die 35 km lange Strecke benötigte er 22 Minuten. Bisher galt der Eurotunnel mit 35 Minuten als schnellste Verbindung für diese Strecke. Wurde hier eine sinnvolle Alternative zum Eurotunnel getestet?

1. Beschreibe die Lage der Straße von Dover und nenne Möglichkeiten, den Kanal zu überwinden. Vergleiche sie (M1, M4, M6 – M8, Info 1).
2. Ordne den Tunnel in das europäische Straßen- und Eisenbahnnetz ein (Atlas).
3. Schon 1753 entstand der erste Entwurf für den Tunnel. Recherchiere über Gründe, die zu einer Verschiebung des Baus auf das Ende des 20. Jahrhunderts führten (Internet).
4. Beschreibe den Aufbau des Eurotunnels (M3, M4, Info 2).
5. Erläutere die Bedeutung des Tunnels für die Regionen um Dover und Calais (M5, Atlas).
6. Die Straße von Dover gehört weltweit zu den Schifffahrtswegen mit dem dichtesten Schiffsverkehr. Bewerte die Bedeutung des Tunnels in Bezug auf Nachhaltigkeit und Sicherheit (M2 – M8).

M2 Terminal in Kent

INFO 1

Bezwingung des Kanals
Neben der Überwindung des Kanals per Schiff, Bahn oder Flugzeug gibt es immer wieder Versuche, die Strecke als Schwimmer zu überwinden. Der englische Kapitän Matthew Webb gilt als erster Mensch, der im August 1875 schwimmend den Kanal überquert hat. Er benötigte für die Strecke 22 Stunden. Auch die erste Überquerung mit einem Flugzeug erforderte Mut. Am 25. Juli 1909 überquerte der Franzose Louis Blériot XI mit der von ihm selbst konstruierten Blériot XI als erster Mensch mit einem Flugzeug den Ärmelkanal.

Der französische Extremsportler Franky Zapata startete um 8:17 Uhr in Sangatta (Nordfrankreich) seinen Flug über den Ärmelkanal. Bereits um 8:39 Uhr erreichte er sein Ziel in Dover (Großbritannien). Zapata wurde von drei Hubschraubern begleitet und musste auf halber Strecke auf einem Schiff einen Tankstopp einlegen. Das sogenannte Flyboard Air ist eine Plattform mit fünf kleinen Düsentriebwerken, die mit einem Joystick gesteuert und mit Benzin, das man im Rucksack bei sich trägt, betrieben werden.

M1 Mit dem Flyboard Air über den Ärmelkanal

Der Eurotunnel ist der längste Unterwassertunnel der Welt. Er führt durch den Ärmelkanal. Von den 50 km Gesamtlänge verlaufen 37 km unter der Straße von Dover. Der Tunnel besteht aus zwei eingleisigen Haupttunneln im Abstand von etwa 30 m und einem kleineren zweispurigen Servicetunnel in der Mitte. Dieser wird mit schmalen Fahrzeugen befahren und ist durch Querdurchgänge in regelmäßigen Abständen mit den Haupttunneln verbunden. Er hat vor allem die Aufgabe bei Unfällen die Evakuierung und gegebenenfalls Brandbekämpfung zu ermöglichen. Natürlich wird er auch von Wartungsfahrzeugen befahren.
Im Eurotunnel fahren nur Hochgeschwindigkeitszüge wie der Eurostar. Mit diesem Zug kann man z. B. von London nach Paris in weniger als 150 Minuten fahren. Damit ist er eine echte Alternative zum Flugzeug. Will man mit Pkw oder Lkw auf die Insel, muss man den Euroshuttle, einen „Huckepackzug", nutzen. Die Fahrzeuge werden dabei auf halboffenen Wagen transportiert. Die Verladung erfolgt an den Terminals in Folkestone oder Calais.

M3 Aufbau und Organisation des Eurotunnels

M4 Aufbau des Eurotunnels

Die Regionen von Calais und Dover werden täglich von Tausenden Reisenden durchquert, die die Terminals des Tunnels erreichen wollen. In unmittelbarer Nähe wurden Industrie- und Gewerbegebiete geplant und gebaut. So ist z.B. das Cité Europe ein Einkaufszentrum neben dem französischen Terminal des Kanaltunnels von Copquelles. Es verfügt über 140 Geschäfte, einen Hypermarkt, ein Multiplexkino mit zwölf Leinwänden und etwa 20 Restaurants. Die Regionen um die Tunnelausgänge werden so wirtschaftlich erschlossen und es entstehen neue Arbeitsplätze.

M5 Wirtschaftliche Bedeutung

INFO 2
Der Eurotunnel in Zahlen

Länge:	50 450 m
Größte Überdeckung:	rund 40 m bis Meeresgrund
Baubeginn:	1988
Eröffnet:	1994
Kosten:	15 Mrd. Euro
Anzahl der Röhren:	3
Nutzung:	Eisenbahntunnel
Ausnutzung pro Jahr:	rund 7 Mio. Passagiere über 2 000 Güterzüge

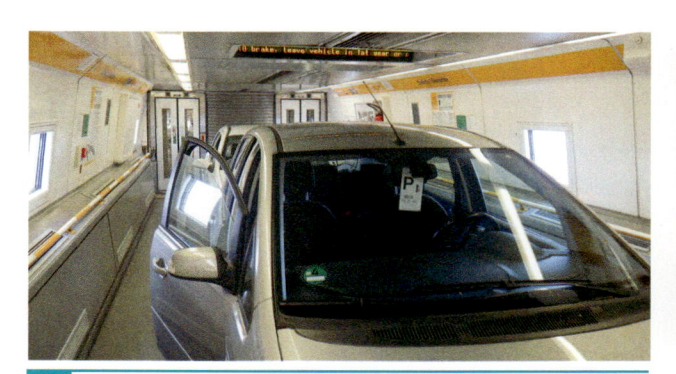

M6 Auto im Kanaltunnelzug von Calais nach Folkestone

M8 Transport der Lkw

Verkehrsmittel	Fahrzeit	Anzahl der Fahrten	Preis (5 Personen + Pkw)
Fähre	90 Minuten	bis zu 15 Fahrten täglich	80,00 bis 100,00 €
Bahn durch den Tunnel	35 Minuten	bis zu 4 Abfahrten stündlich	130,00 bis 240,00 €

M7 Vergleich der Transportarten im Personenverkehr zwischen Calais und Dover

Ein Lapbook anfertigen?

Es bereitet dir sicherlich sehr viel Freude, dein eigenes Lapbook zu einem Thema oder einer Aufgabenstellung zu gestalten.
Ein Lapbook ist ein Faltbuch, das sich noch mehrmals aufklappen lässt. Es enthält dann wieder verschiedene Klappelemente wie Faltbüchlein, Minibücher oder Taschen, die mit Inhalten zu deinem Themas gefüllt werden können. Zu den Faltbüchern gehören zum Beispiel Fächer und Leporellos, zu den Minibüchern Kreisbücher und Stufenbücher. Dadurch wird jedes Lapbook, das entsteht, anders aussehen.
Ein Lapbook kannst du zur Zusammenfassung deiner Arbeitsergebnisse verwenden, um sie dann deinen Mitschülern zu präsentieren.

Schrittfolge zur Anfertigung eines Lapbooks

① Vorbereitung der Gestaltung des Lapbooks
- Setze dich intensiv mit deinem Fachthema im Unterricht auseinander. Beantworte die Fragestellungen.
- Wähle für die Gestaltung deines Lapbooks verschiedene Klappelemente aus, die dir dein Lehrer zur Verfügung stellt. Schneide sie aus.
- Du kannst dir auch deine eigenen Klappelemente überlegen, zeichnen und ausschneiden (M1).
- Falte ein Blatt so, dass ein Lapbook entsteht (Info).

② Gestaltung des Lapbooks
- Notiere auf jedem Klappelement die Ergebnisse/den Inhalt deines Fachthemas bzw. deiner Aufgabenstellung.
- Überlege dir, wie du die Klappelemente entsprechend der Aufgabenstellung auf der Innenseite des Lapbooks anordnest.
- Klebe die Klappelemente auf.
- Überlege dir nun, wie die Vorderseite des Lapbooks aussehen soll. Gestalte sie nach deinen Vorstellungen.

③ Präsentation mit dem Lapbook
- Verwende zur Präsentation deiner Arbeitsergebnisse das vorbereitete Lapbook.

INFO

Faltanleitung für ein Lapbook
1. Falte ein Blatt in der Mitte.
2. Öffne das Blatt wieder. Falte jetzt jede Seite bis zur Mitte. Dein Lapbook ist fertig.

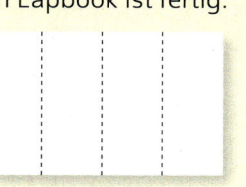

INFO

Zahlreiche Vorlagen zum Basteln eines Lapbooks findest du z. B. auch im Internet mithilfe der Suchanfrage „Anleitung Lapbook".

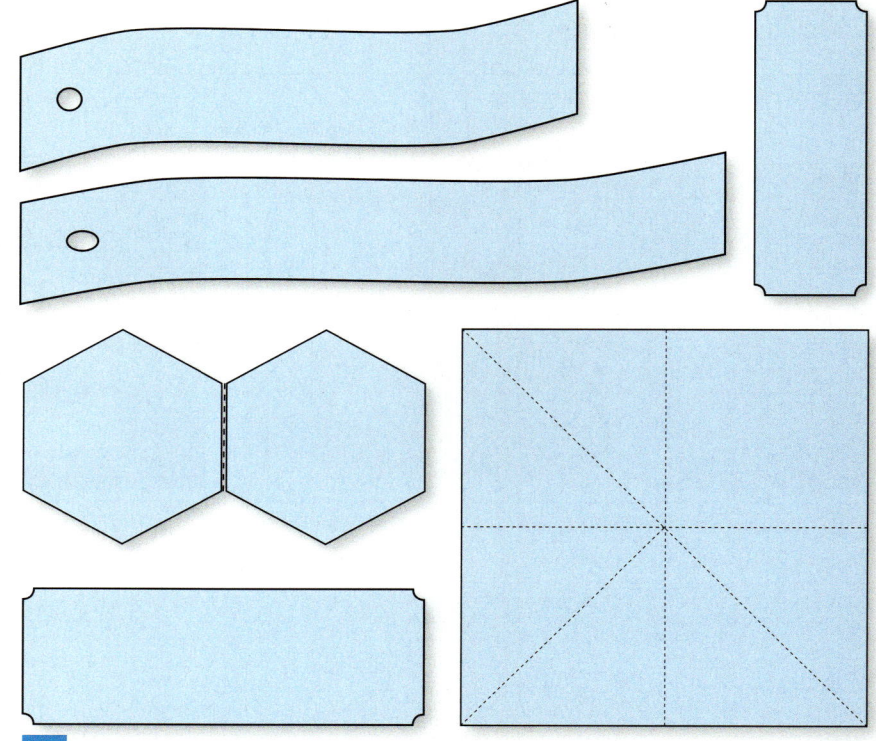

M1 Beispiele für das Innere eines Lapbooks

Ein Säulendiagramm erstellen

Durch ein Säulendiagramm können Zahlen zu einem bestimmten Thema in einer grafischen Form sehr übersichtlich dargestellt werden. Wenn man die Säulen nicht stehend, sondern liegend zeichnet, dann spricht man von einem Balkendiagramm.

M1 Arbeitsmaterialien zum Erstellen eines Diagramms

Schrittfolge zur Erstellung eines Säulendiagramms

1 Vorbereitung
- Ordne die Zahlen.
- Zeichne sowohl eine waagerechte als auch eine senkrechte Achse auf kariertes Papier.
- Lege für die Skalierung einen passenden Maßstab fest, indem du dich am niedrigsten und höchstem Wert orientierst. Lass noch etwas Platz nach oben, damit das Diagramm nicht direkt mit dem höchsten Wert endet.
- Wähle eine Überschrift für das Säulendiagramm.
- Schreibe unter das Diagramm die Quelle (Herkunft) der Zahlenwerte.

2 Durchführung
- Beschrifte die Achsen:
  - Beschrifte die senkrechte Achse mit Werten in dem Abstand, der im Maßstab festgelegt wurde.
  - Beschrifte die waagerechte Achse mit den verschiedenen Kategorien.
- Zeichne die Säulen entsprechend den Werten aus deiner Quelle in das Diagramm ein.
- Male die Säulen mit unterschiedlichen Farben aus

Estland	Lettland	Litauen	Norwegen	Schweden	Finnland
27 813	49 260	56 776	35 231	40 721	74 295

M1 Beförderte Güter per Schiene in Tausend Tonnen (2018)

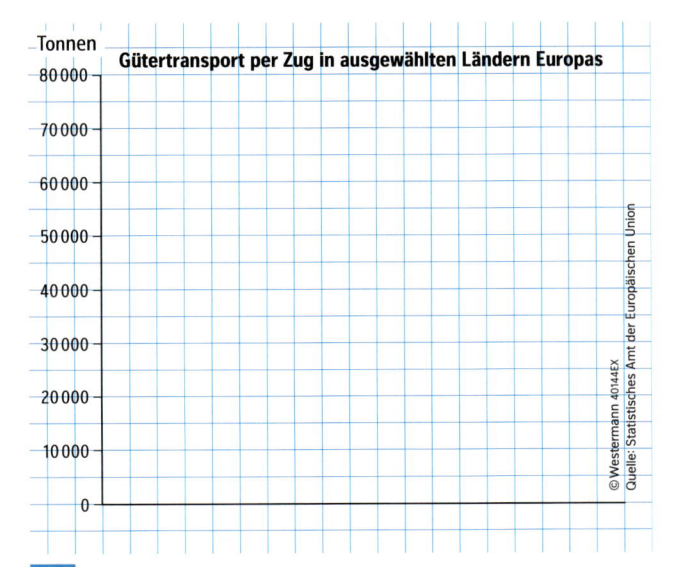

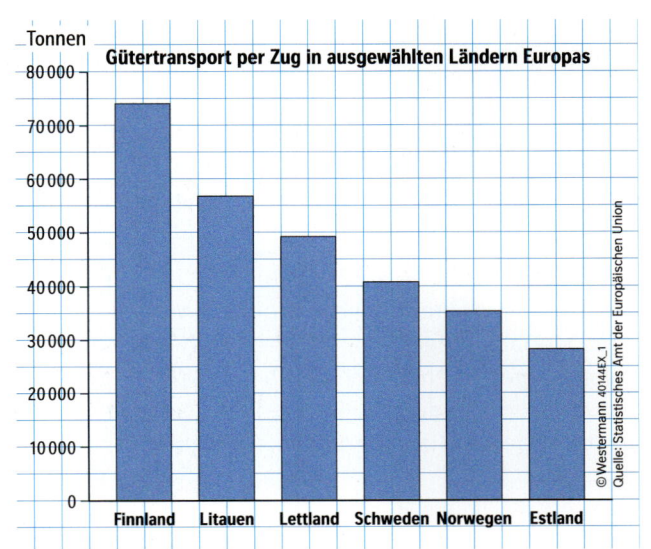

M1 Schritt Vorbereitung

M1 Schritt Durchführung

Auswerten von Klimadiagrammen

Bevor du ein Klimadiagramm auswerten und zeichnen kannst, ist es wichtig den Aufbau und die Bedeutung der einzelnen Elemente eines Klimadiagramms zu kennen. Wenn du weißt, wie das Klimadiagramm aufgebaut ist, kannst du viel über einen Ort aus dem Klimadiagramm ablesen.

Temperaturkurve (rot)
Sie veranschaulicht die Temperaturen der einzelnen Monate. Dazu misst und errechnet man die Monatsmitteltemperaturen über 30 Jahre und errechnet jeweils den Durchschnitt. Zusätzlich wird die Jahresmitteltemperatur angegeben (hier: 14 °C).

Niederschlagssäulen (blau)
Sie stellen die Niederschlagsmengen der einzelnen Monate dar. Dazu misst man die Niederschlagsmengen aller Tage eines Monats und addiert sie. Über 30 Jahre wird dann der Durchschnitt errechnet. Der Jahresniederschlag (Summe der Monatsniederschläge) wird auch angegeben (hier: 450 mm).

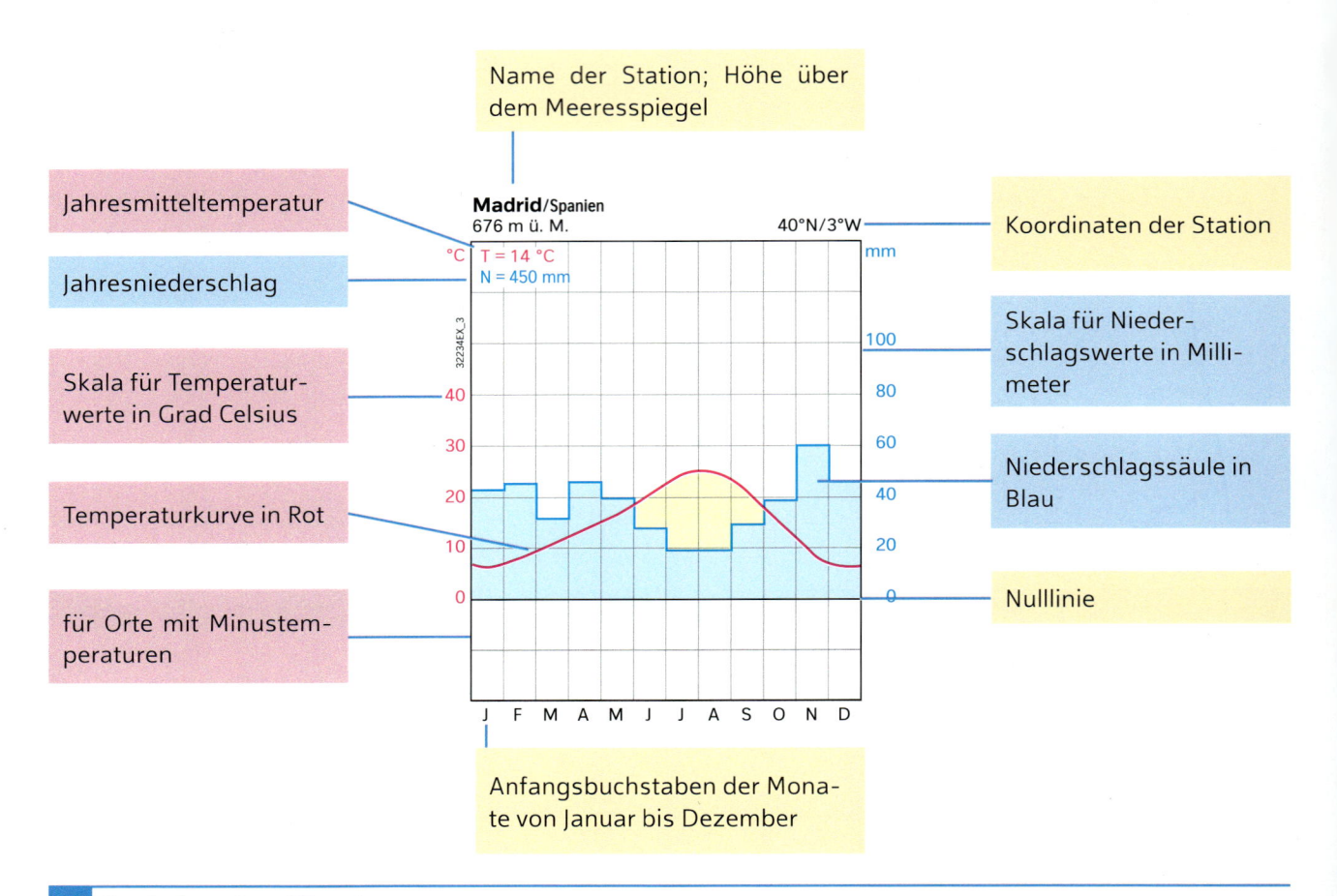

Beschriftungen des Klimadiagramms:
- Name der Station; Höhe über dem Meeresspiegel
- Jahresmitteltemperatur
- Jahresniederschlag
- Skala für Temperaturwerte in Grad Celsius
- Temperaturkurve in Rot
- für Orte mit Minustemperaturen
- Koordinaten der Station
- Skala für Niederschlagswerte in Millimeter
- Niederschlagssäule in Blau
- Nulllinie
- Anfangsbuchstaben der Monate von Januar bis Dezember

Madrid/Spanien
676 m ü. M.
40°N/3°W
T = 14 °C
N = 450 mm

M1 Der Aufbau eines Klimadiagramms

INFO
Als aride Monate (trockene Monate) werden die Monate bezeichnet, in denen mehr Wasser verdunstet als Niederschlag fällt. Im Klimadiagramm liegt in diesen Monaten die Temperaturkurve oberhalb der Niederschlagssäulen.

INFO
Als humide Monate (feuchte Monate) werden die Monate bezeichnet, in denen mehr Niederschlag fällt, als Wasser verdunstet. Im Klimadiagramm liegt in diesen Monaten die Temperaturkurve unterhalb der Niederschlagssäulen.

Methoden

Schrittfolge zur Auswertung von Klimadiagrammen

① Überblick über die Lage der Station geben
Höhenlage, Lage zum Meer, Koordinaten (Atlas)
Lage innerhalb des Kontinents/des Landes

② Merkmale der Temperatur bestimmen
Bestimmen der Jahresmitteltemperatur
Ermittlung und Beschreibung der Monate mit der höchsten und der niedrigsten Temperatur (M1)
Berechnung und Beschreibung der Jahresschwankung
Beschreiben des Temperaturverlaufes innerhalb des Jahres

③ Merkmale des Niederschlags bestimmen
Bestimmung und Beschreibung des Jahresniederschlags (M1, M3)
Ermittlung der Monate mit dem höchsten und dem geringsten Niederschlag
Beschreiben der Niederschlagsverteilung innerhalb eines Jahres (M3)
Ermittlung der Monate, in denen es arid bzw. humid ist (M3, Info)

④ Einordnung und Bewertung des Klimas
Zuordnung zu einer Klima- und einer Vegetationszone (Atlas)

Ⓔ Beschreiben von Auswirkungen des Klimas auf die Vegetation und/oder auf das Leben der Menschen

---

1. Madrid liegt auf einer Höhe von über 676 m über dem Meeresspiegel. Die Station befindet sich im Zentrum Spaniens im westlichen Südeuropa und ist über 400 km vom Meer entfernt.

2. Die Jahremitteltemperatur beträgt 14°C. Der Januar ist mit 5° C mild und der Monat mit der niedrigsten Monatsmitteltemperatur. Der Juli ist sehr warm und besitzt mit 24° C die höchste Monatsmitteltemperatur. Die Jahres-schwankung beträgt 19 K. Von Januar bis Juli steigt die Temperatur an, danach sinkt sie wieder bis Dezember. Die Winter sind mild und die Sommer sind heiß.

3. Mit 450 mm Jahresniederschlag liegt dieser im mittleren Bereich. Im November fällt mit 58 mm der höchste Niederschlag. Die geringsten Niederschläge fallen in den Monaten Juli und August mit jeweils nur 11 mm. Von Januar bis Mai sind die Niederschläge fast gleichbleibend. Von da an sinken sie bis Juli/August und steigen dann ab September wieder an. Oktober bis Dezember sind die regenreichsten Monate. Die Monate Januar bis Mai und Okober bis Dezember sind humid, die Monate Juni bis September arid.

4. Die Station Madrid liegt in der subtropischen Klimazone und die Vegetation gehört zur Zone der Hartlaubgewächse. Die Pflanzen müssen in den humiden Monaten das Wasser speichern und sich in den Trockenmonaten vor der Verdunstung durch lederartige Blätter und wachsartigen Bezug schützen. Die Region Madrid besitzt von Seiten der Temperaturen her günstige Bedingungen für die Landwirtschaft. Ungünstig für die Landwirtschaft ist die Trockenheit von Juni bis September. Um Landwirtschaft in dieser Zeit zu betreiben, muss bewässert werden.

M2 Musterauswertung zum Klimadiagramm von Madrid

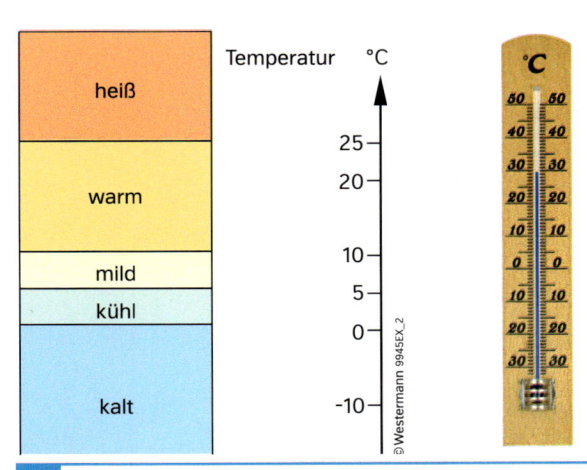

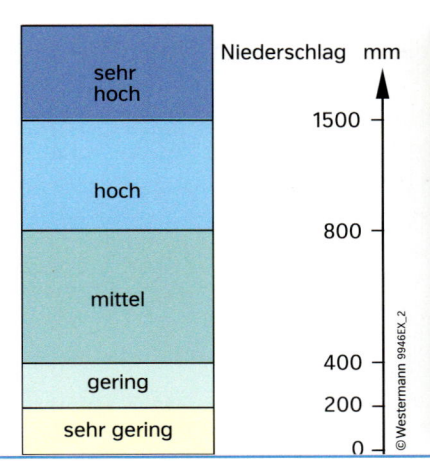

M3 Stufen der Bewertung der Monatsmitteltemperatur und des Jahresniederschlags

Zeichnen von Klimadiagrammen

In einem Klimadiagramm werden die Mittelwerte der Jahrestemperatur und der Jahresniederschlagssummen aus 30 Jahren grafisch dargestellt. Damit kann man sehr schnell den durchschnittlichen Temperaturverlauf, die Verteilung der durchschnittlichen monatlichen Niederschlagssummen und den Wasserhaushalt erfassen.

	J	F	M	A	M	J	J	A	S	O	N	D	Jahr
T in °C	5	6	10	12	16	20	24	23	20	14	9	5	**14**
N in mm	43	44	35	45	44	28	11	11	30	51	58	50	**450**

M1 Aufbau einer Tabelle

Schrittfolge zum Zeichnen von Klimadiagrammen

① Zeichnen und Beschriften der Achsen und der Grundlinie (Nulllinie)
Der höchste Niederschlagswert eines Monats gibt an, wie viel Platz du nach oben benötigst. Nimm diesen Wert und addiere 40 mm dazu. Bei negativen Temperaturen musst du pro minus 5 °C einen Zentimeter mehr Platz nach unten einplanen.

Zeichne auf einem Blatt Millimeterpapier die Grundlinie (Nulllinie) = 12 cm (pro Monat 1 cm). Beschrifte die einzelnen Monate unter der Grundlinie mit dem Anfangsbuchstaben des jeweiligen Monats.

Zeichne vom Anfangs- und Endpunkt der Grundlinie Linien nach oben bzw. bei negativen Temperaturen auch nach unten.

Beschrifte die linke Linie mit einer Skala für die Temperaturen (2 mm entsprechen 1° C) und die rechte Linie mit einer Skala für den Niederschlag (1 mm entspricht 2 mm N).

Beschrifte die Skalen mit °C bzw. mm (M3).

② Zeichnen der Temperaturkurve
Markiere die Temperaturwerte aus der Tabelle jeweils in der Mitte der Monatsspalte mit einem Punkt (M4).
Verbinde die Punkte zu einer Linie (M5).

③ Zeichnen der Niederschlagssäulen
Markiere mit einem waagerechten Strich in der jeweiligen Monatsspalte die Höhe des durchschnittlichen Monatsniederschlags (M6). Vervollständige die markierten Striche zu Säulen und male sie mit einem Buntstift blau aus (M7).

④ Benennung des Klimadiagramms
Notiere über dem Klimadiagramm den Namen der Station (des Ortes) und die Höhenlage, die Koordinaten, die Jahresmitteltemperatur und den Jahresniederschlag (M8)

⑤ Darstellung der Trockenzeit
Wenn die Temperaturkurve oberhalb der Niederschlagssäulen verläuft, so kann der Bereich zwischen der Temperaturkurve und den Niederschlagssäulen mit einem gelben Buntstift ausgemalt werden (M8)

Methoden 133

Zum Zeichnen eines Klimadiagramms benötigst du

- ein Blatt Millimeterpapier
- ein Lineal
- einen roten, blauen und gelben Buntstift sowie
- einen Bleistift

M2 Arbeitsmaterial zum Erstellen einer Kartenskizze

TIPP

Du solltest darauf achten,
– dass 10 °C auf der Temperaturachse jeweils 20 mm Niederschlag entsprechen,
– dass es möglicherweise sinnvoll ist, bei hohen Niederschlagswerten den Maßstab zu verändern (bis 100 mm: 1cm je 10 mm; über 100 mm: 1cm je 100 mm.
– dass die Beschriftung vollständig ist: beide senkrechte Achsen und die waagerechte Achse, Ort und Land, Höhe über Meeresspiegel und die geographischen Koordinaten, die Jahresmitteltemperatur und die Niederschlagssumme.

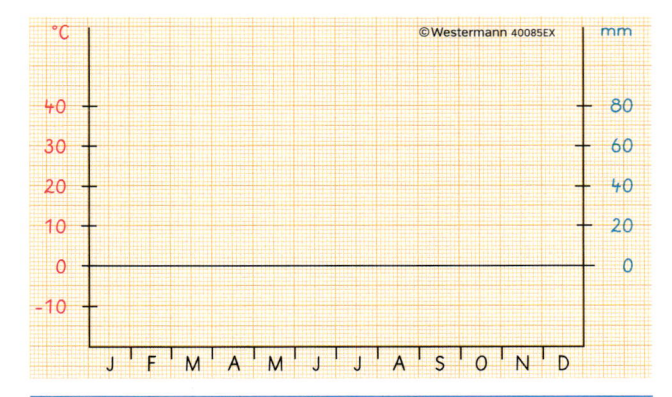

M3 Zeichnen und beschriften der Achsen und der Grundlinie (Nulllinie)

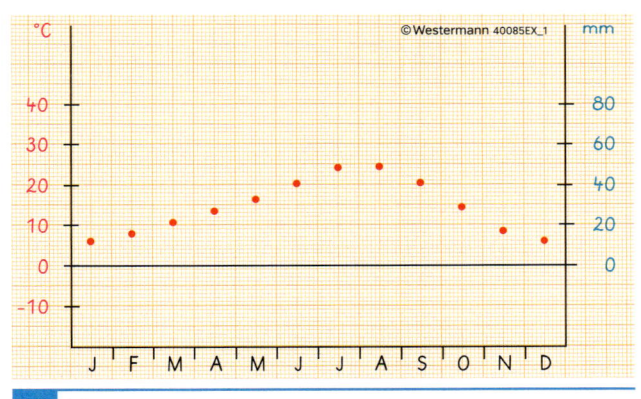

M4 Eintragen der Temperaturwerte

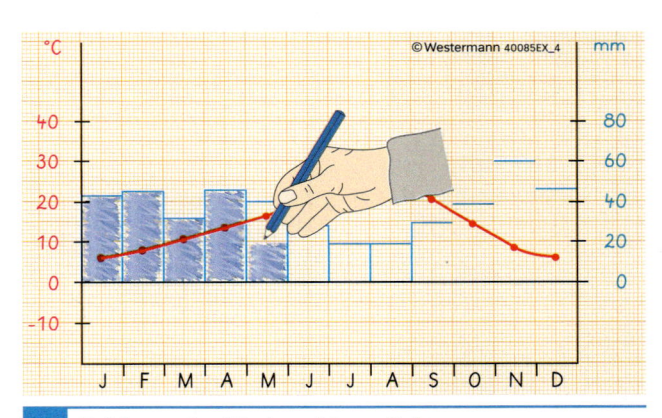

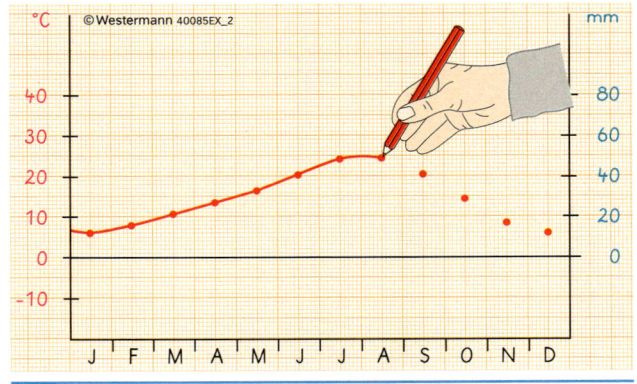

M5 Zeichnen der Temperaturkurve

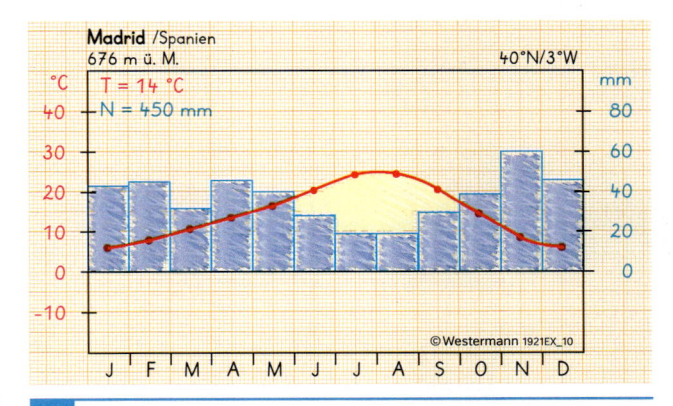

M6 Markieren der Höhe der Niederschlagssäulen

M7 Zeichnen der Niederschlagssäulen

Madrid / Spanien
676 m ü. M.   40°N/3°W
T = 14 °C
N = 450 mm

M8 Benennung des Klimadiagramms und Kennzeichnung der Trockenzeit

Die Entfernung zwischen zwei Orten bestimmen

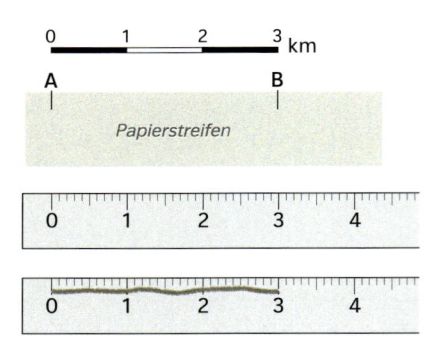

Eine Karte ist das verkleinerte Abbild der Erdoberfläche. Wie stark eine Karte die Wirklichkeit verkleinert, zeigt der Maßstab der Karte an. Um Entfernungen zwischen zwei Orten oder die Länge von Flüssen zu bestimmen, kannst du die Maßstabsleiste nutzen.

M1 Verschiedene Möglichkeiten der Messung von Entfernungen

Schrittfolge zur Bestimmung der Entfernung zwischen zwei Orten.

① Vorbereitung
Suche die zwei Orte auf der Karte und lege einen Papierstreifen an die zu bestimmende Strecke in der Karte.
Markiere die Endpunkte auf dem Papierstreifen und benenne sie mit A und B.

② Entfernung ermitteln
Lege den Papierstreifen so an die Maßstabsleiste an, dass der Punkt A deiner Strecke genau bei 0 an der Maßstabsleiste anliegt.
Lies am Endpunkt B der markierten Strecke die Entfernung an der Maßstabsleiste ab.
Hinweis: Du kannst anstelle des Papierstreifens auch ein Lineal für die Messung verwenden.

Schrittfolge zur Bestimmung der Länge eines Flusses

① Vorbereitung
Platziere einen Faden auf dem Fluss(-abschnitt). Achte darauf, dass du den Faden entlang der Mitte des Flusses legst.

② Entfernung ermitteln
Leg den Faden auf das Lineal und miss die Länge.
Bestimme mithilfe der Maßstabsleiste, wie viele Kilometer in der Wirklichkeit einem Zentimeter auf der Karte entsprechen.
Ermittle die Länge des Flusses.

M2 Entfernungen mithilfe eines Papierstreifens messen

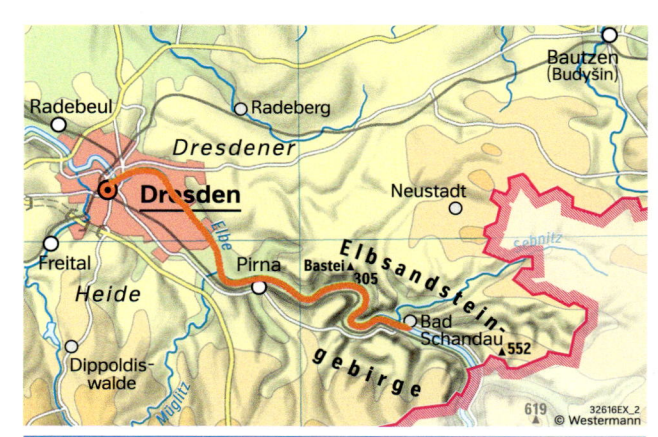

M3 Entfernungen mithilfe eines Bindfadens messen

Satellitenbilder beschreiben und auswerten

Tausende Satelliten umkreisen heute die Erde. Sie bieten den Menschen einen ganz besonderen Blick auf ihren Lebensraum. Mithilfe von Satellitenbildern kannst du die Eigenschaften einer Region gut beschreiben.

M1 Satellitenbild vom Neuseenland (Leipzig)

Schrittfolge zum beschreiben und auswerten von Satellitenbildern

Beschreibung

1) Das Thema des Satellitenbildes
Welchen Raum zeigt das Bild? Wie groß sind die Entfernungen (dies kann man aus dem Vergleich mit einer Atlaskarte erschließen)? Aus welcher Höhe wurde es aufgenommen? Wo ist Norden im Bild? Wann wurde das Bild aufgenommen (z. B. Jahreszeit)?

2) Welche Einzelheiten kannst du erkennen?
Gliedere den Bildausschnitt in Teilräume (vor allem nach der Farbgebung). Beschreibe einzelne, besonders auffällige Objekte (Städte, Flughäfen, Seen usw.).

3) Was ist die Aussage des Bildes?
Zusammenfassung aller Informationen zu einer Kernaussage

Zusatz: Auswerten

4) Wie kann man das Dargestellte erklären?
Erkläre nun das, was du beschrieben hast. Das geht umso besser, je mehr du über den Raum weißt. Auf jeden Fall solltest du den Atlas zur Erklärung hinzunehmen. Verschaffe dir zusätzliche Informationen wenn nötig.

Formulierungshilfen zur Beschreibung (2.)
... klare Gliederung der Landschaft:
... zusammenhängende hellgrüne Flächen im Osten ... im Westen vereinzelte Flächen mit kleinen grünen und gelben Rechtecken... zwei Seen in der Bildmitte... im Osten eine größere Siedlung ... eine größere Straße, die ...

Formulierungshilfen zur Interpretation (4.)
... das Bild wurde südlich von Leipzig aufgenommen, es zeigt...
... bewaldete Flächen ... Felder, Siedlungen ...
... unterschiedliche Arten von Feldern im Westen... Rapsfelder ...
... Aufnahme entstand im späten Frühling, weil...
... dass der Cospudener See deutlich tiefer ist als der Zwenkauer See, ist daran zu erkennen, dass ...
... die große Straße ist die A...
... das Neuseenland bei Leipzig ist eine rekultivierte Fläche ...

INFO

schueler.diercke.de gibt dir einen Zugang zum Diercke Globus. Damit kannst du die gesamte Welt in (beschrifteten) Satellitenbildern (Flughöhe 15 bis 12 800 km) und Karten in 3D und mit einem Flugsimulator bereisen.

INFO

Google Maps bietet nicht nur viele Karten und Zusatzinformationen (z. B. Verkehrslage), man kann auch das Satellitenbild einschalten.
Tipp: Wenn du auf die größte Flughöhe schaltest, kannst du links auch zu Satellitenbildern von mehreren Planeten wechseln, z. B. zu Mars und Venus.

Eine Pro- und Kontra-Diskussion führen

Eine Pro- und Contra-Diskussion ist dafür geeignet, sich mit Argumenten von Gegner und Befürwortern eines Projekts vertraut zu machen. Außerdem kann man üben, Gesprächsregeln zu folgen, seinen eigenen Standpunkt zu finden und gegenüber anderen zu vertreten.

Schrittfolge zum Argumente Sammeln und Entscheidungen vorbereiten

1. **Welche Argumente gibt es?**
   Wenn man eine Entscheidung vorbereitet, sollte man sich vorher gut die Argumente überlegen, die die Entscheidung beeinflussen.

2. **Argumente sortieren**
   Am besten legt man eine Tabelle an, in der man alle Argumente und dazu passende Beispiele nach Pro und Kontra sortiert.

3. **Entscheiungen fällen**
   Erst wenn man sich genau überlegt hat, welches Argumente mehr Bedeutung haben, sollte man eine Entscheidung fällen.

Schrittfolge zur Durchführung einer Diskussion

1. **Vorbereitung**
   Vor einer Diskussion musst du dich über den Sachverhalt genau informieren und recherchieren. Nur so kannst du überzeugende Argumente und anschauliche und konkrete Beispiele zu den Argumenten finden.

2. **Durchführung**
   Während der Diskussion müssen alle die üblichen Gesprächsregeln befolgen. Am besten, es wird ein Diskussionsleiter gewählt, der darüber wacht.

3. **Ergebnisse feststellen**
   Wer hat wen überzeugt? Kann eine gemeinsame Entscheidung getroffen werden?

Bürgermeister (Diskussionsleiter/ Moderator)
- lädt zur Diskussion ein
- möchte den Erholungsort entwickeln mit vielen Arbeitsplätzen

älteres Ehepaar (gegen neue Skipiste)
- wohnt schon sehr lange hier
- liebt die Ruhe in der Natur
- wandert gern, beobachtet Tiere

Hotelbesitzer (für neue Skipiste)
- möchte Hotel vermarkten
- will über das gesamte Jahr den Gästen Abwechslung bieten
- neue Jobs können geschaffen werden

Mitarbeiter der Nationalparkverwaltung (gegen neue Skipiste)
- will die Natur schützen
- warnt vor Gefahren
- möchte Naturschönheit zeigen

Mitarbeiter im Tourismusbüro (hat Pro- und Contra-Argumente)
- ist für ein vielfältiges Angebot
- setzt sich für den sanften Tourismus ein
- schlägt andere Projekte vor

Schülerin (für neue Skipiste)
- verbringt ihre Freizeit gerne aktiv
- möchte das ganze Jahr über Skifahren
- freut sich über jedes Angebot
- ABER: auch Bedenken —> „Friday for Future"

Mittelständischer Unternehmer (gegen neue Skipiste)
- ökologisch orientiert
- Vorschlag: Zugreisende bekommen Vergünstigung
- Mieten sollen nicht steigen
- keine Fast Food-Gastronomie

> **TIPP**
> Eine Pro- und Kontra-Diskussion kann auch als Rollenspiel durchgeführt werden.
> Wichtig ist eine intensive Vorbereitung, damit gut und sachkundig argumentiert werden kann.

M1 Die Rollenkarten für die Seiten 96/97 geben euch Hinweise, ob ihr Argumente für oder gegen den Bau einer Skipiste herausarbeitet

Eine Karikatur beschreiben und interpretieren

Für viele Leserinnen und Leser bringt die Karikatur die letzte Würze in die Tageszeitung. Doch wie findet man einen Zugang zu einer Karikatur? Wie interpretiert man sie? Welches sind die Mittel, die uns zum Schmunzeln oder zum Nachdenken bringen?

Schrittfolge zum Beschreiben und Interpretieren von Karikaturen

① Beschreibung
Wer und was ist dargestellt (z. B. Personen, Orte, Probleme)?
Wie ist es dargestellt? Wieso wirkt die Karikatur übertrieben und witzig? (Was ist anders, z. B. größer/kleiner dargestellt als in Wirklichkeit?)
Welche Bedeutung hat die Bildunterschrift?

② Interpretation
Auf welche Probleme oder Sachverhalte soll aufmerksam gemacht werden?
Welche Meinung wird vertreten?
Was soll mit der Karikatur bei Betrachtern erreicht werden?

③ Eigene Stellungnahme
Was sagst du selbst zu dem Dargestellten? (Bist du genügend über das Thema informiert oder benötigst du zusätzliche Informationen?)

Formulierungshilfe
In der Karikatur sind Berge in Form von Hüten dargestellt … . Viele Fahrzeuge versuchen. …. Auf den Bergen/Hüten sieht man… . Einer der Berge ist … Auf dem anderen …. Vor den Bergen sind einige Schilder aufgestellt. Darauf steht zum Beispiel… .
Die Karikatur stellt die vielfältige Nutzung der Alpen überspitzt dar. Es wird aber auch deutlich, dass die Alpen … Überall liegt Müll. Das Verkehrsaufkommen ist sehr hoch. Die Menschen verhalten sich … . Es scheint keine unberührten Berge mehr zu geben. Das hat zur Folge, dass … .

INFO
Eine Karikatur ist immer eine Meinungsäußerung der Karikaturistin oder des Karikaturisten. Sie ist nie objektiv, sondern stellt immer eine bestimmte Sichtweise dar.
Daher sollte man sich zu jedem Sachverhalt, der in einer Karikatur dargestellt wird, auch eine eigene Meinung bilden.

TIPP
Oft ist es hilfreich, alle Bildelemente, ihre Darstellung und ihre Bedeutung in einer Tabelle zusammenzustellen (M3).

M2 Karikatur

Bildelement	Art der Darstellung	Interpretation
Berge	Die Berge sehen aus wie Tiroler Hüte	Die Berglandschaft der Alpen ist vollkommen vom Menschen eingenommen.
Autos	…	Das hohe Verkehrsaufkommen überlastet das Straßennetz der Alpen.
Menschen	Die Menschen (Touristen) genießen die Berglandschaft in voll Zügen.	….
Schilder	…	…

M3 Hilfe zu Beschreibung und Interpretation

Methode

Eine Länderanalyse erstellen

Ein Staat, eine Landschaft, also einen abgegrenzten Raum, kann man untersuchen, indem man alle Komponenten des Raumes untersucht. Die Informationen findet man in Büchern, im Atlas und auch im Internet.

Um nicht den Überblick zu verlieren, ist es möglich, die Analyse (das bedeutet Untersuchung) unter einer Fragestellung durchzuführen. Dabei werden nicht alle Faktoren berücksichtigt, sondern nur jene, welche für die Beantwortung der Frage wichtig sind

Schrittfolge bei einer Länderanalyse

① Vorbereitung
Wähle ein Land aus und beschreibe ausführlich seine geographische Lage.

② Analyse
Wähle die Faktoren aus, die für deine Bearbeitung von Bedeutung sind und suche gezielt nach Informationen. Zum Beispiel kannst du dich auf die Nutzung durch den Menschen konzentrieren. Sichte und ordne deine Materialien.

③ Ergebnisse formulieren
Untersuche die einzelnen Komponenten. Stelle Zusammenhänge zwischen den Merkmalen der einzelnen Faktoren her, z.B. zwischen Klima, Vegetation und landwirtschaftlicher Nutzung.

④ Ergebnisse darstellen und repräsentieren
Das kann in Form eines Vortrages oder einer Präsentation erfolgen. Du kannst auch ein Plakat oder eine Collage erstellen.

allgemeine Merkmale
- Angaben zur Fläche
- Bevölkerungszahl und -verteilung
- administrative Gliederung
- Hauptstadt

Lage
- in der Welt
- im Kontinent
- Angaben zu Nachbarländern, Meeren, Landschaften

Geschichte und Kultur
- geschichtliche Entwicklung
- Sprachen
- Religionen
- Traditionen

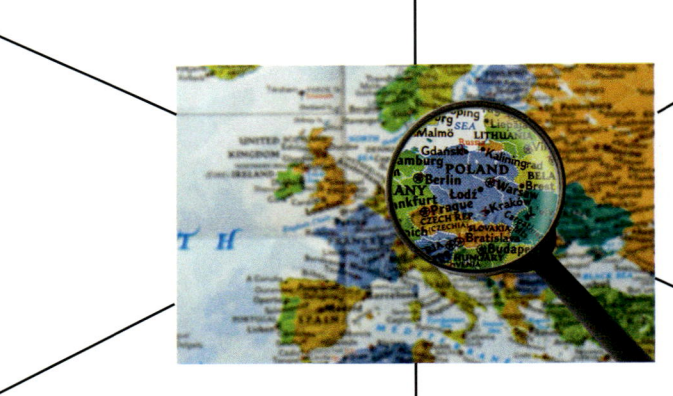

Naturraum
- Klima und Vegetation
- Oberflächengestalt
- Gewässer
- Boden
- Fauna
- Bodenschätze

Wirtschaft und Verkehr
- Industrie, Bergbau
- Landwirtschaft
- Dienstleistungen
- Verkehr

Bevölkerung
- Bevölkerungsverteilung
- bedeutende Städte, Ballungsräume
- Verteilung der ländlichen Räume
- Lebensweisen in der Stadt und auf dem Land

M1 Faktoren einer Länderanalyse

Methoden 139

Diagramme lesen

Für Vorträge oder Präsentationen ist es hilfreich, wenn du Zahlen und Entwicklungen, die in Diagrammen dargestellt sind, auswerten kannst. Balken- und Säulendiagramme dienen meist dem Vergleich von Zahlenwerten. Kreisdiagramme hingegen stellen Anteile an einem Ganzen dar. Mit Liniendiagrammen werden Entwicklungen abgebildet. Sind mehrere Linien eingezeichnet, können Entwicklungen verglichen werden.

Schrittfolge zum Lesen von Diagrammen

1 Überblick verschaffen
Bestimme die Art des Diagramms.
Entnimm aus der Überschrift oder dem Untertitel das Thema der Grafik.
Beschreibe die ausgewiesenen Größen, z. B. Zeitabschnitte, Längen, Höhen (Beschriftung der Achsen beachten).

2 Informationen entnehmen
Trage alle Informationen aus dem Diagramm zusammen (in zeitlicher Reihenfolge oder nach Größen geordnet).
Stelle mögliche Zusammenhänge zwischen den dargestellten Angaben her.

3 Hauptaussagen zusammenfassen
Fasse die Informationen in zwei oder drei Hauptaussagen zusammen (Bezug zur Überschrift beachten).

4 Aussagen des Diagramms erklären (für Experten)
Erkläre anhand deines Vorwissens die Aussagen des Diagramms.

Formulierungshilfen zu den Beispieldiagrammen
Das …diagramm zeigt die Anteile der Bevölkerung der … Kontinente an der … der Erde im Jahr … . Deutlich mehr als die … aller Menschen leben in … . Dieser Anteil entspricht rund dem … von Afrika. Der Anteil der Bevölkerung Europas und … entspricht zusammen ungefähr dem Bevölkerungsanteil … . Einen sehr … Anteil an der Weltbevölkerung hat … .

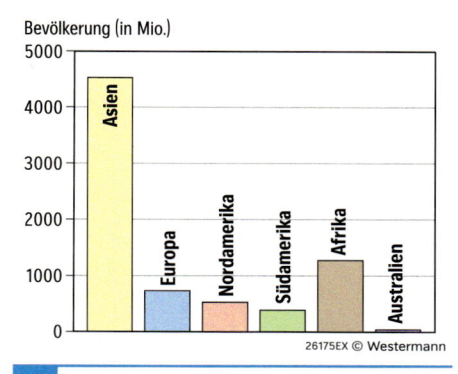

M4 Bevölkerungszahl der Kontinente als Säulendiagramm (2018)

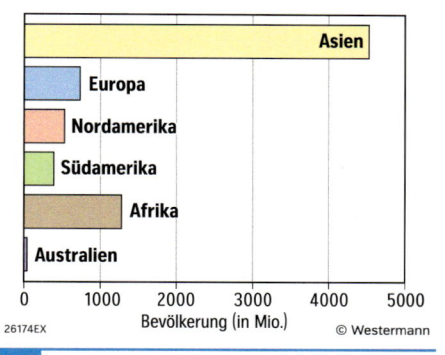

M6 Bevölkerungszahl der Kontinente als Balkendiagramm (2018)

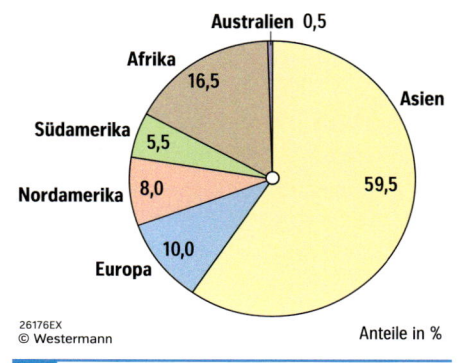

M5 Anteile der Bevölkerung der Kontinente an der Weltbevölkerung als Kreisdiagramm (2018)

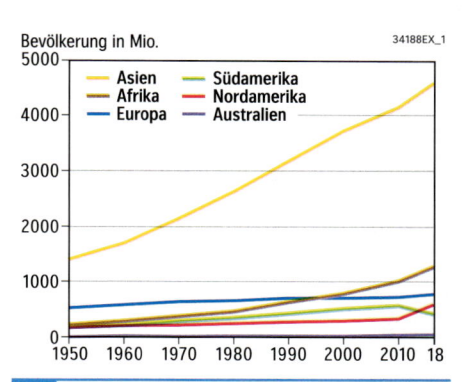

M7 Entwicklung der Bevölkerungszahl der Kontinente als Liniendiagramm

Poster gestalten

Schrittfolge zum Erstellen eines Posters

① **Material beschaffen und anfertigen**
Beschafft euch Materialien über das Thema, das ihr vorstellen möchtet. Informationen findet ihr zum Beispiel im Lexikon, in Zeitschriften, in Zeitungen oder im Internet.
Stellt euch die Informationen gegenseitig vor und trefft eine Auswahl.
Überlegt euch gemeinsam, wie ihr die Informationen klar und interessant gestalten könnt.
Fertigt Kopien von den Materialien an (Tipp: Mit dem Fotokopierer kann man Darstellungen vergrößern!) oder zeichnet Grafiken, Karten und Diagramme. Schreibt kurze Texte zum Thema, die später auf das Poster geklebt werden. Beachtet, dass ihr möglichst groß schreiben müsst.

② **Beiträge erstellen**
Besorgt euch einen großen Bogen Karton oder Tapete.
Legt die einzelnen Darstellungen probeweise darauf.
Klebt die Materialien anschließend auf.
Weitere Hinweise oder Verbindungslinien zwischen Texten und Bildern könnt ihr direkt einzeichnen.
Kontrolliert anhand der Checkliste (M1), ob ihr alle wichtigen Punkte berücksichtigt habt.

③ **Poster präsentieren**
Schreibt eure Namen auf das Poster und hängt es an einer freien Stelle im Klassenraum oder an einer Stellwand auf.
Präsentiert es der Klasse.

1. Das Poster macht einen ordentlichen und übersichtlichen Eindruck.
2. Die Überschrift ist groß genug und gut lesbar.
3. Die Texte und Bilder passen zum Thema.
4. Alle Materialien haben eine Unter- oder Überschrift.
5. Die Texte sind sauber und fehlerfrei geschrieben.
6. Alle Bestandteile sind ordentlich angeordnet und fehlerfrei beschriftet.

M1 Checkliste zur Erstellung eines Posters

Einen Text auswerten

Schrittfolge bei der Textauswertung

① **Was möchte ich wissen?**
Welche Fragen möchte ich mithilfe des Textes beantworten?

② **Klärung unbekannter Begriffe**
Lies den Text und markiere oder notiere unbekannte Begriffe.
Nutze dazu Nachschlagewerke oder das Internet. S. 143

③ **Worum geht es im Text?**
Gliedere den Text in Abschnitte und formuliere Zwischenüberschriften.

④ **Was ist wichtig?**
Notiere oder unterstreiche wichtige Schlüsselwörter und Schlüsselaussagen. Benutze dazu verschiedene Farben.

⑤ **Was ist das Ergebnis?**
Fasse die Beantwortung deiner Fragen in wenigen Sätzen mithilfe der Schlüsselwörter und -aussagen schriftlich oder mündlich zusammen.

Methoden 141

Mit thematischen Karten arbeiten

Schrittfolge zur Arbeit mit thematischen Karten

1) Wo? Wann? Was? – das Thema der Karte
Bei einer Karte ist vor allem der abgebildete Raum wichtig, seine Lage, seine Größe.
Lies den Titel / die Unterschrift. Hier findest du Hinweise. Der Maßstab gibt dir Hinweise auf die Größe des Raumes.

2) Was sind die genauen Inhalte
Lies die Legende. Die Signaturen geben dir alle Inhalte genau an (z. B. die Art der Industriebetriebe oder die Bodennutzung).
Wo gibt es besonders viele Signaturen? Wo gibt es besonders viele Signaturen von einer Art? Notiere die Orte und die Bedeutung der Signaturen dort.
Wo gibt es nur wenige Signaturen? Notiere die Orte und die Bedeutung der Signaturen.
Gliedere deine Auswertung. Eine Hilfe können dabei die Himmelsrichtungen sein.

3) Was ist die Kernaussage der Karte?
Fasse die Aussage der Karte in wenigen Sätzen zusammen. Wichtig: Auch hier musst du auf jeden Fall den Raum nennen.

... und über die Beschreibung hinausgehend:

4) Aussagen der Karte erklären (für Experten)
Erkläre anhand deines Vorwissens die Aussagen der Karte.

Formulierungshilfen
Die Karte zeigt ... . Der abgebildete Raum ist von Westen nach Osten ungefähr ... Kilometer groß und von ... .
Neben dem Verkehrsnetz zeigt die Karte ... . Im Südwesten liegt das Ballungsgebiet ... . In diesem Gebiet gibt es sehr viel Industrie, z. B. ... .
Die Karte zeigt sehr deutlich, dass die Industrie im dargestellten Kartenausschnitt sehr ... verteilt ist.
Eine Erklärung dafür ist, dass ... .

Bilder beschreiben

Schrittfolge zum Beschreiben eines Bildes

1) Orientieren
Wo liegt der abgebildete Ort? Nutze dazu den Atlas oder einen Online-Kartendienst.
Wann wurde das Bild aufgenommen (z. B. welches Jahr, welche Jahreszeit, welche Tageszeit)?
Tipp: Viele Informationen findest du bereits in der Bildunterschrift und in der Quellenangabe.

2) Erfassen von Einzelheiten
Gliedere das Bild (wenn möglich) in Vorder-, Mittel- und Hintergrund.
Welche Einzelheiten sind dir in den einzelnen Bildbereichen aufgefallen (z. B. Personen, ihre Tätigkeit, Gebäude und Siedlungen, bestimmte Pflanzen und deren Wuchshöhe, Straßen und Wege, Oberflächenformen, Naturerscheinungen)?

Tipp: Lege dazu Transparentpapier oder eine Folie über das Bild und zeichne Linien zur Abgrenzung ein.
Trage wesentliche Einzelheiten in deine Skizze ein.

3) Inhaltsbeschreibung
Formuliere die wichtigste(n) Aussage(n) des Bildes.
Was kannst du z. B. über den Ort und das Leben der dargestellten Menschen aussagen.

4) Erklären (für Experten)
Warum ist das so, was du auf dem Bild siehst? Recherchiere nach Zusatzinformationen.

Im Lerntempoduett arbeiten

Schrittfolge zur Arbeit im Lerntempoduett

① Einzelarbeit
Legt im Klassenraum mehrere Kontaktpunkte (bus stops) fest. An diesen Punkten sollt ihr später in Partnerarbeit eure Arbeitsergebnisse vergleichen.
Bearbeitet aber zunächst eure Arbeitsaufgabe alleine.

② Austausch der Arbeitsergebnisse
Nachdem ihr eine erste Aufgabe bearbeitet habt, geht ihr zu einem der Kontaktpunkte im Klassenraum. Wartet dort auf einen Partner, der seine Aufgabe in einem ähnlichen Tempo bearbeitet hat. Tauscht eure Ergebnisse in Partnerarbeit aus. Wiederholt diesen Vorgang, bis ihr alle Aufgaben bearbeitet habt.

Mindmaps erstellen

- zur Vorbereitung und Gliederung eines Themas (zum Beispiel für einen Vortrag)
- zur Stoffsammlung in einer Gruppenarbeit
- zur übersichtlichen Zusammenfassung von Unterrichtsinhalten

M1 Beispiel einer Mindmap – sanfter Tourismus

M2 Einsatzmöglichkeiten von Mindmaps

Schrittfolge zum Erstellen einer Mindmap

① Hauptthema notieren
Schreibe in dicker Schrift das Hauptthema in die Mitte eines Blattes und zeichne einen Kreis oder ein Oval darum.

② Hauptäste einzeichnen und beschriften
Überlege dir Schlüsselbegriffe für die Hauptäste.
Zeichne zu allen gefundenen Schlüsselbegriffen Hauptäste an den Kreis oder das Oval. Du kannst die Hauptäste auch in verschiedenen Farben zeichnen.
Schreibe an oder in die Hauptäste die gefundenen Schlüsselbegriffe. Jeder Hauptast bildet ein zusammengehörendes Teilthema.

③ Nebenäste einzeichnen und beschriften
Überlege dir zu jedem Schlüsselbegriff untergeordnete Begriffe.
Trage von den Hauptästen abzweigend dünnere Nebenäste mit den untergeordneten Begriffen ein, die zum Hauptast passen. Schreibe die Begriffe an die Nebenäste.

④ Untergeordnete Nebenäste einzeichnen und beschriften
Wenn dir noch Unterpunkte einfallen, kannst du an die Nebenäste noch untergeordnete Nebenäste zeichnen.
Beschrifte die untergeordneten Nebenäste mit den Unterpunkten.

⑤ Gesamtbild verschönern
Nutze, wenn du willst, zusätzlich Bilder und Symbole, damit deine Mindmap noch schöner aussieht.

Methoden 143

Im Internet recherchieren

Suchmaschinen
Neben bekannten Suchmaschinen gibt es auch Kindersuchmaschinen. Sie führen zu Seiten, die leichter verständlich sind.
Kindersuchmaschinen sind z. B.: blinde-kuh, helles-koepfchen oder fragfinn.

Schrittfolge zum Recherchieren im Internet

① Was will ich wissen?
Überlege, welche Fragen du dir stellst. Nach welchen Informationen möchtest du suchen?

② Schlüsselwörter finden
Notiere die Fragen und unterstreiche darin die wichtigsten Wörter, die Schlüsselwörter.

③ Die Suchmaschinen füttern
Tippe die Schlüsselwörter in die Suchmaske der Suchmaschine ein.

④ Schau dir nun die ersten 10 Suchergebnisse, die ersten zehn Treffer, an und werte sie aus. Findest du hier schon die gewünschten Informationen, die Antworten auf deine Fragen?

④ Die Suche verändern
Wenn die Antworten nicht ausreichen, dann gibt es zwei Möglichkeiten:
Verwende eine andere Suchmaschine.
Oder: Gib andere Schlüsselwörter oder die Schlüsselwörter in anderer Reihenfolge in die Suchmaske ein.

Kartenskizzen zeichnen

Schrittfolge zum Erstellen von Kartenskizzen

① Überblick verschaffen
Verschaffe dir mithilfe des Atlas einen Überblick über den darzustellenden Raum. Betrachte die Umrisse des Raumes. Stelle fest, ob diese einprägsame Formen besitzen.

② Umriss zeichnen
Zeichne zuerst den Umriss des Raumes (zum Beispiel Grenzen Deutschlands). Gerade Linien vereinfachen diese Arbeit.
Ergänze anschließend weitere Begrenzungen innerhalb Raumes (zum Beispiel Grenzen zwischen Großlandschaften Deutschlands).

③ Signaturen und Inhalte einfügen
Kennzeichne im Umriss wichtige Inhalte mit geeigneten Farben, Symbolen, Linien, Zahlen und Buchstaben (zum Beispiel für Städte, Gebirge, Flüsse Deutschlands).

④ Legende erstellen und Kartenüberschrift ergänzen
Lege eine Legende zur kartografischen Skizze an, in der die genutzten Signaturen erklärt sind.
Formuliere eine Überschrift für die kartografische Skizze (zum Beispiel „Naturraum Deutschlands im Überblick").

Zum Zeichnen einer Kartenskizze benötigst du
- 1 Bleistift, der sich gut wegradieren lässt
- 1 Radiergummi
- 1 Lineal oder Geodreieck
- 6 Buntstifte (grün, gelb, hellbraun, dunkelbraun, rot und blau)
- Kartengrundlage von dem Raum, der skizziert werden soll

Teste dich 1 – Europa im Überblick

Entscheide, welche der gegebenen Antworten die richtigen sind. Am Ende jedes Tests kannst du deine Lösungen mit dem QR-Code oder dem Webcode (Eingabe des Codes auf der Internetseite www.westermann.de) überprüfen.

WES-115500-001

1. Ordne die Länder und Hauptstädte den Teilen Europas zu: N = Nordeuropa, W = Westeuropa, M = Mitteleuropa, O = Osteuropa, SO = Südosteuropa oder S = Südeuropa

   Polen = ____   Niederlande = ____   Slowenien = ____   Norwegen = ____   Italien = ____   Ukraine = ____
   Berlin = ____   Paris = ____   Stockholm = ____   Madrid = ____   Moskau = ____

2. Entscheide dich!

Das Gebirge Ural ist die Grenze zwischen Europa und Asien.	A richtig	B falsch
Der Atlantische Ozean trennt Europa von Afrika.	A richtig	B falsch
Die Straße von Gibraltar liegt zwischen Afrika und Europa.	A richtig	B falsch
Das Nordkap liegt am Mittelmeer.	A richtig	B falsch

3. Ordne den Halbinseln Europas die passenden Namen zu.

   ① ② ③ ④

   A Skandinavische Halbinsel   B Iberische Halbinsel   C Apennin-Halbinsel   D Balkan-Halbinsel

4. Die kleinen Länder Liechtenstein und Monaco haben etwa die gleiche Einwohnerzahl. In ihnen leben jeweils rund 40 000 Einwohner. Liechtenstein hat eine Landesfläche von 160 km², Monaco von 2 km²

   a) Berechne die Bevölkerungsdichte.
      Liechtenstein: ____ Einwohner/km²   Monaco: ____ Einwohner/km²

   b) Ordne zu, welches Bild in Liechtenstein und welches in Monaco aufgenommen wurde.

5. Entscheide dich!

Alle Länder Europas sind Mitglied der Europäischen Union.	A richtig	B falsch
Aller Länder der Europäischen Union haben den Euro als Währung.	A richtig	B falsch
Die Flagge der EU hat 12 goldene Stern auf blauem Grund.	A richtig	B falsch

Für Geographieentdecker!

In Europa gibt es einige sehr kleine Staaten. Erstelle eine Europakarte, in der ihre Lage gut sichtbar ist. Vergleiche die Länder z.B. hinsichtlich ihrer Größe und Einwohnerzahl in Form von Diagrammen. Erstelle ein Rätsel für deine Mitschüler, das sie mithilfe der Karte lösen können.

Teste dich 2 – Klima und Vegetation in Europa

Entscheide, welche der gegebenen Antworten die richtigen sind. Am Ende jedes Tests kannst du deine Lösungen mit dem QR-Code oder dem Webcode (Eingabe des Codes auf der Internetseite www.westermann.de) überprüfen.

WES-115500-002

1. Entscheide, welche der Aussagen richtig ist.

Je nördlicher in Europa, ...
- desto flacher (A) / steiler (B) ist der Einstrahlungswinkel der Sonne.
- desto größer (C) / kleiner (D) ist die Fläche, die von der Sonne beschienen wird.
- desto länger (E) / desto kürzer (F) sind die Tage in den Wintermonaten.
- desto länger (G) / kürzer (H) sind die Tage in den Sommermonaten.

2. Ordne die Klimazonen, die Städte und Merkmale den Klimastationen I, II und III zu.

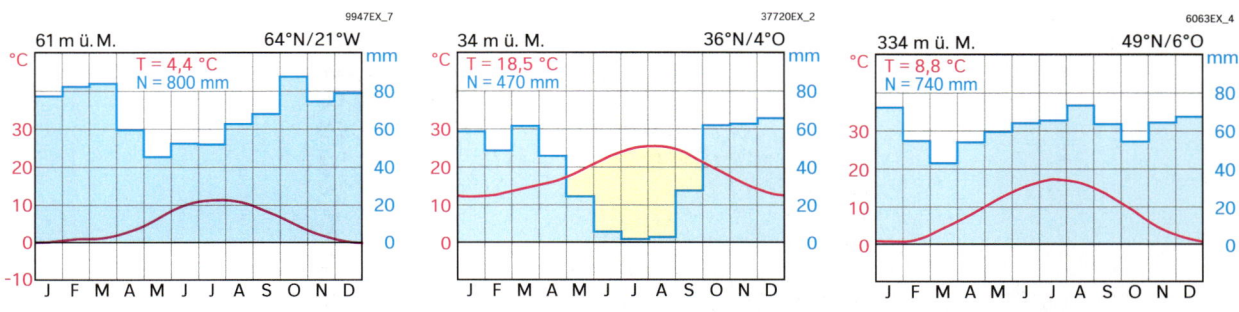

Klimastation I: 61 m ü. M., 64°N/21°W, T = 4,4 °C, N = 800 mm
Klimastation II: 34 m ü. M., 36°N/4°O, T = 18,5 °C, N = 470 mm
Klimastation III: 334 m ü. M., 49°N/6°O, T = 8,8 °C, N = 740 mm

Klimazone: Subpolare Klimazone (1), Gemäßigte Klimazone (2), Subtropische Klimazone (3)
Städte: Malaga (A), Luxemburg (B), Reykjavik (C)
Merkmale: Trockenheit im Sommer (a), strenge Winter (b), Schneefall im Winter (c)

3. Entscheide dich!

Der Golfstrom ist eine warme Meeresströmung.	A richtig	B falsch
Durch den Golfstrom sind Norwegens Häfen eisfrei.	A richtig	B falsch
Der Golfstrom strömt von Nord nach Süd im Atlantik.	A richtig	B falsch
Ohne Golfstrom wäre es in Deutschland im Winter kälter.	A richtig	B falsch

4. Gib an, in welcher Vegetationszone Europas die Pflanzen zu finden sind. Begründe deine Zuordnung.

Moltebeeren wachsen an kleinen Zwergsträuchern. Die Pflanze kann auch bei Frost bis zu -40°C überleben. Sie besitzt nur flache Wurzeln. Die Beeren sind reich an Vitaminen.

Der Feigenkaktus kann lange Trockenzeiten überstehen. Er ist aber empfindlich gegenüber Temperaturen unter 0°C. Die Feigen sind nahrhaft und essbar.

Für Geographieentdecker!

Du weißt, das Europa vor allem von Westwind beeinflusst wird. Es gibt aber viele Regionen, in denen zeitweise besondere Windverhältnisse vorherrschen, z.B. Föhn, Bora, Schirokko, Mistral, Levante, Böhmischer Wind. Erstelle dazu eine Karte, in der ihre Verbreitung und wichtige Eigenschaften (Richtung, Zeitraum, Temperatur) zu erkennen sind. Entwickle ein Rätsel, das deine Mitschüler mithilfe der Karte lösen können.

Teste dich 3 – Im Norden Europas

Entscheide, welche der gegebenen Antworten die richtigen sind. Am Ende jedes Tests kannst du deine Lösungen mit dem QR-Code oder dem Webcode (Eingabe des Codes auf der Internetseite www.westermann.de) überprüfen.

WES-115500-002

1. Welche Länder haben Anteil an der Skandinavischen Halbinsel?

  A Island   B Norwegen   C Dänemark   D Schweden   E Finnland   F Estland

2. Ordne die skandinavischen Hauptstädte von West nach Ost

  A Oslo   B Reykjavík   C Helsinki   D Stockholm   E Vilnius

3. In welchen Staaten kann man Polartag bzw. Polarnacht erleben?

  A Island   B Dänemark   C Schweden   D Norwegen   E Finnland   F Litauen

4. Ordne den Begriffen die Zahlen im Profilbild zu.

  A Fjell   B Skandinavisches Gebirge   C Schären   D Fjord

5. Entscheide dich!

Während des Zeitalters des Pleistozäns war es immer sehr kalt.	A richtig	B falsch
Das Inlandeis bewegte sich in Richtung Süden.	A richtig	B falsch
Schaut man von einer Endmoräne nach Norden, sieht man den Sander.	A richtig	B falsch
Urstromtäler verlaufen meist in Nord-Süd-Richtung.	A richtig	B falsch
Die Grundmoräne eignet sich gut für den Ackerbau.	A richtig	B falsch
Löss wurde durch das Schmelzwasser des Inlandeises abgelagert.	A richtig	B falsch

6. Entscheide, welche Aussagen zum Wald in Finnland richtig sind.

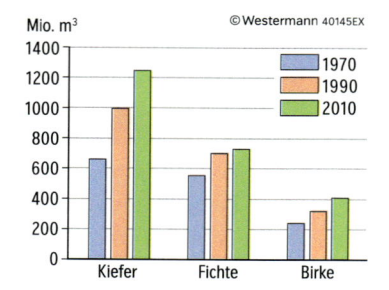

  A Die Hauptbaumart in Finnland ist die Kiefer.
  B Es gibt mehr Laubbäume als Nadelbäume.
  C Die Waldfläche hat seit 1970 zugenommen.
  D Es gibt dreimal so viele Kiefern wie Birken.
  E Alle drei Baumarten haben zwischen 1970 und 2010 zugenommen.
  F Der Zuwachs war zwischen 1990 und 2010 höher als zwischen 1970 und 1990.

Für Geographieentdecker!

Während des Pleistozäns gab es drei längere Kaltzeiten. Dadurch wurde Europa dreimal durch das Inlandeis bedeckt. Allerdings reichte das Eis unterschiedlich weit nach Süden. Erstelle eine Karte, in der die drei größten Ausdehnungen während der Elster-, Saale- und Weichselkaltzeit zu erkennen sind. Recherchiere dazu auch den Begriff: Feuersteinlinie.

Teste dich 4 – Europa zwischen Atlantik und Ural

Entscheide, welche der gegebenen Antworten die richtigen sind. Am Ende jedes Tests kannst du deine Lösungen mit dem QR-Code oder dem Webcode (Eingabe des Codes auf der Internetseite www.westermann.de) überprüfen.

WES-115500-004

1. Ordne die Staaten von West nach Ost.

    A Finnland   B Deutschland   C Polen   D Schweiz   E Weißrussland   F Frankreich

2. Ordne die Hauptstädte von West nach Ost.

    A Moskau   B Prag   C Brüssel   D London   E Dublin   F Berlin

3. Entscheide dich!

Die häufigste Windrichtung in der gemäßigten Klimazone ist Ostwind.	A richtig	B falsch
Der Jahresniederschlag nimmt von West nach Ost ab.	A richtig	B falsch
Die Winter sind in Küstennähe kälter als im Binnenstaat.	A richtig	B falsch
Frostempfindliche Pflanzen können in Russland im Freien nicht überleben.	A richtig	B falsch
Die Temperaturunterschiede zwischen Sommer und Winter sind in Irland größer als in Weißrussland.	A richtig	B falsch

4. Benenne die Metropolen Europas und den Fluss, an dem sie liegen.

① ② ③ ④

5. Bringe die Entwicklungsetappen des Mittelenglischen Industriegebiets in die richtige Reihenfolge.

A Moderne Industrien und der Dienstleistungssektor wachsen.	B Die Bevölkerung ist hauptsächlich in der Landwirtschaft tätig.	C Die Erfindung der Dampfmaschine verändert die Wirtschaft.	D Eisenerz und Steinkohle werden in Asien billiger produziert.

6. Ordne die Wörter an der richtigen Stelle im Text ein.

(a) Deltaplan   (b) geschlossen   (c) unter   (d) Polder   (e) Sperrwerken
(f) Überschwemmungen   (g) Nachteile   (h) Sturmflut

Große Teile der Niederlande liegen _____ dem Meeresspiegel. Bei _____ ist das Land besonders von Überschwemmungen bedroht. Mit dem _____ haben die Niederländer die Flussmündungen geschützt. Damit Schiffe noch die Häfen bzw. das Meer erreichen können, sind an einigen Stellen aufwendige _____ entstanden. Sie können bei Hochwassergefahr _____ werden. So ist das Land vor _____ geschützt. Auch die _____ verringert die Gefahren. Die _____ können als Ackerland oder Platz für Siedlungen genutzt werden. Für die Natur haben diese Bauten aber auch einige _____ .

Für Geographieentdecker!

In vielen Hauptstädten West-, Mittel- und Osteuropas gibt es sehr bekannte hohe Gebäude, z.B. den Eiffelturm oder den Berliner Fernsehturm. Erstelle eine Liste mit solchen Gebäuden, deren Lage, Besonderheiten und Geschichte und veranschauliche sie in einer Europakarte oder in einem Lapbook.

Teste dich 5 – Im Alpenraum

Entscheide, welche der gegebenen Antworten die richtigen sind. Am Ende jedes Tests kannst du deine Lösungen mit dem QR-Code oder dem Webcode (Eingabe des Codes auf der Internetseite www.westermann.de) überprüfen.

WES-115500-005

1. Ordne die Fotos der Höhenstufen vom Tal bis zum Gipfel. Ordne den Bildern die Höhenstufen der Vegetation und die Nutzungsmöglichkeiten zu.

   ① ② ③ ④ ⑤

   A Fels- und Eisstufe   B Mattenstufe   C Nadelwaldstufe   D Laubwaldstufe   E Talstufe
   I Obstanbau   II Forstwirtschaft   III Weide für Kühe   IV Skifahren   V Erholung

2. Entscheide dich!

Gletscher sind festsitzende Eisflächen im Hochgebirge.	A richtig	B falsch
Das Gletschertor befindet sich im Nährgebiet.	A richtig	B falsch
Im Zehrgebiet taut der Gletscher ab.	A richtig	B falsch
Ist ein Gletscher abgetaut, bleibt ein Trogtal zurück.	A richtig	B falsch
Im Westen der Alpen gibt es mehr Gletscher als im Osten der Alpen.	A richtig	B falsch
Gletscher bestehen aus reinem Eis.	A richtig	B falsch

3. Von welchen Staaten liegt der Großteil der Landesfläche in den Alpen?

   A Liechtenstein   B Schweiz   C Frankreich   D Österreich   E Slowenien   F Deutschland

4. Entscheide, welche Aussagen zum Wald in Finnland richtig sind.

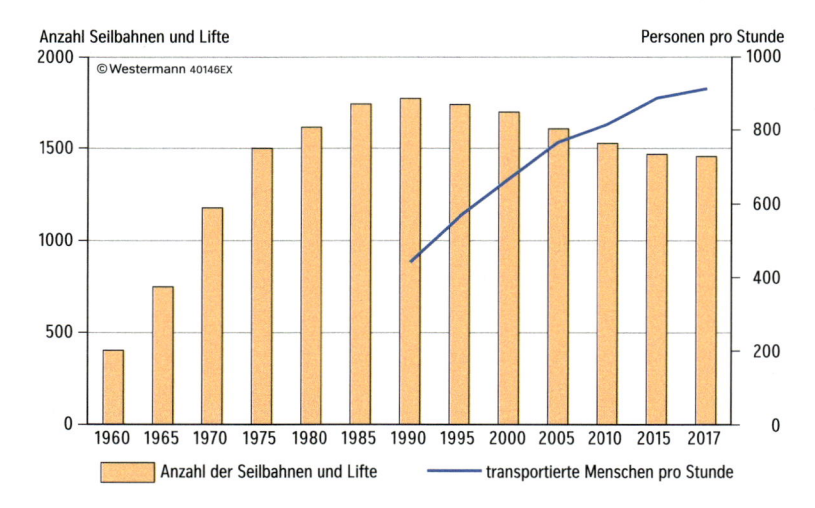

   A Im Jahr 1960 gab es in der Schweiz weniger als 200 Lifte.
   B Zwischen 1960 und 1975 hat sich die Anzahl der Seilbahnen und Skilifte mehr als verdreifacht.
   C Nach 1990 wurden weitere Skilifte und Seilbahnen abgebaut.
   D Nach 1990 wurden viele Seilbahnen und Lifte modernisiert.
   E Der Massentourismus hat in der Schweiz abgenommen.

Für Geographieentdecker!

Damit die Skifahrer noch länger in den Alpen Abfahrt und Langlauf erleben können, werden in den letzten Jahren immer mehr Pisten mit Schneekanonen künstlich beschneit. Untersuche die Funktionsweise und die Nachhaltigkeit der künstlichen Beschneiung.

Teste dich 6 – Im Süden Europas

Entscheide, welche der gegebenen Antworten die richtigen sind. Am Ende jedes Tests kannst du deine Lösungen mit dem QR-Code oder dem Webcode (Eingabe des Codes auf der Internetseite www.westermann.de) überprüfen.

WES-115500-006

1. Gib die Länder an, die keine Küste zum Mittelmeer besitzen.

A Spanien   B Portugal   C Italien   D Malta   E San Marino   F Griechenland

2. Welcher Vulkan befindet sich nicht im Süden Europas?

A Vesuv   B Hekla   C Ätna   D Stromboli   E Eyjafjallajökull   F Vulcano

3. Ordne die Hauptstädte von West nach Ost.

A Athen   B Madrid   C Lissabon   D Rom   E Valetta   F Nikosia

4. Ordne den Umrissen den Namen der Insel zu.

① ② ③ ④ ⑤

A Mallorca   B Sizilien   C Kreta   D Zypern   E Malta

5. Ordne die Begriffe den Ziffern in der Abbildung zu.

1 Lavastrom
2 Rauch und Staub
3 Schlot
4 Krater
5 Gesteinsbrocken
6 Magma
7 Seitenkrater

6. Entscheide dich!

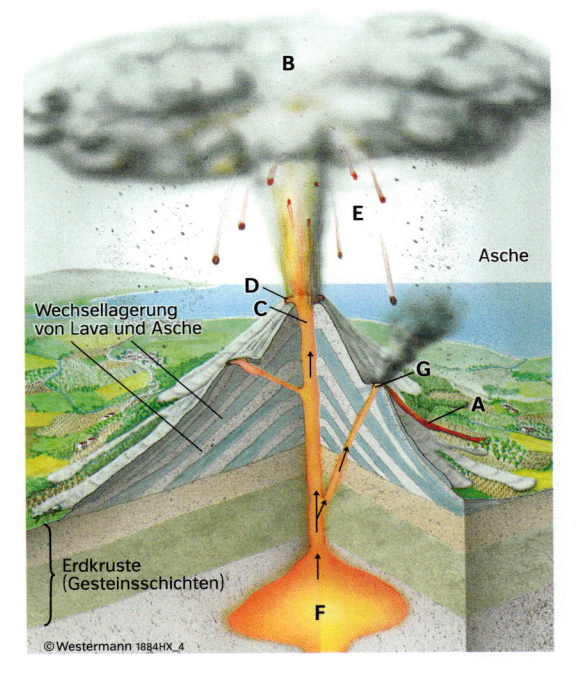

Die Winter sind mild.	A richtig	B falsch
Im Sommer fällt mehr Niederschlag als im Winter.	A richtig	B falsch
Olivenbäume müssen bewässert werden.	A richtig	B falsch
Pflanzen wachsen vor allem im Frühjahr und Herbst.	A richtig	B falsch
Im Mittelmeerraum fällt kein Schnee.	A richtig	B falsch

Für Geographieentdecker!

Im Jahr 79 brach der Vesuv aus und begrub die Stadt Pompeji mit seinen Aschemassen. Bis heute ist der Vulkan aktiv. Die Gefahren für die Stadt Neapel und ihre Umgebung sind hoch. Informiere dich über den Ausbruch im Jahr 79 und stelle den Supervulkan bei Neapel vor.

Klimadaten

Klimastationen		J	F	M	A	M	J	J	A	S	O	N	D	Jahr
Athen, 107 m (Griechenland)	°C	9	10	11	15	20	25	28	27	24	19	15	11	18
	mm	62	36	38	23	23	14	6	7	15	51	56	71	402
Barcelona, 95 m (Spanien)	°C	9	10	12	15	18	22	24	24	22	18	14	10	17
	mm	33	42	46	47	52	43	29	48	77	80	49	47	593
Bergen, 45 m (Norwegen)	°C	2	1	3	6	10	13	15	15	12	8	6	3	8
	mm	179	139	109	140	83	126	141	167	228	236	207	203	1958
Berlin, 58 m (Deutschland)	°C	0	1	4	9	14	17	18	17	14	9	4	1	9
	mm	43	40	31	41	46	62	70	68	46	47	46	41	581
Budapest, 120 m (Ungarn)	°C	−1	2	6	12	17	20	22	21	17	12	6	2	11
	mm	41	38	34	41	61	68	45	55	39	34	59	48	563
Dresden, 230 m (Deutschland)	°C	−1	0	4	8	13	16	18	18	14	10	4	1	9
	mm	46	39	41	53	63	75	69	76	51	45	52	58	668
Dublin, 68 m (Irland)	°C	5	5	7	8	11	13	15	15	13	11	7	6	10
	mm	71	52	51	43	62	55	66	80	77	68	67	77	769
Innsbruck, 582 m (Österreich)	°C	−3	−1	5	9	14	17	18	17	15	9	3	−1	9
	mm	57	52	43	55	77	114	140	113	84	71	57	48	911
Irkutsk, 468 m (Russland)	°C	−21	−19	−10	1	8	15	18	15	8	0	−11	−19	−1
	mm	12	8	9	15	29	83	102	99	49	20	17	15	458
Istanbul, 40 m (Türkei)	°C	5	6	8	12	17	21	23	23	20	15	12	8	14
	mm	99	67	62	49	31	22	19	26	41	71	89	122	698
Kiew, 179 m (Ukraine)	°C	−6	−5	−1	7	15	17	19	18	14	8	1	−4	8
	mm	43	39	35	46	56	66	70	72	47	47	53	41	615
Kopenhagen, 9 m (Dänemark)	°C	0	0	2	7	12	16	18	17	14	9	5	3	9
	mm	49	39	32	38	43	47	71	66	62	59	48	49	603
Lissabon, 77 m (Portugal)	°C	11	12	14	16	17	20	22	23	21	18	14	12	17
	mm	111	76	109	54	44	16	3	4	33	62	93	103	708
London, 5 m (Großbritannien)	°C	4	5	7	9	12	16	18	17	15	11	8	5	11
	mm	54	40	37	37	46	45	57	59	49	57	64	48	593
Lugano, 273 m (Schweiz)	°C	3	4	7	11	15	18	21	20	17	12	7	4	12
	mm	79	74	110	157	201	175	138	173	160	146	126	65	1606

Klimadaten

Klimastationen		J	F	M	A	M	J	J	A	S	O	N	D	Jahr
Madrid, 667 m (Spanien)	°C	5	7	10	13	16	21	24	24	20	14	9	6	14
	mm	38	34	45	44	44	27	12	14	32	53	47	48	438
Mont Ventoux, 1212 m (Frankreich)	°C	−4	−3	−2	1	5	9	11	11	9	4	0	−3	3
	mm	72	41	72	67	94	75	38	74	102	131	115	95	976
Moskau, 156 m (Russland)	°C	−10	−10	−4	5	12	17	19	17	11	5	−2	−7	4
	mm	31	28	33	35	52	67	74	74	58	51	36	36	575
München, 527 m (Deutschland)	°C	−2	−1	3	8	12	15	17	17	13	8	3	−1	7,6
	mm	59	55	51	62	107	125	140	104	87	67	57	50	964
Murmansk, 46 m (Russland)	°C	−11	−11	−8	−1	4	10	13	11	7	1	−4	−8	0
	mm	19	16	18	19	25	40	54	60	44	30	28	33	386
Nikosia, 218 m (Zypern)	°C	10	10	13	17	22	26	28	28	26	21	16	12	19
	mm	97	66	33	20	15	5	0	0	5	33	56	109	439
Paris, 52 m (Frankreich)	°C	3	4	7	10	14	17	19	19	16	11	7	4	11
	mm	54	43	32	38	52	50	55	62	51	49	50	49	585
Prag, 197 m (Tschechien)	°C	−3	−2	3	8	13	16	18	17	14	8	3	−1	8
	mm	23	24	23	32	61	67	82	66	36	42	26	26	508
Reykjavik, 18 m (Island)	°C	0	0	2	4	7	10	11	10	9	5	2	1	5
	mm	89	64	62	56	42	42	50	56	67	94	78	79	779
Rom, 46 m (Italien)	°C	7	8	11	14	18	22	25	25	21	16	12	9	16
	mm	76	88	77	72	63	48	14	22	70	128	116	106	880
Warschau, 107 m (Polen)	°C	−4	−3	1	8	14	18	19	18	14	8	3	−1	8
	mm	23	26	24	36	44	62	79	65	41	35	37	30	502
Wien, 203 m (Österreich)	°C	−2	0	5	10	15	18	20	19	16	10	5	1	10
	mm	39	44	44	45	70	67	84	72	42	56	52	45	660
Wladiwostok, 15 m (Russland)	°C	−15	−11	−3	4	9	14	19	21	16	9	−1	−10	4
	mm	7	9	16	31	50	70	77	170	112	46	29	13	630
Wolgograd, 42 m (Russland)	°C	−10	−9	−3	8	17	21	24	23	16	8	0	−6	8
	mm	23	20	18	19	27	40	33	23	27	23	34	31	318
Zugspitze, 2962 m (Deutschland)	°C	−11	−11	−10	−8	−3	0	2	2	1	−2	−7	−10	−5
	mm	189	154	186	199	172	185	183	170	115	109	158	184	2004

Europa – Übungskarte

a) Zur Weltausstellung 1889 erbaut, ist der Eiffelturm das Wahrzeichen welcher europäischen Hauptstadt? An welchem Fluss liegt sie?

b) Val d'Isere in den französischen Alpen. Nenne die acht Alpenländer.

c) Der südlichste Ort des europäischen Festlandes. Wie heißt er, in welchem Land und auf welchem Breitengrad liegt er und welches Land siehst du im Bildhintergrund?

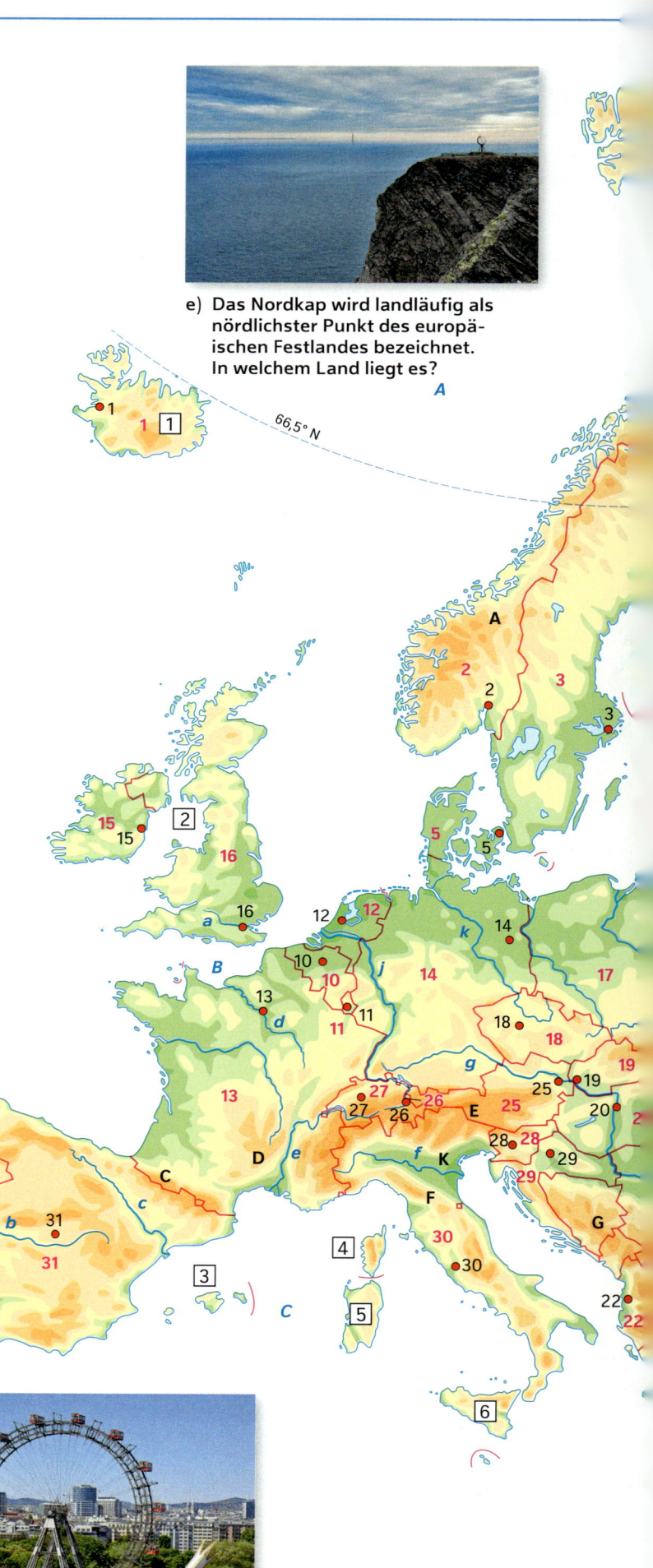

d) Wien – die Hauptstadt Österreichs. Welcher Fluss fließt durch sie? Welche Länder durchfließt der Fluss außer Österreich noch?

e) Das Nordkap wird landläufig als nördlichster Punkt des europäischen Festlandes bezeichnet. In welchem Land liegt es?

Europa – Übungskarte 153

f) Magnitogorsk (Russland). Welches Gebirge wird oft als (physisch-geographische) Grenze zwischen Europa und Asien angesehen?

g) Die Elbe. In welchem Land liegt ihre Quelle und in welches Meer mündet die Elbe?

h) Der Vesuv. Welche Großstadt liegt am Fuße des Vulkans?

i) Grottenolm in der Postojna-Höhle. In welchem für seine Höhlen bekannten Land liegt sie?

1 – 33   Staaten
● 1 – 33 Hauptstädte
a – k   Flüsse
A – G   Meere, Seen
A – L   Landschaften
1 – 7   Inseln
―――   Staatsgrenze

0 100 200 300 400 500 km

Minilexikon

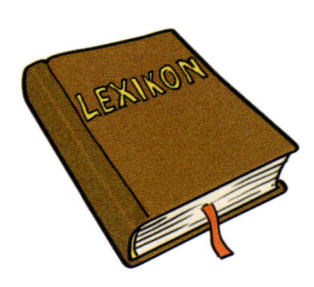

Aquakultur (Seite 43)
In Küstennähe werden Meerestiere in engen Käfigen gezüchtet, gemästet und anschließend vermarktet. Diese Zuchtart heißt Aquakultur.

Ballungsgebiet (Seite 17)
Ein Gebiet, in dem Arbeitsstätten, Siedlungen und Verkehrswege dicht beieinanderliegen und in dem viele Menschen auf engem Raum zusammenleben wird Ballungsgebiet genannt.

Bannwald (Seite 88)
Waldfläche an einem steilen Gebirgshang. Bannwälder schützen vor Lawinen und verhindern die Bodenabtragung.

Baumgrenze (Seite 88)
Die Baumgrenze stellt einen Grenzsaum dar, über den hinaus aufgrund der Klimabedingungen Bäume nicht mehr wachsen können.

Beleuchtungszone (Seite 22)
Die Erde wird aufgrund unterschiedlicher Sonneneinfallswinkel in drei große Beleuchtungszonen gegliedert: Polarzone (polare Breiten), gemäßigte Zone (= Mittelbreiten) und Tropenzone (tropische Breiten).

Bevölkerungsdichte (Seite 17)
Die Bevölkerungsdichte gibt die Zahl der Einwohner eines Gebietes pro Flächeneinheit an.

Bewässerungsfeldbau (Seite 112)
Der Bewässerungsfeldbau ist eine Form der landwirtschaftlichen Nutzung, bei der die Niederschläge in der Wachstumszeit nicht ausreichen und bewässert werden muss.

Binnenstaat (Seite 11)
Ein Land, das im Inneren eines Kontinents ohne direkten Zugang zum Meer liegt, wird als Binnenstaat bezeichnet.

Binnenschiff (Seite 14)
Binnenschiffe transportieren Güter und Personen ausschließlich auf Kanälen und Flüssen, also nicht auf dem Meer.

Boden (Seite 111)
Der Boden ist die oberste Schicht der Erdkruste. Er besteht aus festen und organischen Bestandteilen, wie zum Beispiel Wasser, Luft und Kleinstlebewesen.

Brache (Seite 111)
Eine Brache ist eine ackerbaulich genutzte Fläche, die ein oder mehrere Jahre nicht mehr bearbeitet wird.

Dauerfrostboden (Seite 33)
Dauerfrostboden ist ständig gefroren, oft bis in mehrere Hundert Meter Tiefe. Im Sommer taut nur die oberste Bodenschicht wenige Dezimeter auf.

Delta (Seite 15)
Ein Delta ist die Verzweigung eines Flusses in mehrere Flussarme in Küstennähe bei sehr geringer Fließgeschwindigkeit. Durch Ablagerung von Sedimenten wächst die Flussmündung in den See bzw. ins Meer hinaus.

Endmoräne (Seite 46)
Endmoränen sind hügelförmige Gesteinsablagerungen durch das Zurückschmelzen des Inlandeises bzw. von Gletschern.

Epizentrum (Seite 106)
Das Epizentrum ist der Bereich an der Erdoberfläche, der genau über einem Erdbebenherd liegt.

Erdbeben (Seite 106)
Erdbeben entstehen aus den durch die Bewegung von Erdplatten hervorgerufenen Erschütterungen.

Erdbebenherd (Seite 106)
Als Erdbebenherd wird der Punkt bezeichnet, an dem ein Erdbeben in der Erdkruste entsteht.

Eruption (Seite 108)
Eine Eruption ist ein Vulkanausbruch, bei dem Gase, Wasserdampf, Aschen, Lava austreten und Gesteine herausgeschleudert werden.

Euro (Seite 18)
Der Euro ist eine Währung, der meisten EU-Länder. Er vereinfacht z.B. die Einfuhren und Ausfuhren zwischen den Mitgliedstaaten der EU. Ab 1.1.2002 ersetzte der Euro die Landeswährung in 11 europäischen Staaten. Heute haben 19 Länder den Euro. (Stand 2019).

Europäische Union (EU) (Seite 18)
Die Europäische Union ist ein politischer und wirtschaftlicher Zusammenschluss von 28 Staaten in Europa (Stand 2019).

Export (Seite 11)
Als Export wird die Ausfuhr von Gütern aus einem Land bezeichnet.

Findling (Seite 44)
Ein Findling ist ein Gesteinsblock, der durch das Inlandeis im Eiszeitalter verfrachtet wurde.

Firn (Seite 41)
Firn ist gepresster Schnee, der nach vielen Jahren zu Firneis und schließlich zu Gletschereis wird.

Fjell (Seite 42)
Fjell ist eine Gebirgshochfläche in den Skanden, die von Gletschern überformt wurde. Kennzeichnend ist eine waldlose, wellige bis hügelige Landschaft mit spärlichem Pflanzenwuchs.

Fjord (Seite 43)
Ein Fjord ist ein durch Inlandeis geschaffenes Trogtal, das vom Meerwasser überflutet wurde.

gemäßigte Beleuchtungszone (Seite 22)
Beleuchtungszone zwischen den Wende- und Polarkreisen. Charakteristisch ist die deutliche Ausbildung von Jahreszeiten.

gemäßigte Klimazone (Seite 26)
Bezeichnung für die Klimazone in Europa, die zwischen der subpolaren Zone im Norden und den Subtropen im Süden liegt.

glaziale Serie (Seite 46)
Die glaziale Serie bezeichnet den vom Inlandeis und dessen Schmelzwasser geschaffenen Formenschatz (Grundmoräne, Endmoräne, Sander, Urstromtal) im Ablagerungsgebiet.

Gletscher (Seite 40)
Gletscher bilden sich oberhalb der Schneegrenze, wo mehr Schnee fällt als abtauen kann. Aus Schnee wird Firn, Firneis und Eis des Gletschers.

Golfstrom (Seite 28)
Ist eine warme Meeresströmung im Nordatlantik. Durch den Transport warmen Wassers aus der Karibik sorgt sie vor allem für die Erwärmung großer Teile West- und Nordeuropas.

Großlandschaft (Seite 13)
Eine Großlandschaft wird durch annähernd einheitliche Höhenlagen und Oberflächenformen gekennzeichnet. In Europa gibt es die drei Großlandschaften: Tiefland, Mittelgebirgsraum und Hochgebirge.

Grundmoräne (Seite 46)
Abgelagertes feines Gesteinsmaterial im Bereich des ehemaligen Inlandeises. Der Raum weist ein ebenes bis kuppiges Relief auf.

Hartlaubgewächse (Seite 34)
Hartlaubgewächse sind typische Pflanzen in Gebieten mit einer trockenen Jahreszeit (Subtropen). Die Ausbildung lederartiger Blätter z. B. lässt die Pflanzen Zeiten ohne Regen überstehen.

Hochgebirge (Seite 42)
Hochgebirge haben hohe Felswände, steil aufragende Gipfel und tief eingeschnittene Täler. Auf den höchsten Erhebungen liegen Eis und Schnee. Die Berge erreichen über 2000 m Höhe.

Hochseeschiff (Seite 123)
Hochseeschiffe transportieren Güter und Personen auf dem offenen Meer.

Höhenstufe (Seite 88)
Höhenstufen umfassen Klima- und Vegetationsstufen im Gebirge. Die Temperatur nimmt etwa ein halbes Grad Celsius pro 100 Höhenmeter ab. Daher ändern sich die Vegetation und die Nutzungsmöglichkeiten mit zunehmender Höhe.

Humus (Seite 48)
Als Humus werden organische Stoffe vermischt mit verwittertem Gestein im Boden bezeichnet. Der Anteil an Humus bestimmt weitgehend die Fruchtbarkeit des Bodens.

Import (Seite 11)
Als Import versteht man die Einfuhr von Gütern in ein Land.

industrielle Revolution (Seite 72)
Einschneidende wirtschaftliche und gesellschaftliche Umwälzung, die Mitte des 18. Jahrhunderts durch die in England einsetzende Industrialisierung ausgelöst wurde. Auslöser war die Erfindung der Dampfmaschine (1769).

Inlandeis (Seite 40)
Bezeichnung für Eismassen, die eine große Landoberfläche überdeckt haben bzw. noch immer überdecken.

Insel (Seite 38)
Eine Insel ist allseitig von Wasser umgeben und liegt entweder im Meer oder in einem See.

Jungsteinzeit (Seite 92)
Der zweiten Abschnitt der Steinzeit wird Jungsteinzeit genannt. Sie dauerte von etwa 10000 – 2500 v. Chr. In dieser Zeit wurden die Menschen sesshafte Bauern.

Klima (Seite 25)
Klima ist der über viele Jahre (mind. 30 Jahre) rechnerisch ermittelte, durchschnittliche Ablauf des Wetters in einem bestimmten Gebiet.

Klimazone (Seite 26)
Gürtelartig um die Erde angeordnete Gebiete mit ähnlichem Klima nennt man Klimazonen. Sie sind wesentlich durch die unterschiedlichen Einstrahlungswinkel der Sonne bedingt.

Krater (Seite 108)
Ein Krater ist eine trichterförmige Vertiefung an einem Vulkan, durch die Magma austreten kann

Küstenstaat (Seite 17)
Ein Küstenstaat ist ein Land, das mit einem Teil seines Gebietes an das offenen Meer angrenzt; Gegensatz: Binnenstaat.

Landklima (Seite 61)
Klima im Inneren der Kontinente, das durch warme Sommer und kalte Winter gekennzeichnet ist. Gegensatz: Seeklima.

ländliche Räume (Seite 17)
Ländliche Räume sind durch eine geringe Bevölkerungsdichte gekennzeichnet. Sie werden nicht nur landwirtschaftlich genutzt, sondern dienen z. B. auch der Erholung der Stadtbevölkerung.

Lava (Seite 108)
Lava ist eine glutflüssige Gesteinsschmelze, die als Magma aus dem Erdinnern dringt und bei Eruptionen an der Erdoberfläche austritt.

Lawine (Seite 88)
Lawinen sind in Bewegung geratene Schnee- und Eismassen, die oft zusammen mit Geröll und Felsbrocken von Gebirgshängen ins Tal stürzen und oft Schäden anrichten.

Minilexikon

Löss (Seite 46)
Löss ist feiner, gelblicher Gesteinsstaub, der durch Wind bzw. Wasser transportiert wird.

Magma (Seite 108)
Magma ist gashaltiger, glutflüssiger Gesteinsbrei im Erdinneren. Sobald es an die Erdoberfläche tritt, nennt man es Lava.

Massentourismus (Seite 94)
Massentourismus ist durch eine große Anzahl von Urlaubern in einem Ort gekennzeichnet. Bekannte Stätten für Massentourismus sind Skigebiete in den Alpen oder Badeorte an der Nordsee oder am Mittelmeer.

Metropole (Seite 64)
Eine Metropole ist eine Stadt, die den politischen und wirtschaftlichen Mittelpunkt eines Landes mit großem Warenangebot, vielen Dienstleistungen und zahlreichen kulturellen Einrichtungen wie Theatern darstellt. Sie ist in der Regel auch ein Zentrum des Verkehrs.

Nachhaltigkeit (Seite 52)
Nachhaltigkeit bedeutet, dass bei der Befriedigung der eigenen Bedürfnisse keine ökologischen, gesellschaftlichen und wirtschaftlichen Defizite entstehen, die den zukünftigen Generationen das Leben auf unserem Planeten erschweren.

Nährgebiet (Seite 41)
Das Nährgebiet ist der Bereich eines Gletschers, in dem im Laufe des Jahres mehr Schnee fällt als abtaut oder verdunstet.

Oberschlesisches Industriegebiet (Seite 77)
Industrieraum im Süden von Polen. Das Oberschlesische Industriegebiet entstand erst Jahre nach dem Mittelenglischen Industriegebiet.

Pass (Seite 99)
Ein Pass ist die tiefste Stelle zwischen zwei Bergen oder Gebirgszügen. Über die wichtigsten Pässe in den Alpen, wie z. B. den Brennerpass, führen Straßen.

Pleistozän (Seite 40)
Bezeichnung für den Abschnitt der jüngeren Erdgeschichte (2,5 Mio. bis etwa 12 000 Jahre vor heute), in dem es durch Klimaschwankungen zum Wechsel von Kalt- und Warmzeiten und zur großflächigen Eisbedeckung durch Inlandeis kam.

polare Beleuchtungszone (Seite 22)
Die Beleuchtungszone zwischen den Polarkreisen und den Polen. Hier kommt es zu Polartag und Polarnacht.

polare Klimazone (Seite 26)
Das Klima der polaren Klimazone ist durch Niederschlagsarmut und ganzjährige Temperaturen unter 0 °C geprägt.

Polarkreise (Seite 22)
Die Polarkreise sind die Breitenkreise, die 66 1/2° N bzw. 66 1/2° S bezeichnen.

Polarnacht (Seite 39)
Die Polarnacht ist eine Naturerscheinung zwischen Pol und Polarkreis. Während dieser Zeit erscheint die Sonne nicht über dem Horizont.

Polartag (Seite 39)
Zwischen Pol und Polarkreis die Zeit des Jahres, in der die Sonne Tag und Nacht scheint. An den Polen dauert der Polartag ein halbes Jahr, an den Polarkreisen einen Tag.

Polder (Seite 80)
Ein Polder ist ein eingedeichtes, durch Landgewinnung dem Meer abgerungenes Neuland.

Relief (Seite 13)
So bezeichnet man die Oberflächenformen der Erde, z. B. Gebirge und Tiefländer.

Rundhöcker (Seite 42)
Rundhöcker sind abgerundete Felsenbuckel, die durch die Abtragungsarbeit des Inlandeises bzw. durch Gletscher entstanden sind.

Sander (Seite 46)
Ein Sander ist eine durch das Schmelzwasser des Inlandeises bzw. der Gletscher aufgeschüttete weite, leicht geneigte Fläche aus Sand.

sanfter Tourismus (Seite 96)
Unter sanftem Tourismus versteht man den umwelt- und sozialverträglichen Tourismus, bei dem Interessen von Umwelt, Einheimischen und Touristen gleichermaßen berücksichtigt werden.

Schären (Seite 42)
Schären sind Felsbuckel (Rundhöcker), die später teilweise vom Meer überflutet wurden. Sie wurden vom Inlandeis überformt und abgeschliffen.

Schichtvulkan (Seite 108)
Schichtvulkane bestehen aus sich abwechselnden Asche- und Lavaschichten. An ihrer typischen spitzkegeligen Form sind sie gut zu erkennen.

Schlot (Seite 108)
Ein Schlot ist ein röhrenartiger, senkrechter Gang in einem Vulkan, der den Krater mit dem glutflüssigen Gestein im Erdinneren verbindet.

Schwarzerde (Seite 48, 63)
Dunkelfarbiger, sehr fruchtbarer Boden. Er hat sich auf Löss entwickelt, z. B. in der Magdeburger Börde oder in den Steppen Osteuropas.

Minilexikon

Seeklima (Seite 61)
Das Seeklima wird durch die Nähe zum Ozean bestimmt (daher auch ozeanisches Klima genannt). Seine Merkmale sind kühle Sommer, milde Winter und es ist ganzjährig feucht. Gegensatz: Landklima

Steppe (Seite 62)
Die Steppe ist eine meist baumlose Graslandschaft im Bereich des kontinentalen Klimas. Das Pflanzenwachstum ist durch die Trockenheit im Sommer und die Winterkälte stark eingeschränkt.

Strukturwandel (Seite 74)
Die Industrie eines Landes durchläuft einen Strukturwandel, wenn einzelne, bisher wichtige Wirtschaftszweige (z. B. Bergbau, Textilindustrie) an Bedeutung verlieren und gleichzeitig andere oder neue (z. B. Dienstleistungen) an Bedeutung gewinnen.

subpolare Klimazone (Seite 26)
Das Klima der subtropischen Klimazone ist durch Sommertrockenheit und Winterregern geprägt. Im Sommer ist es warm, im Winter mild.

subtropische Klimazone (Seite 26)
Das Klima der subtropischen Klimazone ist durch deutliche Jahresschwankungen der Temperatur gekennzeichnet, mit großer Hitze im Sommer und milden Wintern.

Tourismus (Seite 94)
Unter Fremdenverkehr oder Tourismus versteht man den Reiseverkehr, meist mit dem Ziel der Erholung bzw. Besichtigung.

Transitverkehr (Seite 99)
Personen- oder Güterverkehr, der auf dem Weg von einem Land in ein anderes Land durch ein drittes Land (Transitland) führt, wird als Transitverkehr bezeichnet.

Trockenfeldbau (Seite 111)
Bei dieser Methode der Bodenbewirtschaftung wird auf eine zusätzliche Bewässerung verzichtet.

Tröpfchenbewässerung (Seite 113)
Bei dieser wassersparenden Bewässerungsmethode wird jede einzelne Pflanze über einen dünnen Plastikschlauch durch feine Düsen mit Wasser versorgt.

tropische Beleuchtungszone (Seite 22)
Die tropische Beleuchtungszone (auch Tropen genannt) ist die Beleuchtungszone zwischen den Wendekreisen.

Tundra (Seite 32)
Als Tundra versteht man die Vegetationszone, die einen Übergang von den arktischen Kältewüsten zur nördlichen Nadelwaldzone bildet.

Übergangsklima (Seite 61)
Übergangsklima bezeichnet den Klimatyp Mitteleuropas, der zwischen dem Landklima und dem Seeklima liegt. Von West nach Ost nimmt der Einfluss des Atlantischen Ozeans auf Temperaturen und Niederschläge ab.

Urstromtal (Seite 46)
Urstromtäler sind breite, flache Täler des Tieflandes in Nord- und Mitteleuropa, in denen sich während der Eiszeit die gewaltigen Schmelzwassermengen des Inlandeises im Urstrom (Fluss) sammelten.

Vegetationszone (Seite 30)
Vegetationszonen sind gürtelartig um die Erde verlaufende Räume mit ähnlicher Pflanzenbedeckung.

Vereinte Nationen (UNO) (Seite 52)
Zusammenschluss von etwa 200 Staaten der Erde, mit den Aufgaben, den Frieden auf der Welt zu bewahren und die internationale Zusammenarbeit zu fördern.

Verwitterung (Seite 46)
Gesteine werden durch den Einfluss von Wasser, Frost und Hitze zersetzt bzw. zerkleinert. Dies nennt man Verwitterung.

Vulkanismus (Seite 108)
Begriff für alle Vorgänge, die mit dem an die Erdoberfläche dringenden Gesteinsschmelzen (Magma) zusammenhängen.

Wachstumszeit (Seite 111)
In dieser Zeit können die Pflanzen aufgrund der vorhandenen Sonneneinstrahlung wachsen.

Wendekreise (Seite 22)
Wendekreise nennt man die beiden Breitenkreise der Erde, über denen die Sonne einmal im Jahr senkrecht steht, danach scheinbar wendet und sich wieder dem Äquator nähert. Die beiden Wendekreise liegen auf den Erdhalbkugeln bei 23,5° nördlicher und südlicher Breite.

Wetter (Seite 25)
Wetter nennt man das Zusammenwirken von Temperatur, Luftdruck, Wind, Bewölkung und Niederschlag zu einem bestimmten Zeitpunkt an einem bestimmten Ort.

Wetterelement (Seite 25)
Bausteine des Wetters: Temperatur, Luftdruck, Niederschlag, Wind, Bewölkung u.a. Durch das Zusammenwirken und die gegenseitige Beeinflussung entsteht das Wetter.

Zehrgebiet (Seite 41)
Das Zehrgebiet ist der Teil eines Gletschers, in dem mehr Eis / Schnee abschmilzt, als nachgeliefert wird.

Zoll (Seite 19)
Abgabe, die ein Staat an seiner Grenze auf die Einfuhr, Ausfuhr oder Durchfuhr von Waren erhebt.

Zwergstaat (Seite 17)
Staat, mit einer Fläche von weniger als 1000 km² und einer Bevölkerung bis etwa 300 000 Einwohnern (z. B. Monaco).

Wie kann ich Arbeitsaufträge richtig verstehen und lösen?

Auf jeder Doppelseite findest du am Anfang Arbeitsaufträge. Sie geben dir Hinweise, wie du die darauf folgenden Materialien am sinnvollsten bearbeitest.

Wir geben etwas wieder:
nennen: etwas aufzählen, ohne Erklärung wiedergeben, meistens einzelne Begriffe *(z. B. Nenne fünf Städte in Nordrhein-Westfalen.)*

auflisten: Informationen in einer Liste geordnet wiedergeben

wiedergeben: etwas, das du gelesen oder gehört hast, zusammenhängend in eigenen Worten wiederholen *(z. B. Gib den Inhalt der Materialien wieder.)*

darstellen: etwas in eigenen Worten geordnet und im Zusammenhang verdeutlichen *(z. B. Stelle die wichtigsten Standortfaktoren der Industrie im Ruhrgebiet dar.)* Achtung: Fachwörter nicht vergessen!

beschreiben: den Inhalt von Materialien zusammenhängend wiedergeben *(z. B. Beschreibe das Klima von Münster.)* – Das geschieht dann mithilfe des Klimadiagramms.

auswerten: Informationen aus einem Material herausarbeiten

Wir erklären etwas:
erklären: etwas so darstellen, dass alle Zusammenhänge deutlich werden, vor allem die Gründe, aber auch die Folgen *(z. B. Erkläre, warum es so viele Industriebetriebe im Ruhrgebiet gibt.)*

erläutern: ähnlich wie erklären, aber anhand von Beispielen *(z. B. Erläutere anhand der Stadt Bochum, warum so viele Menschen im Ruhrgebiet leben.)*

vergleichen: verschiedene Dinge nebeneinander betrachten und dabei Gemeinsamkeiten und Unterschiede herausarbeiten *(z. B. Vergleiche die Städte Bielefeld und Paderborn in Bezug auf ihre Bevölkerungszahl und ihre Industrie.)*
Dabei sollte man sich vorher genau überlegen, was man miteinander vergleicht und ob sich das überhaupt vergleichen lässt. Häufig gibt es in der Aufgabe aber auch schon einen Hinweis darauf.

Wir beurteilen etwas:
beurteilen: sich eine begründete Meinung bilden *(z. B. Beurteile die Bedeutung des Vergnügungsparks Movie World für die Stadt Bochum.)*
Vorher muss man jedoch möglichst viele Informationen bearbeitet und gegeneinander abgewogen haben.

diskutieren: die Gründe für (Pro-Argumente) und die Gründe gegen (Kontra-Argumente) einen Sachverhalt einander gegenüberstellen *(z. B. Diskutiert in eurer Klasse, ob ökologische Landwirtschaft sinnvoll ist.)*
Dies geschieht meistens mündlich in einer Diskussion (z. B. in der Klasse). Ziel ist es vor allem, die Meinungen auszutauschen, um vielleicht zu einem gemeinsamen Ergebnis zu gelangen.

Stellung nehmen: zu etwas begründet, nach Abwägen von unterschiedlichen Argumenten, seine eigene Meinung äußern *(z. B. In deinem Schulort soll der größte Teil der Innenstadt zur Fußgängerzone erklärt werden. Nimm dazu Stellung.)*

Hilfreiche Sätze beim Beantworten von Aufgaben

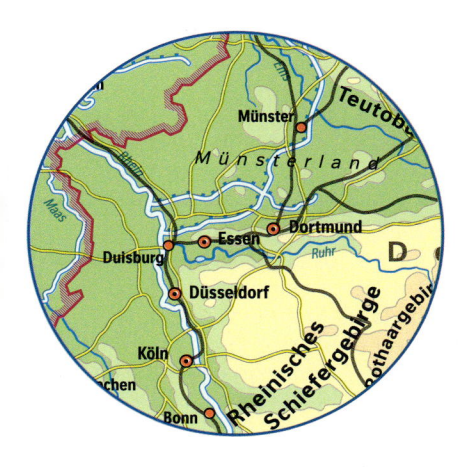

Beim Bearbeiten von Karten

Die physische Karte von … .
Die thematische Karte informiert über … .
Die Kartenunterschrift heißt … .
Die Karte stellt … dar.
Die Region erstreckt sich … .
Das Gebiet liegt … (tief / hoch / nördlich von / …).
Die Landschaft ist … (flach / hügelig / gebirgig / …).
Die Stadt liegt (am / im) … .
Städte liegen … (verstreut / gebündelt / wie an einer Perlenschnur aufgereiht / …).
Die Grenzen verlaufen … .
Die Flüsse … (verlaufen / entspringen / münden / durchqueren / …).
Die Stadt liegt etwa … Kilometer (südlich / nördlich) von … .

Beim Bearbeiten von Texten

Der vorliegende Text beschäftigt sich mit … .
Es wird berichtet, wie … .
Er erläutert … .
Er gibt Auskunft über … .
Es geht im Text um … .
Der Text nennt Beispiele zu … .
Der Text begründet, … .
Zusammenfassend ist festzuhalten: … .
Das bedeutet, dass … .
Die Absicht des Verfassers ist, … .

Beim Bearbeiten von Bildern und Zeichnungen

Das Foto / das Bild / die Zeichnung zeigt … .
Mithilfe der Bildunterschrift kann man feststellen, … .
Das Foto ist ein Schrägluftbild / Senkrechtluftbild / Satellitenbild.
Das Wichtigste auf dem Foto / dem Bild / der Zeichnung ist … .
Das Foto / das Bild / die Zeichnung macht deutlich, dass … .
Besonders eindrucksvoll ist, … .
Im Vordergrund sieht man … .
In der Mitte erkennt man … .
Im Hintergrund sieht man … .
Die Landschaft ist … .

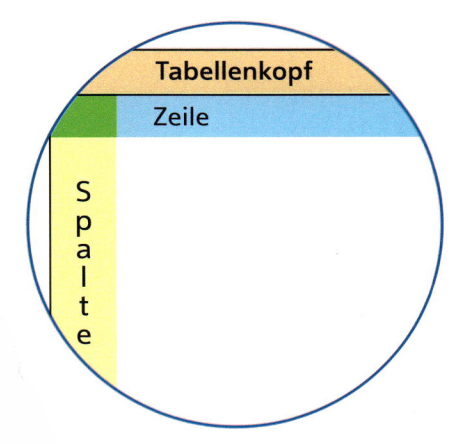

Beim Bearbeiten von Tabellen

Der Titel der Tabelle lautet: … .
Die Tabelle stellt … (die Entwicklung der Einwohnerzahlen in Städten / …) dar.
Die Zeilen zeigen (einzelne Städte / Staaten / Produktionsmengen / …).
Die Spalten zeigen (die Einwohnerzahlen der Städte im Jahr / …).
Es ist zu erkennen, dass im Jahr … die Stadt … die meisten Einwohner hat.
Es ist festzustellen, dass die Einwohnerzahl der Stadt … (zugenommen / abgenommen / …) hat.
Insgesamt ist festzustellen, dass … .
Die Angaben erklären … . Die Werte verdeutlichen … .

Quellenverzeichnis

Bilder

|123RF.com, Hong Kong: andreslebedev 152; mskorpion 121; nito500 110; skellen 59. |akg-images GmbH, Berlin: 73, 92, 98, 100; Photo Ingi Paris 90; Quagga Media UG 45, 45. |alamy images, Abingdon/Oxfordshire: Dirk Renckhoff 109; imageBROKER/Kuznetsov, Nikolay 63; Katja Kreder 69; Lemmens, Frans 79; lemmens, frans 79; Media Drum World 126; Pictorial Press Ltd. 72; The Print Collector/Oxford Science Archive/Heritage Images 72; Universal Images Group North America LLC 72; Universal Images Group North America LLC/IMechE 72; zixia 114. |Alpine Pearls, Wien: 96. |Berghahn, Matthias, Bielefeld: 73, 74, 154, 156. |Blechschmidt, Kristin, Berlin: 48. |bpk-Bildagentur, Berlin: 77. |Bräuer, Kerstin, Leipzig: 112. |Colourbox.com, Odense: 152. |dreamstime.com, Brentwood: Antikainen 153; Karl_kanal 125. |Eck, Thomas, Berlin: 66. |Elvenich, Erik, Hennef: 87. |Engler, Hanno: 137. |eoVision, Salzburg: U.S. Geological Survey, 2010 81. |Falk Verlag, Ostfildern (Kemnat): 67. |Femern A/S, København V: 83. |fotolia.com, New York: 12ee12 17; 79N 33; Antonio Nardelli 106; gold36 129; HeGraDe 129; JFL Photography 153; John Smith 69; Jose Ignacio Soto 105; MARCELO 43; Michael Urmann 88; Nouk 31; photo 5000 152; Picturetime 115; Pixelmixel 131; Silvano Rebai 50; somartin 17, 17, 118; ub-foto 153; yulenochekk 70. |Gehrke, Mahlberg: 91. |Geopark Porphyrland. Steinreich in Sachsen e.V., Grimma: Lars Hoschkara 45. |Getty Images, München: Husmo, Arnulf 39; Michael Thornton/Design Pics 111; SAVIKO/Gamma-Rapho 65; UniversalImagesGroup 86. |Getty Images (RF), München: Westend61 (Hintergrund); iStockphoto.com/Valeriy_G (Vordergrund) Titel. |Güttler, Peter - Freier Redaktions-Dienst (GEO), Berlin: 100. |Hofemeister, Uwe, Diepholz: 114. |Imago, Berlin: eBROKER/Schöfmann, Karl F. 112; GEPA pictures/Pranter, Andreas 94; GranAngularUra 33; Traut, Rene 107. |Interfoto, München: 91. |iStockphoto.com, Calgary: 35, 104; 514519015 115; alessandro0770 69; Alex1975K 23; AlexanderNikiforov 109; aluxum 56; ArtesiaWells 39; boerescul 95; bogdanhoria 39; Boyes, Tyler 86; ChrisPelle 13; Cloud-Mine-Amsterdam 80; clubfoto 126; davidmartyn 127; Digital Vision Vectors/Veronaa 17; djedzura 123; DJIANN, Olivier 67; drmakkoy 124; esemelwe 48; Fortelny, Alexander/Saro17 109; fotoVoyager/Fawcett, William 88; Gearstd 114; goag 100; grebeshkovmaxim 64, 68; idrisesen 35; Janoka82 34; JKristoffersson 67; johnkellerman 66; JohnnyGreig 57; Juanmonino 115; kornyeyeva 62; koya79 4, 6; LianeM 9; LightFieldStudios 9; Mac99 59; MahirAtes 110; marako85 93; MicheleVacchiano 17; Mike_Sheridan 152; naruedom 138; Pablo_1960 77; Papaulakis, Lefteris 125; Pilat666 5, 102; piranka 153; SerrNovik 16; Starcevic 69; Sunnybeach 67; tomark 40; vichi81 39; vicsa 26; Videowok_art 34; Wildnerdpix 33; xavierarnau 105; xomato 147. |Karto-Grafik Heidolph, Dachau: 33, 41, 59, 76. |Kartographie Michael Hermes, Hardegsen Hevensen: 52, 77, 83, 95, 99, 120. |Krüger, Annett, Leipzig: 47, 47. |Lenz, L., Tettnang: 90. |Liebmann, Ute, Leipzig: 44. |Lüddecke, Liselotte, Hannover: 40. |mauritius images GmbH, Mittenwald: Bluegreen Pictures 51. |Mithoff, Stephanie, Hardegsen-Hevensen: 89, 162. |Morgeneyer, Frank, Leipzig: 45, 58, 60. |Murschetz, Luis, München: 98. |NASA - Earth Observatory: 135. |National Archives and Records Administration, College Park, MD: 78. |Navinder Singh: 63. |Pabst, Steffen, Dresden: 22, 29, 33, 35. |Picture-Alliance GmbH, Frankfurt/M.: Arianespace Cnes/Csg/Martin, S. 119; Brenneisen, Oliver 115; dpa 100; dpa-infografik GmbH 119; dpa/epa Keystone/Christian Hartmann 101; dpa/Hirschberger, Ralf 56; epa/Handout 113; ICONO A/S für Femern A/S 82; Patrick Pleul 44; Reuters/Lisi Niesner 92; ZUMA Press/Mercer, Craig 65. |Ringel, Florian, Berlin: 8. |Schobel, Ingrid, Hannover: 80. |Schwarzstein, Yaroslav, Hannover: 53, 53, 132, 132, 143, 146, 158. |Shutterstock.com, New York: 64, 68, 70, 118; 2009fotofriends 31; Aleksandravicius, A. 19; Aleksey, Novikov 113; Alexander Erdbeer 17; anyaivanova 105; Basler, A. 78; cigdem 18; dimbar76 57; DutchScenery 79; grebeshkovmaxim 70; karenfoleyphotography 14; Kohl, Sergey 56; Kondrat, Ekaterina 31; Kruklitis, Ingus 65; Lande, Alexandra 18; Olaf Speier 113; Pajor, Lukasz 67; pedrosala 87; Philip Lange 105; Pics, Mr 65; sheris9 46; silverfox999 89; Termanini, Stefano 4, 36; TierneyMJ 11; Turkov, Yuri 65; tvphotoart 48; VICTOR TORRES 43; Vlada Z 17; Yalcin, Sadik 71; Zhitnik, Denis 23. |Stephan, Thomas, Munderkingen: 109. |stock.adobe.com, Dublin: 16, 86, 90, 119, 152; Abel, Roland 5, 84; air, arcelormittal, bird, building, business, carbon, chemical, chemistry, chimney, construction, copter, dron, ecology, energy, engineering, environment, equipment, eye, factory, fly, foundry, gas, global, heavy, huta, industrial, industry, iron, katowice, manufacture, manufacturing, metal, metallurgical, metallurgy, oil, pipe, pipeline, plant, poland, pollution, power, production, smoke, stack, station, steam, steel, technology, tower, tube, air, arcelormittal, bird, building, business, carbon, chemical, 76; AlehAlisevich 148; andiz275 35; andrewmroland 60; Andronov, Leonid 4, 54; anibal 40; Annas, Karin & Uwe 10; antic 122; anzebizjan 125; Arid Ocean 42; asantosg 58, 59, 59, 59, 59, 59; babimu 18; Bartussek, Ingo 4, 20; Beck, Markus 47; bergamont 112; bilanol 56; Blank, Elke 87; brovarky 61; Brown, David 49; coward_lion 67; czamfir 33; Daniel 147; dimbar76 70; duke2015 45; dziewul 105; Eberlein, Hans Arnold 17; ectral-Design 76; Edoma 63; enjoy_life 60; espiegle 69; evgenii 32; ExQuisine 112; f11photo 67; Fabiano 26; Fedorenko, Alexey 75; Feel good studio 17, 144; Figurniy, Sergey 123; Figurnyi, Sergii 69; Florence 106; Foap.com 59; Freesurf 125; Friedberg 32; Gallo, Paolo 105; Gernhoefer, U. 28; Gieger, Lars 49; GloriaG 108; Gosch, Ralf 14; GraphicsRF 60; Ignatova, Marina 87; iPics 9; itsmejust 120; kanuman 10; kichigin19 8; Krakow, Tomeyk 121; Kruwt 25; Lars 94; Larysa 58; Le Bloas, Guillaume 5, 116; leungchopan 115; LianeM 56; Lurye, Anna 105; Mainka, Markus 112; Maksimenko, Taras 49; Matauw 62; Meijer, Michael 49; michal812 86; miraswonderland 127; MNStudio 148; mojolo 90; Moser, Uwe 42; mpix-foto 93; mRGB 148; natursports 28; nedomacki 159; Neumeyer, Heico 148; nidafoto 145; nikitamaykov 63; Ottoson, Jens 42; Parilov 105; perfectmatch 24; photoff 70; pure-life-pictures 56, 147; Rebai, Silvano 148; Rehak, Matyas 118; rh2010 9, 144; Riediger, Henning 127; Roman 121; saiko3p 147; Sailorr 112; Sammy 65; Sarru, Davide 145; savantermedia 17; Schmutzler-Schaub 32; Schuppich, M. 131; shaiith 105; shorty25 97; skymoon13 32; Stan, Calin 15; Szczygiel, Mariusz 123; ThomBal 47; TRFilm 88; TTstudio 121; Wrzesien, Wojciech 123; ¿¿¿¿¿¿ ¿¿¿¿¿¿¿¿¿ 13. |Stora Enso Packing Solutions, Varkaus: Varkauden kaupunki 51. |United Nations - UNRIC Verbindungsbüro in Deutschland, Bonn: United Nations - Department of Global Communications, New York / SDG LOGO/ICON REQUEST 53. |Verlag Photo Lohmann, 6433 Oetz/Österreich: 95. |Wendorf, Monika, Hannover: 113. |www.herrenknecht.com, Schwanau-Allmannsweier: 101.

Wir arbeiten sehr sorgfältig daran, für alle verwendeten Abbildungen die Rechteinhaberinnen und Rechteinhaber zu ermitteln. Sollte uns dies im Einzelfall nicht vollständig gelungen sein, werden berechtigte Ansprüche selbstverständlich im Rahmen der üblichen Vereinbarungen abgegolten.

Online-Schlüssel
YA4H-E8KN-UCEY

Europa – Physische Karte

Gewässer und Meere
- Europäisches Nordmeer
- Atlantischer Ozean
- Nordsee
- Ostsee
- Bottnischer Meerbusen
- Finnischer Meerbusen
- Skagerrak
- Kattegat
- Irische See
- St.-Georgs-Kanal
- Der Kanal
- Straße von Dover
- Golf von Biscaya
- Golfe du Lion
- Mittelmeer
- Tyrrhenisches Meer
- Adriatisches Meer
- Ionisches Meer
- Str. v. Otranto
- Straße von Gibraltar
- Kleine Syrte
- Große Syrte

Inseln und Halbinseln
- Island
- Färöer
- Shetland-Inseln
- Orkney-Inseln
- Hebriden
- Britische Inseln
- Irland
- Schottland
- Wales
- England
- Kanalinseln
- Bretagne
- Normandie
- Jütland
- Bornholm
- Gotland
- Öland
- Ösel
- Lofoten
- Skandinavische Halbinsel
- Lappland
- Finnische Seenpl.
- Iberische Halbinsel (Pyrenäen-Halbinsel)
- Apenninen-Halbinsel
- Korsika
- Sardinien
- Sizilien
- Malta
- Balearen
- Mallorca
- Menorca
- Halbinsel Peloponnes
- Kap Finisterre
- Land's End
- Nordkap
- Kap Tenaro
- Kap Blanc

Gebirge und Berge
- Hekla 1491
- Öræfajökull 2119
- Thjórsá
- Schottland 1343
- Carrauntoohil 1041
- 1085
- 2470
- 2111
- Kantabrisches Gebirge 2648
- Pyrenäen 3404
- Sierra Morena
- Betische Kordillere 3478
- Zentralmassiv, Mt. Dore 1886
- Französisches Tiefland
- Jura
- Alpen – Mont Blanc 4810
- Ortler 3899
- Großglockner 3798
- Apenninen – Gran Sasso 2914
- 2710
- 1834
- Ätna 3323
- Dinarisches Geb.
- Pindos 2917
- Olymp
- Karpaten 2654
- Sudeten 1603
- Deutsche Mittelgebirge 1142
- Norddeutsches Tiefland
- Ungarisches Tiefland
- Wolhynisch-Podolische (Platte)
- Hoher Atlas 3737
- Tellatlas
- Saharaatlas 2328
- Hochland der Schotts
- Er-Rif
- Jabal al-Acdar 876
- Tademait-Plateau
- Westlicher Großer Erg
- Östliche Große Sandwüste
- Hamadah al-Hamra

Flüsse und Seen
- Thjórsá
- Themse
- Loire
- Seine
- Garonne
- Rhône
- Saône
- Ebro
- Duero
- Tejo/Tajo
- Guadiana
- Guadalquivir
- Po
- Rhein
- Mosel
- Main
- Donau
- Inn
- Elbe
- Weser
- Oder
- Weichsel
- Memel
- Bug
- Theiß
- Drau
- Save
- Mureș
- Morava
- Bodensee
- Vänersee 89
- Vättersee 44
- 459
- Dalälv
- Klarälv
- Tornealv
- Inarisee
- Vestfjord

Städte
- Reykjavík (implied)
- Dublin
- Glasgow
- Newcastle upon Tyne
- Manchester
- Liverpool
- Leeds
- Sheffield
- Birmingham
- London
- Amsterdam
- Rotterdam
- Antwerpen
- Brüssel
- Lille
- Paris
- Köln
- Düsseldorf
- Ruhrgebiet
- Frankfurt
- Nürnberg
- Stuttgart
- München
- Hamburg
- Hannover
- Berlin
- Prag
- Warschau
- Łódź
- GOP
- Wien
- Budapest
- Belgrad
- Sofia
- Athen
- Kopenhagen
- Stockholm
- Helsinki
- Lyon
- Marseille
- Turin
- Mailand
- Rom
- Neapel
- Porto
- Lissabon
- Madrid
- Bilbao
- Barcelona
- Valencia
- Sevilla
- Rabat
- Algier
- Tunis
- Tripolis

Sonstige Angaben
- Nördlicher Polarkreis
- 3860
- 238
- 5858
- 3785
- 5121
- 187
- 98
- 30
- 115
- 75
- 25
- 86
- Tripolitanien
- Kyrenaika